APP INVENTOR
CON APLICACIONES EN INGENIERÍA, FÍSICA Y ARDUINO

David Báez López
David Alfredo Báez Villegas
Ofelia Cervantes Villagómez

APP INVENTOR
CON APLICACIONES EN INGENIERÍA, FÍSICA Y ARDUINO

David Báez López
David Alfredo Báez Villegas
Ofelia Cervantes Villagómez

App Inventor con aplicaciones en Ingeniería, Física y Arduino
© David Báez López, David Alfredo Báez Villegas, Ofelia D. Cervantes Villagómez

Derechos reservados © Alfaomega Grupo Editor, S.A. de C.V., México
Primera edición: 2024
ISBN: 978-607-576-322-4

Primera edición: MARCOMBO, S.L. 2026

© 2026 MARCOMBO, S.L. www.marcombo.com
Gran Via de les Corts Catalanes 594, 08007 Barcelona
Contacto: info@marcombo.com

lustración de cubierta: generada por inteligencia artificial, OpenAI

ISBN: 978-84-267-4216-2
DL: B 8782-2026

Impreso en
Printed in Spain

Libro ecológico
Impreso con papel procedente de bosques gestionados de manera eficiente, libre de cloro

David Báez López. Licenciado en Física (UAP), maestro en Ciencias (Universidad de Arizona), doctor en Ingeniería Eléctrica (Universidad de Arizona). De 1979 a 1985 fue investigador del Instituto Nacional de Astrofísica, Óptica y Electrónica en Tonantzintla, Puebla, siendo coordinador de Electrónica y director técnico interino. De 1985 a 2015 fue profesor del Departamento de Computación, Electrónica y Mecatrónica de la Universidad de las Américas Puebla (UDLAP) en Cholula, Puebla, México.

En la UDLAP fungió como jefe del Departamento de Ingeniería Electrónica y como presidente del Comité de Evaluación de la Facultad. Así mismo, fue fundador del Congreso Internacional de Electrónica, Comunicaciones y Computadoras que se lleva a cabo en la UDLAP.

Ha publicado más de cien *papers* en revistas y congresos nacionales e internacionales, y es autor de capítulos de libros y de catorce libros acerca de simulación de circuitos, MATLAB, software de radio y procesado analógico de señales y del lenguaje Python. Cuenta con una versión china de su libro MATLAB. Como investigador fue miembro del Sistema Nacional de Investigadores de 1984 a 2015. Actualmente es director académico de EDUPROTEC A.C., que es una ONG dedicada a la difusión de la lectura y las Matemáticas.

David Alfredo Báez. Es ingeniero eléctrico con maestrías en Gestión de Proyectos (École de Technologie Supérieure, Montreal) e Ingeniería Electrónica (Texas A&M University). Actualmente es consultor en el área de Puebla, México.

Ofelia Cervantes Villagómez. Licenciatura en Ingeniería en Sistemas Computacionales de la Universidad de las Americas, Puebla; maestra en Ciencias en Sistemas Computacionales de la Escuela Superior de Informática de Grenoble, Francia; y doctora en Ciencias de la Computación por el Institut National Polytechnique de Grenoble, Francia.

Cuenta con 39 años de experiencia como docente e investigadora en la UDLAP y ha sido consultora en Ciencias de Datos, Tecnologías del Conocimiento, Análisis Semántico, Redes Sociales, Sistemas Distribuidos, Interacción Humano-Computadora, Procesamiento del Lenguaje Natural y Ciudades Inteligentes. Ha impartido varios cursos y tiene numerosas publicaciones sobre estos temas. Ha dirigido proyectos de investigación financiados por CONACyT y organismos internacionales. Ha sido invitada como investigadora visitante en Francia, Canadá, Espana, China y Uruguay.

La Dra. Cervantes Villagómez fue presidenta de la Sociedad Mexicana de Inteligencia Artificial (SMIA), presidenta de la Asociación Mexicana para la Educación Internacional (AM-P EI) y es actualmente directora ejecutiva del Programa de Internacionalización Curricular de las Américas basado en COIL, programa administrado por AMPEI. Participa también en la docencia e investigacion en EDUPROTEC, A.C., Centro de Innovacion Educativa e Inclusion Social. Desde octubre de 2003 es cónsul honorario de Francia en Puebla.

Dedicado con mucho cariño para Gary, Laura y Alina, de ellos es el presente y el futuro.

David

A David, Lucero y Fidel, quienes han sido mi fuente de motivación y superación.

David Alfredo

Para Alina y Rémy, deseando que el conocimiento sea la luz que guíe sus vidas.

Ofelia

Mensaje del editor

Una de las convicciones fundamentales de Alfaomega es que los conocimientos son esenciales en el desempeño profesional, ya que sin ellos es imposible adquirir las habilidades para competir laboralmente. El avance de la ciencia y de la tecnología hace necesario actualizar continuamente esos conocimientos y, de acuerdo con esta circunstancia, Alfaomega publica obras actualizadas, con alto rigor científico y técnico, y escritas por los especialistas del área respectiva más destacados.

Consciente del alto nivel competitivo que debe de adquirir el estudiante durante su formación profesional, Alfaomega aporta un fondo editorial que destaca por sus lineamientos pedagógicos, que coadyuvan a desarrollar las competencias requeridas en cada profesión específica.

De acuerdo con esta misión, con el fin de facilitar la comprensión y apropiación del contenido de esta obra, cada capítulo se inicia con el planteamiento de los objetivos del mismo y con una introducción en la que se plantean los antecedentes y una descripción de la estructura lógica de los temas expuestos. Asimismo, a lo largo de la exposición se presentan ejemplos desarrollados con todo detalle y cada capítulo concluye con un resumen y una serie de ejercicios propuestos.

Además de la estructura pedagógica con que está diseñado el contenido de nuestros libros, Alfaomega hace uso de los medios impresos tradicionales en combinación con las Tecnologías de la Información y las Comunicaciones (TIC) para facilitar el aprendizaje. Correspondiente a este concepto de edición, todas nuestras obras tienen su complemento en una página web en donde el alumno y el profesor encontrarán lecturas complementarias, así como programas desarrollados en relación con temas específicos de la obra.

Los libros de Alfaomega están diseñados para ser utilizados en los procesos de enseñanza y aprendizaje, y pueden ser usados como textos en diversos cursos o como apoyo para reforzar el desarrollo profesional. De esta forma, Alfaomega espera contribuir así a la formación y al desarrollo de profesionales exitosos para beneficio de la sociedad, y espera ser su compañera profesional en este viaje de por vida por el mundo del conocimiento.

Prefacio

Con la aparición del teléfono inteligente, el diseño de aplicaciones para estos teléfonos se hizo muy popular. Los lenguajes más usados para el diseño de aplicaciones, popularmente conocidas por su abreviatura en inglés apps, fueron a partir de 2007, los lenguajes iOS para iPhones y Android para los demás teléfonos. Desafortunadamente estos lenguajes requerían expertos programadores para el desarrollo de apps, sin embargo, en 2010 se desarrolla App Inventor, un lenguaje de programación basado en bloques y además muy intuitivo y fácil de usar. Con este lenguaje se han desarrollado millones de apps que van desde apps de uso muy puntual hasta aquellas de uso para el público en general, y que incluyen desde juegos hasta aplicaciones sofisticadas en los ámbitos científicos, financieros y de entretenimiento. App Inventor fue desarrollada por Google y posteriormente fue el Massachussets Institute of Technology (MIT) el encargado de darle soporte, desarrollo y mantenimiento hasta la fecha, por esta razón se conoce como App Inventor. App Inventor es una plataforma para el diseño de apps para Android y iOS, es decir, las apps diseñadas en App Inventor se pueden cargar en dispositivos iOS y Android, ya sean teléfonos móviles y tablets. Permiten el uso de ventanas para ingresar datos, botones, etiquetas, condiciones y ciclos, micrófonos y bocinas, reproductores de audio y vídeo, traductores de español a distintos idiomas, animaciones para el diseño de juegos, sensores tales como el acelerómetro y el giroscopio, entre muchos más, almacenamiento de datos en el teléfono o en bases de datos en la nube, conectividad via WiFi, Bluetooth, o serial, y el uso de Firebase para almacenar datos y registrar usuarios de la app. El uso de imágenes también es soportado por App Inventor. El libro está estructurado para ir de apps básicas que no requieran ningún conocimiento de programación hasta aplicaciones que usan la tarjeta Arduino para controlar el encendido y apagado de los focos hasta el control del riego para una maceta. El libro fue concebido para lectores sin ningún conocimiento de programación y que adquieren los conocimientos necesarios en el transcurso del libro. Estos conocimientos son el uso de condiciones y ciclos, el uso de almacenamiento en bases de datos, el uso de Firebase de Google, para finalizar con el aprendizaje de la tarjeta de microcontrolador Arduino. El libro fue usado durante la pandemia en cursos vía Zoom con niños de Primaria, siendo la niña Adriana Paola Sarmiento Váz-quez, de 10 años de edad y que cursaba el 5º de Primaria, quien exitosamente completó el curso que comprendía los siete capítulos del libro que está ahora en sus manos.

Es el deseo de los autores que este libro les permita entrar al fascinante mundo del diseño de apps y de la programación.

David Báez López, David Alfredo Báez Villegas y Ofelia Cervantes Villagómez

San Andrés Cholula, Puebla y Barcelonnette, Francia, junio de 2023

Índice general

Capítulo 1
La primera app para móviles

Al igual que los hijos biológicos de generaciones anteriores, las máquinas representan la mejor esperanza de la humanidad para un futuro a largo plazo.

Moravec

Objetivos

Se presenta una introducción a la creación de apps para su uso en móviles con sistemas operativos iOS y Android. Se presentan los pasos necesarios para desarrollar y probar en un móvil la app desarrollada.

1.1 Introducción

En este capítulo se aprenderá cómo desarrollar una primera aplicación para móviles inteligentes con sistemas operativos iOS y Android. Para lograr esto aún sin saber programar se usa una herramienta de desarrollo llamada `App Inventor`. Ésta fue desarrollada originalmente por Google y fue cedida posteriormente al Instituto Tecnológico de Massachussets (MIT por sus siglas en inglés). Las aplicaciones de dispositivos móviles se conocen simplemente como apps, de ahí el nombre `App Inventor`.

`App inventor` es muy intuitiva y es un entorno completamente visual para el desarrollo de aplicaciones para dispositivos móviles como teléfonos celulares y tabletas. Su estrategia de programación está basada en el uso de bloques para el desarrollo de un algoritmo de programación. Esto hace que la sintaxis sea muy sencilla y la programación muy rápida. De esta manera lo único que se necesita es saber pensar de una manera lógica y ordenada, lo que se puede lograr desde muy temprana edad.

Hoy en día `App Inventor` permite desarrollar apps para iOS y Android con casi nada de programación. En este capítulo se desarrolla una primera app consistente en un traductor de español a inglés. La app se prueba en un móvil y en una tablet.

1.2 App Inventor

El ambiente de desarrollo de `App Inventor` es por medio de su página web. Para tener acceso a `App Inventor` se requiere una cuenta de correo de Gmail de Google para acceder. Para empezar a trabajar en `App Inventor` se entra a la página web en:

https://appinventor.mit.edu

lo que lleva a la página web de la figura 1.1. En el momento de escribir este libro se usó la versión 2.

Figura 1.1 Página principal de `App Inventor`.

Figura 1.2 Ventana emergente para dar la cuenta de Google.

Para empezar a desarrollar una app se presiona el botón color naranja de `Create Apps`. En la ventana emergente de la figura 1.2 se introduce la cuenta de Gmail de Google que se va a usar, se escribe a continuación la contraseña y se está listo para empezar el desarrollo de apps, lo que se puede ver en la figura 1.3. Aquí se puede ver que el idioma usado es inglés. Se puede cambiar a español si se selecciona `Español` en la pestaña que dice `English`, como se muestra en la figura 1.4.

Figura 1.3 Ventana de trabajo de `App Inventor`.

Figura 1.4 Selección del idioma español para el desarrollo de apps.

En la pestaña de `Proyectos` seleccione `Comenzar un proyecto nuevo...`, lo que abre la ventana de diálogo mostrada en la figura 1.5. Para este ejemplo se da el nombre `Traductor`. Se presiona `Aceptar` y se puede empezar a diseñar la app como se puede ver en la figura 1.6. En esta figura se pueden ver cuatro columnas.

Figura 1.5 Ventana para nombrar el nuevo proyecto.

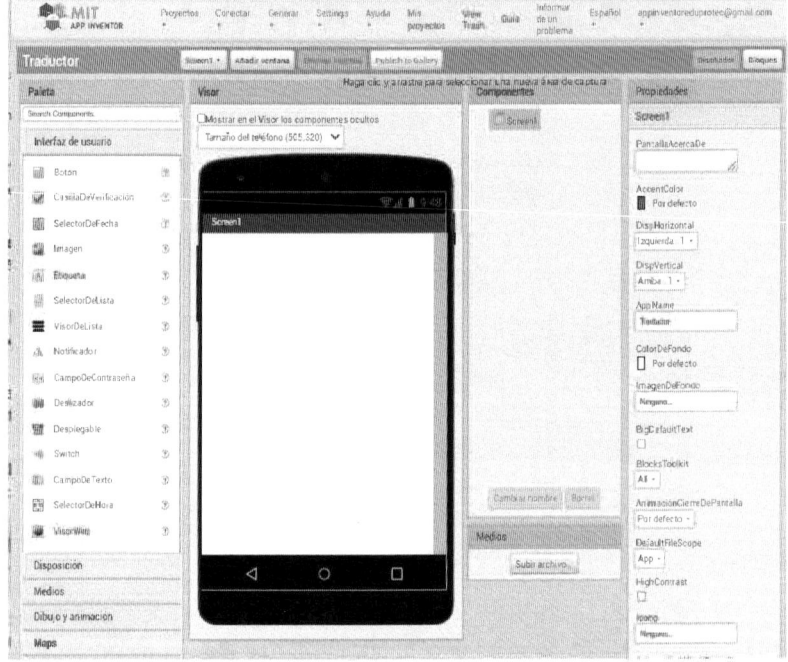

Figura 1.6 Ventana principal de App Inventor.

La primera columna que se aprecia en la figura 1.7 contiene la Paleta o bibliotecas de los objetos que forman la vista, canvas, o pantalla de la app, que son las siguientes:

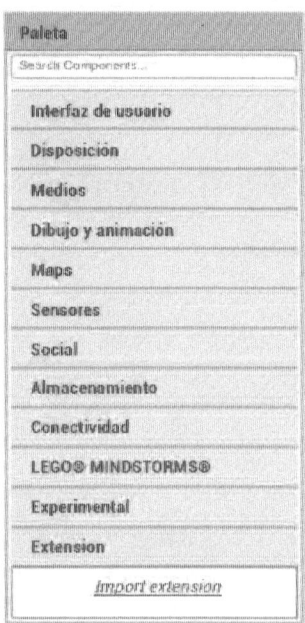

Figura 1.7 Columna de bibliotecas o paleta.

1. **Interfaz de usuario:** Contiene los objetos básicos de una pantalla de la app, tales como botones, etiquetas, campos de texto, imágenes, etc.

2. **Disposición:** Elementos para ordenar los objetos de manera horizontal y vertical. Además se cuenta con un tabulador y componentes para deslizar de manera horizontal y vertical.

3. **Medios:** Contiene objetos de audio y vídeo. Además contiene el traductor Yandex para traducir idiomas.

4. **Dibujo y animación:** Contiene los objetos para realizar videojuegos.

5. **Mapas:** Contiene mapas y herramientas para el uso de los mapas.

6. **Sensores:** Contiene objetos para usar los sensores del móvil como el acelerómetro, barómetro, giroscopio, pedómetro, termómetro, entre otros.

7. **Social:** Objetos para el uso de Twitter, correo electrónico, etc.

8. **Almacenamiento:** Objetos y funciones para almacenar en un archivo en el móvil, en bases de datos en el móvil o en la nube.

9. **Conectividad:** Objetos para conectarse por Bluetooth, puerto de serie, y la web.

10. **LEGO® MINDSTORMS®:** Funciones y objetos para trabajar con diseños de LEGO®.

11. **Experimental:** Funciones y objetos que se encuentran en etapa experimental. Pueden ser diseñados por otros equipos diferentes de App Inventor.

12. **Extensión:** Otros objetos y funciones creadas por otros equipos independientes de App Inventor.

Se deja al lector seguir explorando los conjuntos de objetos restantes, algunos de los cuales se usarán en el libro.

La segunda columna de la figura 1.6, que recibe el nombre de Visor, contiene la vista o canvas donde se debe diseñar la app. Los diferentes objetos que se están usando en la app se colocan en el orden deseado. En la figura se observa la pantalla 1 (Screen1).

Figura 1.8 Tercera columna de lista de componentes.

La tercera columna que se puede ver en la figura 1.8 muestra los `Componentes` u objetos que se están usando en la app. En esta figura se muestra que los componentes son la pantalla 1 `Screen1`, una disposición vertical, un campo de texto que se ha renombrado como `darNombre`, un botón que se ha renombrado `saludar` y una etiqueta que se ha renombrado `saludo`.

Finalmente, la cuarta columna muestra las `Propiedades` de cada uno de los objetos de la vista. En la figura 1.9 se muestran las propiedades del botón.

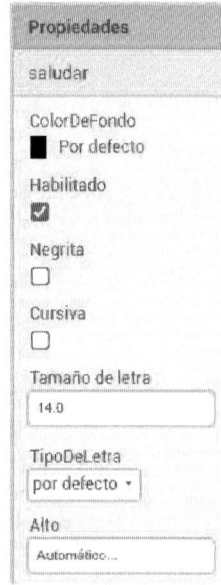

Figura 1.9 Cuarta columna de `Propiedades`.

En la barra superior de la figura 1.6 aparecen el nombre de la app, el nombre de la pantalla 1 (`Screen1`), botones para añadir o eliminar otras pantallas y a la derecha se localizan dos botones: `Diseñador` y `Bloques`. En la figura 1.6 se encuentra seleccionado el botón `Diseñador` y aquí es donde se diseña el orden de los objetos de la vista o pantalla 1. Al ser seleccionado el botón `Bloques` se pasa a otra ventana donde se le va a dar funcionalidad a los bloques y constituyen la parte operativa para que la app funcione. En el primer ejemplo se muestra el uso de algunas de estas partes de `App Inventor`.

1.3 La primera app: Hola Mundo

En la introducción a un lenguaje de programación una aplicación común es el famoso "Hola Mundo". Esta es la primera app diseñada con App Inventor. Para esta primera app, se abre la página de App Inventor y se selecciona un nuevo proyecto como se muestra en la figura 1.10. App Inventor requiere un nombre para el proyecto y para esto abre una ventana para darle nombre al proyecto. El nombre seleccionado es HolaMundo (NO se aceptan espacios en el nombre). Se presiona el botón Aceptar y se abre el proyecto vacío como se muestra en la figura 1.10.

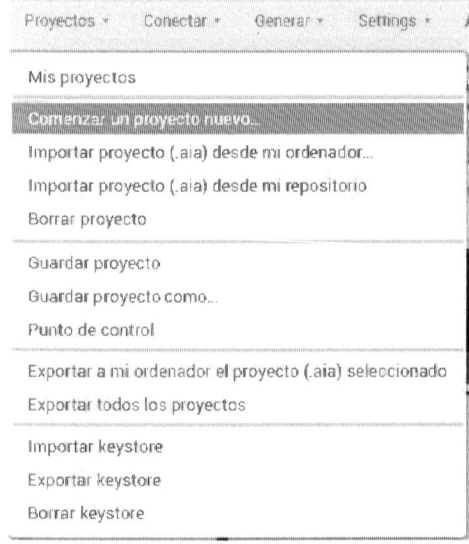

Figura 1.10 Selección de la pestaña para crear un proyecto nuevo.

En la ventana para diseñar la app (ver figura 1.6) se arrastra de la biblioteca Interfaz de usuario una etiqueta y un botón. Al colocar estos dos objetos en la pantalla se autocolocan arriba a la izquierda de la ventana de trabajo. Esto es porque la pantalla Screen1 tiene en sus propiedades que las disposiciones horizontal DispHorizontal y vertical DispVertical están seleccionadas Izquierda y Arriba, respectivamente como se muestra en la figura 1.11.

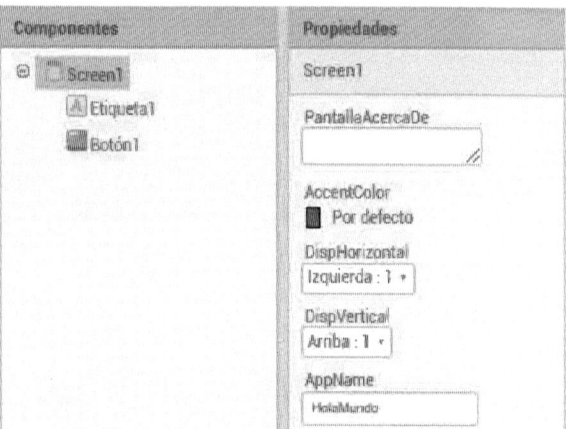

Figura 1.11   Propiedades de `Screen1` para las disposiciones horizontal y vertical.

Para centrar en la pantalla los dos objetos, se selecciona `Screen1` y se cambian `DispHorizontal` y `DispVertical` a `Centro`. La ventana queda como se muestra en la figura 1.12.

Figura 1.12   Etiqueta y botón centrados en `Screen1`.

El siguiente paso es cambiar los nombres de la etiqueta y del botón para la pantalla. Esto se hace en la columna de Componentes. Se selecciona el botón y se presiona el botón Cambiar nombre abajo de la columna lo que abre una ventana de diálogo y ahí se cambia el nombre a Saludar, como se ve en la figura 1.13. Este cambio de nombre es interno para el programa y se usará en la sección de bloques más adelante. Ahora en la columna de Propiedades del botón Saludar se cambia el Texto a Saludar al Mundo. Este nombre es el que vemos en la pantalla. Esto se aprecia en la figura 1.14.

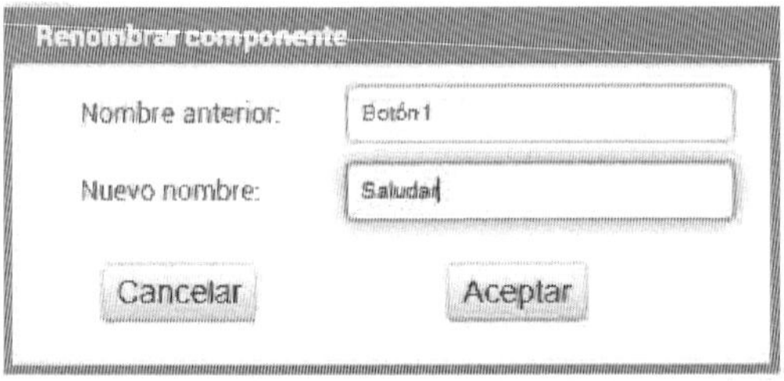

Figura 1.13 Cambio de nombre del botón Saludar.

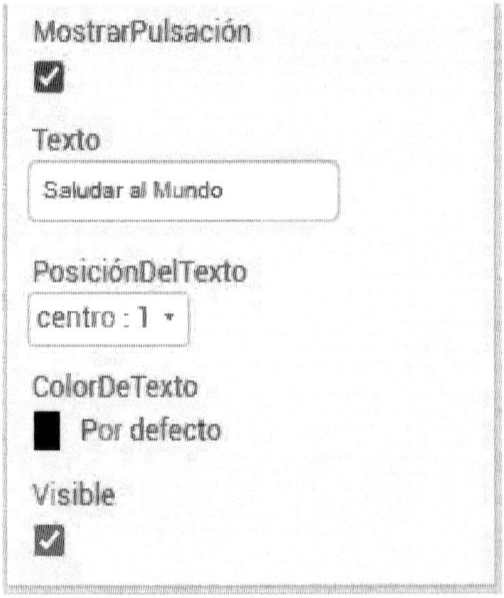

Figura 1.14 Cambio del Texto del botón a Saludar al Mundo.

Para la `Etiqueta1` se cambia en `Componentes` el nombre a `saludo` y en `Propiedades` el `Texto` se cambia a `Saludo`. Esto termina la fase de diseño de la app. Ahora se pasa al diseño funcional de la app, y para esto se presiona el botón `Bloques` en la parte derecha de la barra verde. Esto abre la ventana de la figura 1.15. Esta ventana es donde se realiza la programación para implementar el saludo `Hola Mundo`. En esta figura se tienen dos partes. La primera parte de la izquierda es la ventana de `Bloques`, donde se tienen los bloques de la programación y los componentes de la pantalla 1 `Screen1`. La otra parte es la ventana de trabajo donde se colocan los bloques según se necesite. Para empezar se selecciona el botón `Saludar` y al hacer esto se despliegan los bloques de programación asociados al botón (ver figura 1.16).

De estos bloques se selecciona el bloque `cuando Saludar.Clic` que se acciona cuando se presiona el botón `Saludar` en la pantalla del móvil. La acción que se desea realizar cuando se presiona el botón es desplegar el saludo `Hola Mundo`. Este saludo es un texto que se debe asociar a la `Etiqueta1` y que en este momento tiene el texto `Saludo` que se colocó en la columna de `Propiedades` de la `Etiqueta1`. Para hacer esto se selecciona la `Etiqueta1` en la columna de `Bloques`, con lo que se despliegan los bloques asociados como se ve en la figura 1.17. El bloque que se selecciona es `poner Etiqueta1.Text como` y se arrastra dentro del bloque del botón como se muestra en la figura 1.18.

Figura 1.15 Ventana de programación de la app.

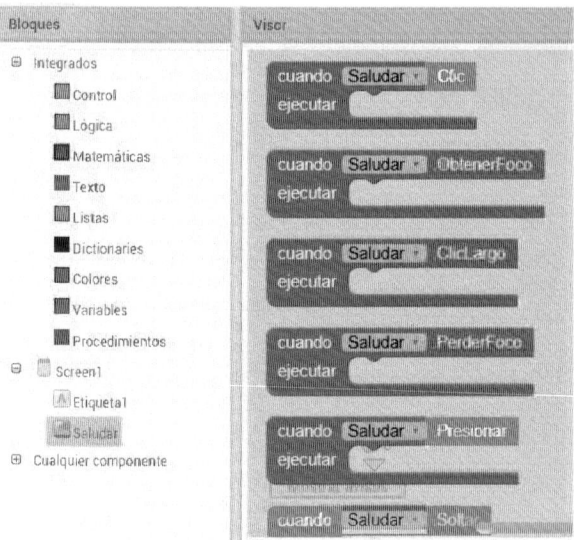

Figura 1.16   Bloques asociados al botón Saludar.

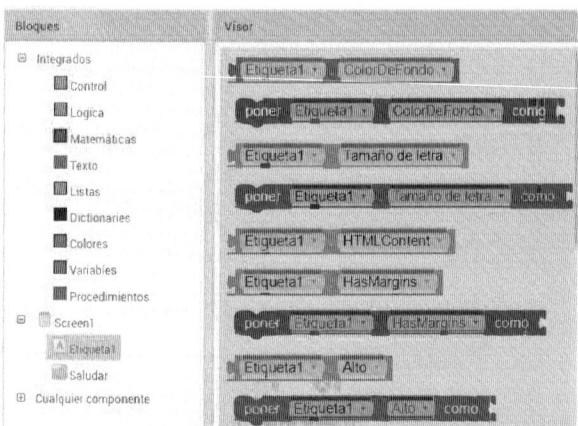

Figura 1.17   Bloques asociados a la Etiqueta1.

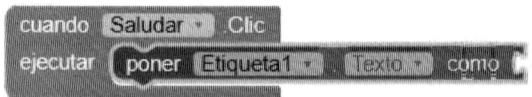

Figura 1.18   Bloque poner Etiqueta1.Text como dentro del bloque del
botón Saludar.

El texto Hola Mundo que se va a colocar en el bloque de la Etiqueta1 se obtiene seleccionando en la sección de Bloques de la izquierda los Integrados de Texto que despliegan los bloques disponibles mostrados en la figura 1.19. Se selecciona el primer bloque y se arrastra dentro del bloque poner Etiqueta1.Texto como. Dentro de este bloque de texto, entre las comillas se escribe Hola Mundo. El conjunto de bloques resultante se muestra en la figura 1.20. Esto termina el diseño de la app. Ahora se procede a probarla en el móvil.

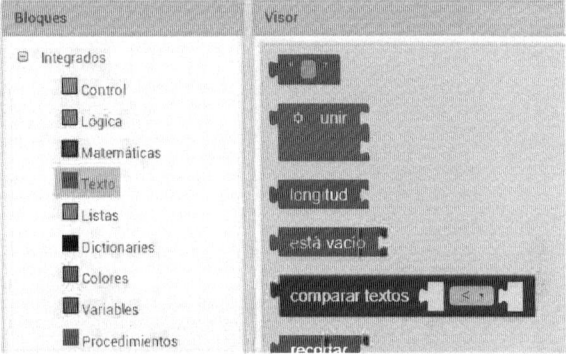

Figura 1.19 Bloques disponibles de Texto.

Figura 1.20 Bloques completos de la app.

1.4 Prueba de la app en el móvil

Una vez diseñada la app HolaMundo el siguiente paso es probarla. Existen tres maneras de probar una app, que son:

1. Probarla en el móvil.

2. Usar el emulador.

3. Realizar el archivo con extensión apk para probarla en cualquier móvil con sistema operativo Android.

Para probarla en el móvil se necesita descargar desde la tienda `Play Store` para Android la app `MIT AI2 Companion` como se muestra en la figura 1.21, y para iOS desde la tienda `App Store` la app `App Inventor`. Una vez instalada, en el móvil se genera el icono de `MIT AI Companion` en los dispositivos Android y el icono `App Inventor` en los dispositivos iOS. El icono es el mismo para las dos plataformas y se muestra en la figura 1.22.

(a)   (b)

Figura 1.21 (a) La app `MIT AI2 Companion` de la tienda Play Store, (b) la app `MIT App Inventor` de la tienda App Store.

Una vez instalada esta app, se ejecuta y el móvil despliega el menú de la figura 1.23. Se observan un campo de texto y dos botones. El campo de texto se usa para escribir el código alfabético mostrado por `App Inventor` y que se puede activar con el botón `connect with code`. El botón `scan QR code` se usa para escanear con la cámara del móvil el código.

Figura 1.22 Icono de la app `MIT App Inventor 2`.

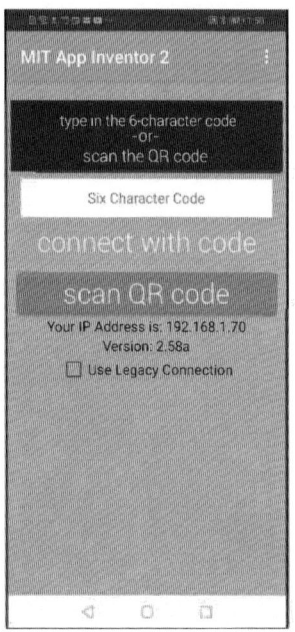

Figura 1.23   Ventana de `App Inventor` en el móvil.

En la página de `App Inventor` en `Conectar` se tiene el menú desplegable mostrado en la figura 1.24. Se selecciona `AI Companion` y se crea un código QR y un código alfabético como se ve en la figura 1.25. Con la cámara se escanea el código QR como se ve en la figura 1.26 y se empieza a generar la app como se muestra en la barra de progreso de la figura 1.27.

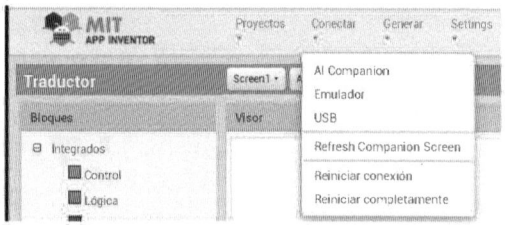

Figura 1.24   Menú desplegable al seleccionar `Conectar`.

Figura 1.25   Código QR y código alfabético.

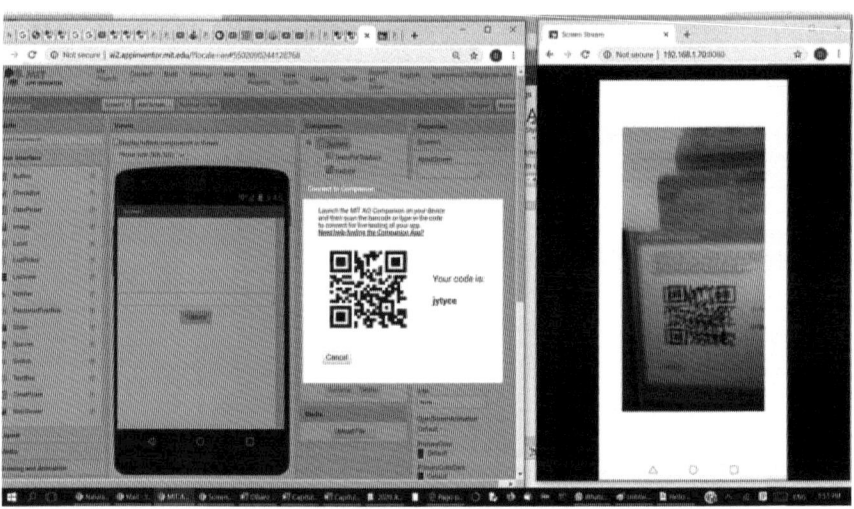

Figura 1.26   Escaneo del código QR. A la derecha se muestra la pantalla del teléfono móvil.

Figura 1.27 Barra de progreso de la app.

Al finalizar la barra de progreso la app se carga en el móvil. El uso de la app se puede ver en la figura 1.28. En esta pantalla se puede ver el texto "Hola Mundo" que se obtiene después de presionar el botón `Saludar al Mundo`.

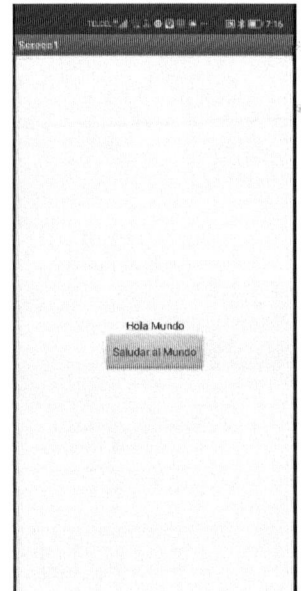

Figura 1.28 La app en el móvil y un ejemplo del saludo.

1.5 La segunda app: Traductor español-inglés

La segunda app que se va a realizar y donde se va a mostrar lo poderoso que es
App Inventor es un traductor de español a inglés. Al abrir una nueva app se
pide el nombre, que es Traductor. Lo primero que se debe de hacer es
centrar la pantalla 1 para que los objetos estén centrados en la app. Para
hacer este centrado, se selecciona Screen1 en la vista y en las propiedades de la
pantalla 1 se cambia la disposición horizontal DispHorizontal a Centro como
se muestra en la figura 1.29. Se repite lo mismo para la disposición vertical
DispVertical a Centro.

A continuación se coloca un Campo de Texto, que se va a colocar en el
centro de la pantalla (ver figura 1.30). Se cambia el nombre usando la tecla
de Cambiar nombre a TextoPorTraducir. En la cuarta columna se da la
Pista como Texto por Traducir. El ancho del Campo de texto se cambia a
Ajustar al contenedor para que ocupe el ancho de la vista (ver figura 1.31).

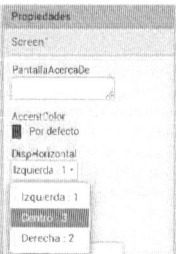

Figura 1.29 Cambio de la disposición horizontal al centro.

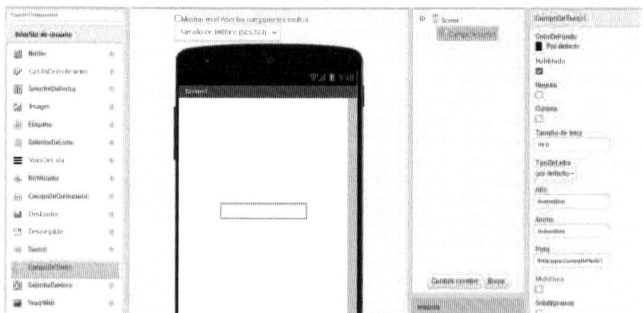

Figura 1.30 Campo de texto en el centro de la vista o pantalla 1.

Figura 1.31 Cambio del ancho del Campo de texto.

A continuación se añade un botón. La tarea de este botón es ejecutar el traductor. El nombre del botón se cambia a **traductor** y el Texto sobre el botón se cambia a **Traducir**, como se puede ver en la figura 1.32.

Figura 1.32 Botón con su nombre cambiado. Sobre el botón se cambia el texto a Traducir.

Para escribir el texto traducido se añade una etiqueta que se coloca abajo del botón. Se cambia el nombre a **TextoTraducido**. El ancho se queda en **Ajustar al contenedor** y el **Alto** a 50 píxeles (ver figura 1.33).

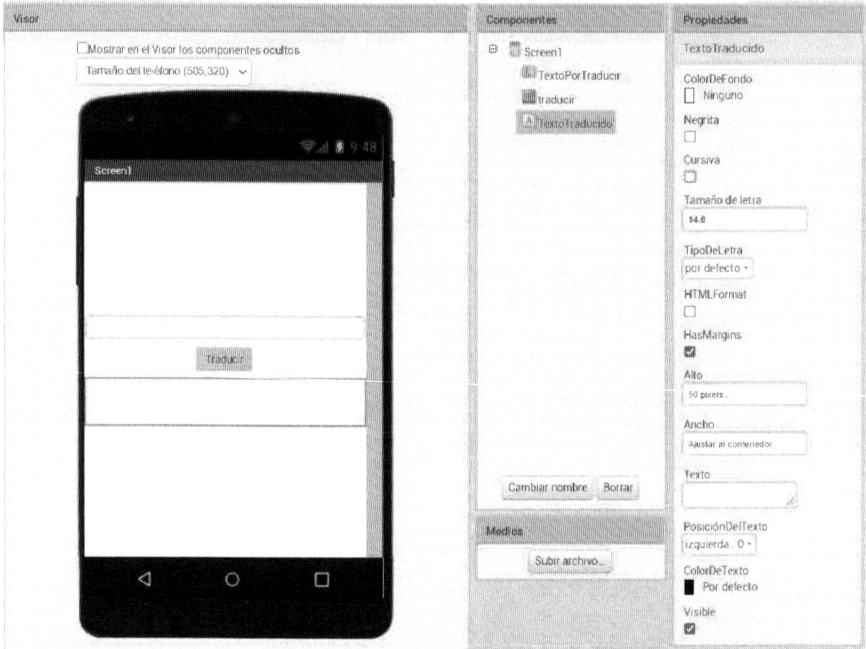

Figura 1.33   Cambio de la disposición horizontal al centro.

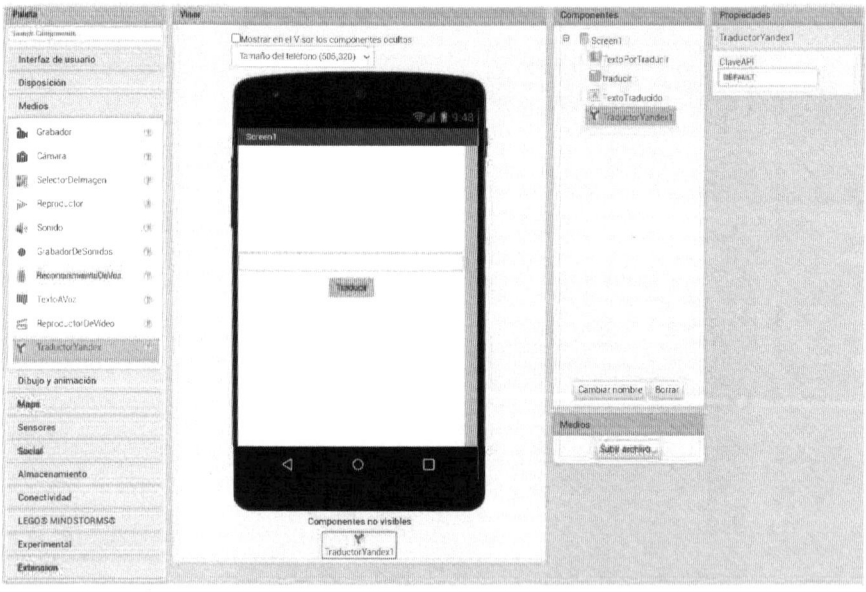

Figura 1.34   Traductor Yandex.

El último objeto en el diseño de la app es el que va a realizar la traducción. En la biblioteca de Medios se arrastra el traductor Yandex. Este traductor no es parte de la vista y aparece como Componentes no visibles en la parte inferior de la vista, pero sí aparece en la lista de Componentes como se observa en la tercera columna de la figura 1.34.

1.6 Construcción de los bloques

La parte funcional de la app se obtiene seleccionando el botón de Bloques en la parte superior derecha. Esto abre la ventana de la figura 1.35, que inicialmente está vacía.

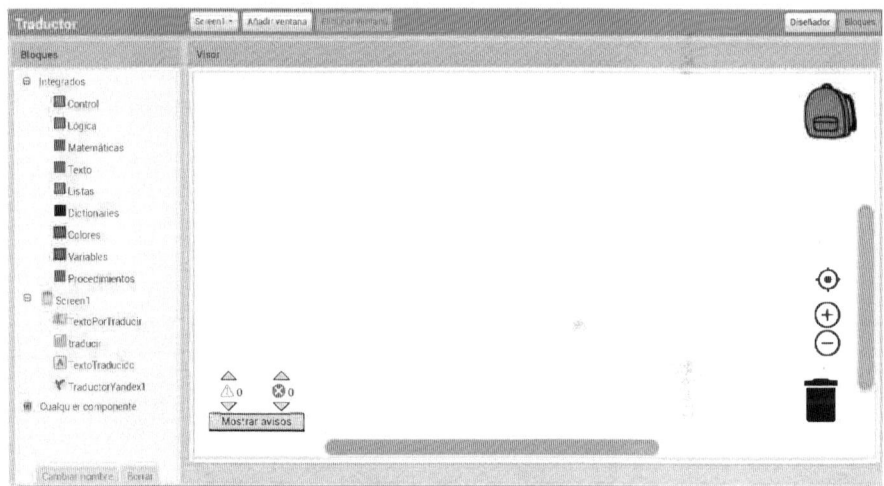

Figura 1.35 Ventana de bloques vacía.

En esta ventana de bloques se observan dos secciones. La sección de la izquierda contiene los llamados Bloques integrados, que contienen bibliotecas de funciones de Control, Lógica, Matemáticas, etc. Además contiene los elementos de la pantalla 1 (Screen1). A la derecha se ve un maletín que sirve para guardar bloques que se desean utilizar en otras pantallas o en otros proyectos. Asimismo, se ve el basurero donde se tiran los bloques que ya no se desean usar. También se pueden ver los botones para hacer zoom sobre los bloques.

Para realizar la app se selecciona el botón traducir en la parte izquierda. Con esto se despliegan los posibles bloques asociados con el botón traducir (ver figura 1.36).

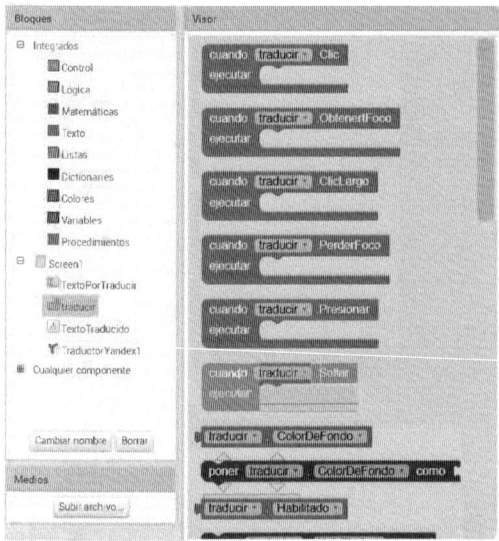

Figura 1.36 Métodos asociados con el botón `traducir`.

Se selecciona el primer bloque y se arrastra a la zona de la derecha como se ilustra en la figura 1.37.

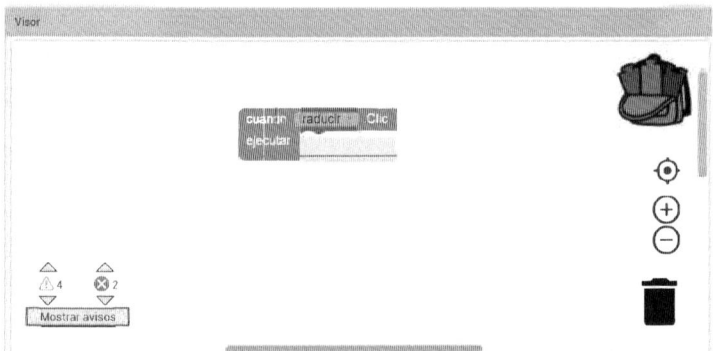

Figura 1.37 Bloque para el botón `traducir`.

Se selecciona ahora el traductor `Yandex` y se despliegan los bloques asociados. Éstos se pueden ver desplegados parcialmente en la figura 1.38.

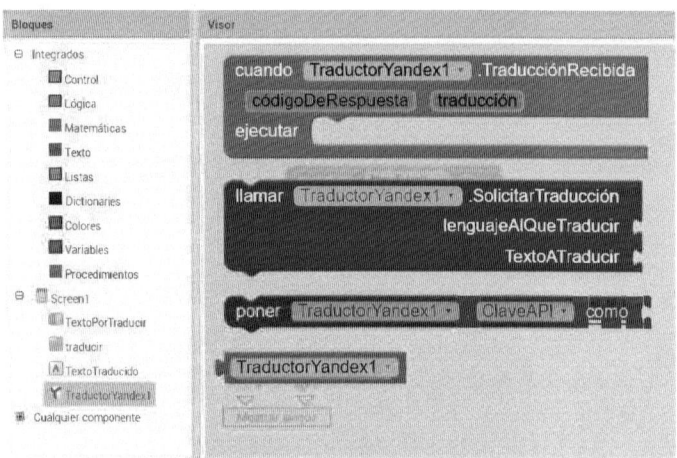

Figura 1.38 Bloques asociados al traductor `Yandex`.

Se selecciona el bloque `llamar TraductorYandex.SolicitarTraducción` y se coloca adentro del bloque del botón `traducir` como se ve en la figura 1.39.

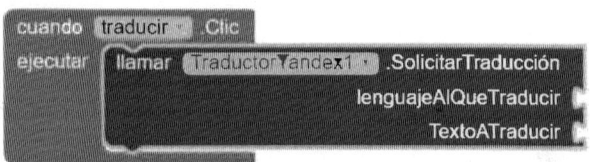

Figura 1.39 Bloque del traductor `Yandex` dentro del botón `traducir`. Se activa cuando se presiona el botón en la vista.

Para traducir del español al inglés se selecciona de la biblioteca de `Texto` un objeto de texto vacío y se escribe dentro de él **es-en**, que significa traducir del español al inglés (**es**pañol-**en**glish)(ver figura 1.40).

Figura 1.40 El objeto de texto indica que se traduce del español al inglés.

Para indicar dónde se encuentra el texto en español que se desea traducir se selecciona en la columna de bloques el objeto `TextoPorTraducir`. Esta acción despliega las opciones para esta etiqueta como se aprecia en la figura 1.41.

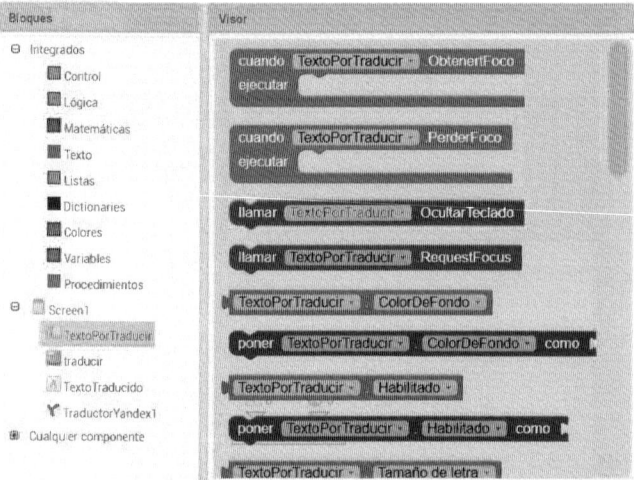

Figura 1.41   Se selecciona `TextoPorTraducir`.

De estas opciones se selecciona el bloque `TextoPorTraducir` y se cambia la extensión a **Texto** como se muestra en la figura 1.42.

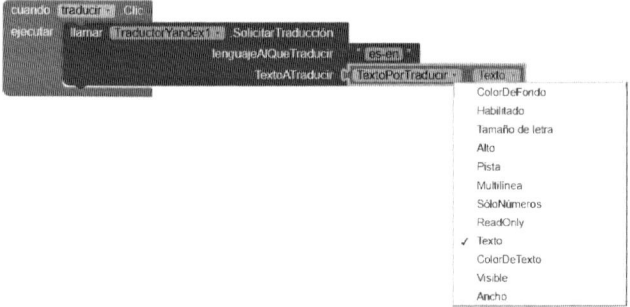

Figura 1.42   Se cambia la extensión de `TextoPorTraducir` a `Texto`.

Para obtener el resultado de la traducción se selecciona en la columna de bloques (columna de la izquierda) el traductor `Yandex` para desplegar los bloques y se selecciona el bloque de `cuando TraductorYandex1.TraducciónRecibida` (ver figura 1.43). Seleccionando en la columna de `Bloques` el objeto `TextoTraducido` se despliegan los bloques asociados y se selecciona poner TextoTraducido.Texto como se muestra en la figura 1.44.

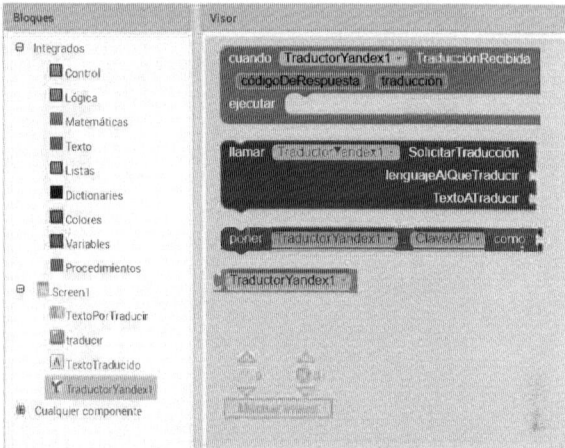

Figura 1.43 Bloques para el TractorYandex1.

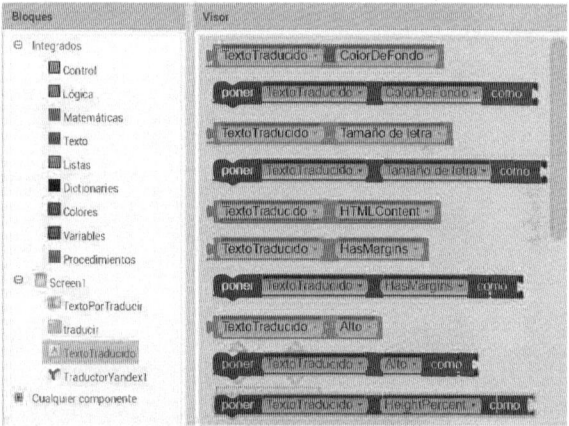

Figura 1.44 Bloque para TextoTraducido. Se selecciona el segundo bloque poner TextoTraducido.ColorDeFondo como y se cambia la extensión Texto.

Este bloque se coloca, como se puede ver en la figura 1.45, dentro del bloque cuando TractorYandex1. TraducciónRecibida. Se selecciona el bloque tomar de la biblioteca de Variables y se coloca como se muestra en la figura 1.46. Ahora se posiciona el puntero sobre la flecha dentro del bloque tomar y se selecciona traducción como se puede ver en la figura 1.46. El bloque se muestra en la figura 1.47.

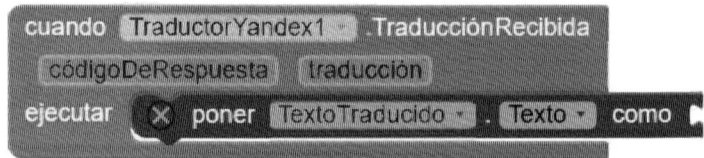

Figura 1.45 Bloque para desplegar el resultado de la traducción.

Figura 1.46 Se toma el resultado de la traducción y se coloca en la etiqueta `TextoTraducido`.

Figura 1.47 Bloque de `TraducciónRecibida` completo.

La figura 1.48 muestra los dos bloques listos para ser ejecutados.

Figura 1.48 Bloques finales del traductor de español a inglés.

1.7 Prueba de la app en el móvil

Una vez diseñada la app `Traductor` el siguiente paso es probarla. Como se mencionó cuando se probó la primera app `Hola Mundo`, existen tres maneras de probar una app que son:

1. Probarla en el móvil.

2. Usar el emulador.

3. Realizar el archivo con extensión `apk` para probarla en cualquier móvil con sistema operativo Android.

En la página de `App Inventor` en `Conectar` se tiene el menú desplegable mostrado en la figura 1.49. Se selecciona `AI Companion` y se crea un código QR y un código alfabético como se ve en la figura 1.50. Con la cámara se escanea el código QR como se ve en la figura 1.51 y se empieza a generar la app como se muestra en la barra de progreso de la figura 1.52.

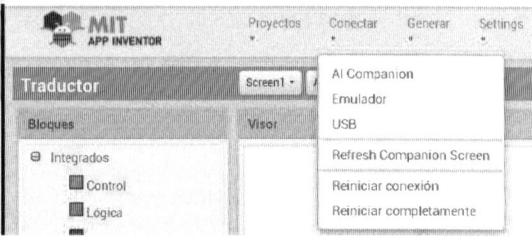

Figura 1.49 Menú desplegable al seleccionar `Conectar`.

Figura 1.50 Código QR y código alfabético.

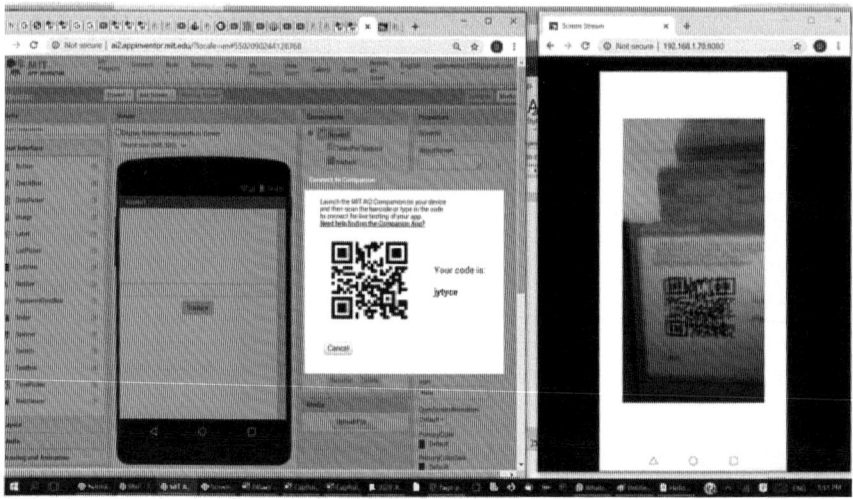

Figura 1.51   Escaneo del código QR.

Figura 1.52   Barra de progreso de la app.

Al finalizar la barra de progreso la app se carga en el móvil. Un ejemplo del uso de la app se puede ver en la figura 1.53, donde se muestra parcialmente la pantalla del móvil. En esta pantalla se ha traducido el texto "estoy trabajando con App Inventor".

Figura 1.53 La app en el móvil y un ejemplo de traducción.

1.8 Creación del archivo apk para Android

Al momento de escribir este libro solamente se puede generar código ejecutable para móviles del sistema operativo Android. Una vez terminada la app hay que generar un archivo para poder enviarla a la tienda de Play Store para su distribución y venta. El archivo debe tener la extensión apk y App Inventor puede generar dicho archivo. Para crear el archivo con extensión apk y que ésta se pueda ejecutar en cualquier móvil o tablet Android se deben seguir los siguientes pasos:

1. Primero en el menú Generar en App Inventor se selecciona App (Generar código QR para el archivo.apk) como se muestra en la figura 1.54. En este paso se abre una barra de avance donde se generan los archivos necesarios como el icono, la compilación y al terminar se genera un código QR mostrado en la figura 1.55.

2. Con la cámara del móvil se escanea el código QR.

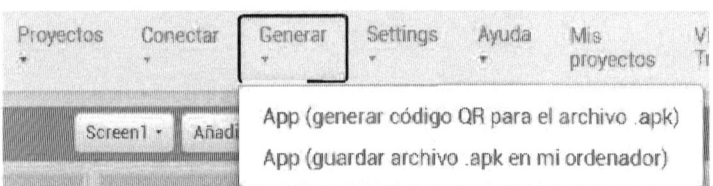

Figura 1.54 Menú donde se selecciona la creación del archivo apk.

Una vez que se escanea el código QR, el móvil hace una serie de advertencias para proceder a la instalación de la app en el móvil. Se selecciona OK, Instalar y OK para que la app sea instalada. Es posible que se desplieguen otras advertencias, pero se aceptan, ya que es una app que ha sido diseñada por el lector del libro (ver figuras 1.56 - 1.58). En la figura 1.58 se presiona INSTALL ANYWAY. La app instalada aparece igual a la figura 1.34.

Figura 1.55 Código QR.

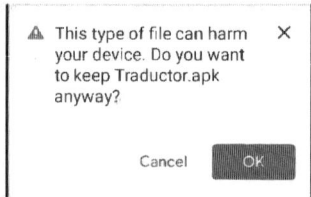

Figura 1.56 Advertencia para decidir si se instala la app.

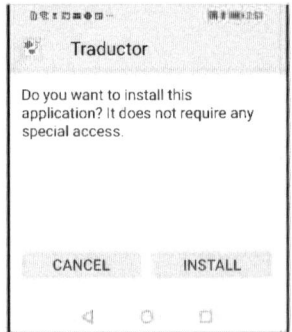

Figura 1.57 Mensaje de advertencia para permitir la instalación de la app.

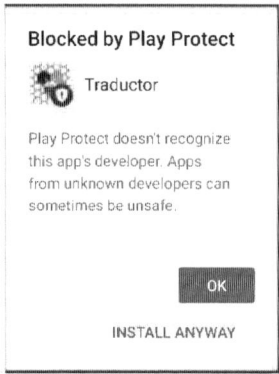

Figura 1.58 Solicitud de permiso para instalar la app.

1.9 Conclusiones

En este capítulo se dio una introducción al uso de App Inventor. Se mostró la facilidad con la que se puede diseñar, construir y probar una app con un cierto grado de complejidad como el Traductor.

En esta app se usó un bloque que funciona cuando se presiona un botón. Este bloque es el bloque Cuando. En capítulos posteriores se mostrará el uso de otros bloques como las condiciones o ciclos. También se vio la manera de probar la app en un móvil con sistema operativo iOS o Android. Para el sistema operativo Android se puede generar el código apk que se envía a la tienda Play Store para su distribución y venta.

Capítulo 2
Condiciones y ciclos

Una vez que se adquiere un conocimiento básico, cualquier intento de impedir su realización sería tan inútil como la esperanza de detener la Tierra en su movimiento alrededor del Sol.

Fermi

Objetivos

Las instrucciones para condiciones y ciclos se presentan en bloques de App Inventor. Ellos sirven para que las apps sean más poderosas y versátiles.

2.1 Introducción

En la mayoría de las apps diseñadas a la fecha, ya sea para Android o para iOS, muy a menudo hay que tomar una decisión acerca de qué hacer dependiendo del valor de una variable o de un conjunto de variables. Estas decisiones se realizan usando instrucciones que se conocen como *condiciones* y permiten ejecutar una serie de bloques si se cumple la condición, o bien ejecutar otro conjunto de bloques si no se cumple la condición. En el Capítulo 1 ya se usaron este tipo de bloques asociados a un botón. Estas condiciones estaban en el bloque Cuando. La figura 1.48 muestra dos ejemplos del uso de la condición Cuando. El primer bloque se ejecuta solamente cuando se presiona el botón traducir. El segundo bloque se ejecuta cuando se recibe la traducción. Existen otros bloques que permiten repetir conjuntos de instrucciones. Estas instrucciones se conocen como ciclos. Los ciclos se usan para repetir conjuntos de instrucciones. En este capítulo, con ejemplos se presentan condiciones y ciclos para ilustrar cómo se usan.

2.2 Condiciones

Una instrucción de condición es un bloque que revisa el valor de una variable y si dicho valor cumple una condición, entonces se ejecuta el conjunto de bloques dentro del bloque de condición. Si la condición no se cumple entonces NO se ejecuta dicho conjunto de bloques. En App Inventor, los bloques de condición se encuentran en la biblioteca de Control. La figura 2.1 muestra dos de los bloques de la condición. Ambos llevan las palabras clave si y entonces. A la derecha de la palabra si se escribe la condición. Si la condición se cumple se ejecutan los bloques que siguen a la palabra clave entonces. Si la condición no se cumple entonces no se hace nada y se continúa con los bloques siguientes. En el segundo caso, si la condición no se cumple, se ejecutan los bloques asociados a la palabra clave si no. El ejemplo 2.1 muestra el uso de las condiciones.

Figura 2.1 Bloques de condiciones.

Ejemplo 2.1 Cambio de color de la pantalla de la app

En este ejemplo se realiza una app que inicialmente presenta una pantalla azul cielo y un botón. Al presionar el botón, el color de la pantalla de azul cielo que corresponde al día se cambia a negro, que corresponde a la noche, y viceversa.

Para empezar a diseñar la app se abre un proyecto nuevo y para la primera pantalla Screen1 se seleccionan DispHorizontal y DispVertical al centro. Se cambia el título de la pantalla de Screen1 a Día y Noche y el color de fondo a un azul.

Se agrega un botón y en la columna de Componentes se le cambia el nombre a diaNoche y en Propiedades se cambia su texto a Día, como puede verse en la figura 2.2.

Se presiona el botón de Bloques y en el botón diaNoche y de los bloques desplegados se selecciona el mostrado en la figura 2.3, que es el bloque cuando diaNoche.Clic. Los bloques asociados a este botón se ejecutan cuando se presiona el botón diaNoche.

Lo siguiente es seleccionar la condición. De la biblioteca de Control se coloca un bloque si-si no. El bloque que se usa es el segundo de la figura 2.4, esto es, el bloque si-entonces-si-no. Este bloque se coloca dentro del bloque del botón seleccionado antes como se ve en la misma figura 2.4. Si el color de la pantalla es azul entonces al presionar el botón debe cambiarse a negro para indicar la noche y viceversa.

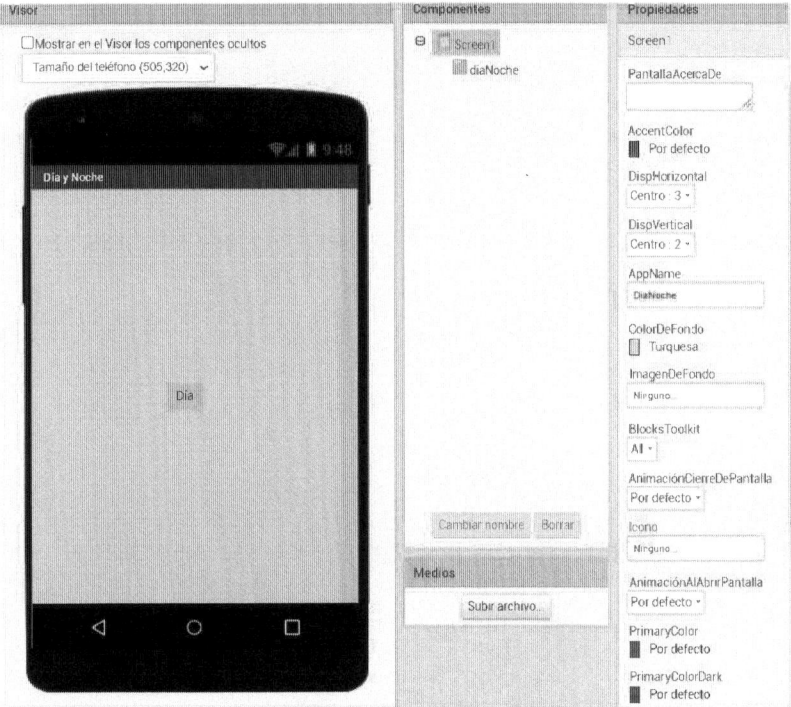

Figura 2.2 Ventana principal con el nombre y color cambiados, así como el botón con su texto Día.

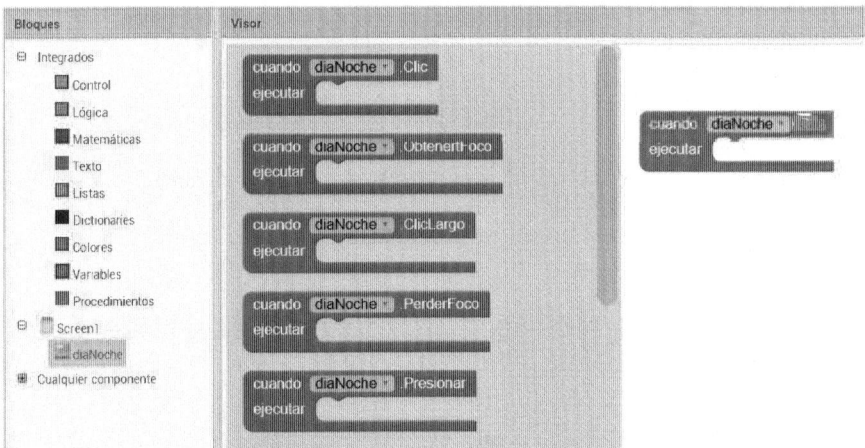

Figura 2.3 Selección del bloque para el botón diaNoche.

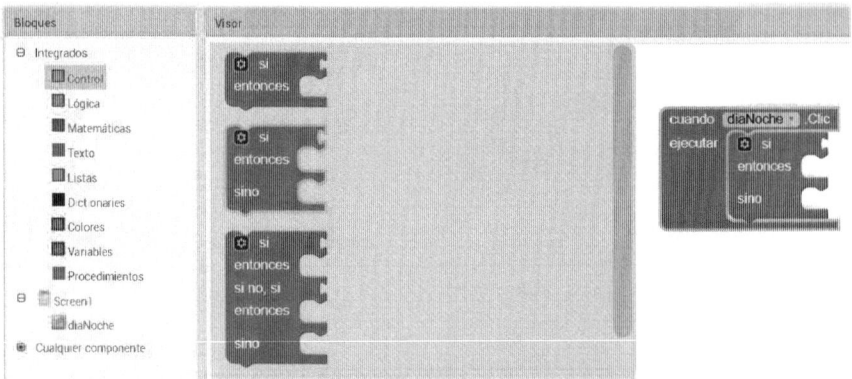

Figura 2.4   Bloque `si-si no` dentro del bloque del botón.

Lo siguiente es seleccionar la condición. De la biblioteca de `Control` se coloca un bloque `si-si no`. El bloque que se usa es el segundo de la figura 2.4, esto es, el bloque `si-entonces-si-no`. Este bloque se coloca dentro del bloque del botón seleccionado antes como se ve en la misma figura 2.4. Si el color de la pantalla es azul entonces al presionar el botón debe cambiarse a negro para indicar la noche y viceversa.

Para la condición se compara el color de fondo de la pantalla. Al presionar el botón `díaNoche`, si el fondo de pantalla es azul se debe cambiar a negro, si es negro se debe cambiar a azul. En la primera columna, del bloque de `Matemáticas` se selecciona el bloque de comparación de igualdad mostrado en la figura 2.5. A continuación, se selecciona la pantalla `Screen1` y de los bloques que se despliegan se selecciona el correspondiente al `ColorDeFondo` mostrado en la figura 2.6.

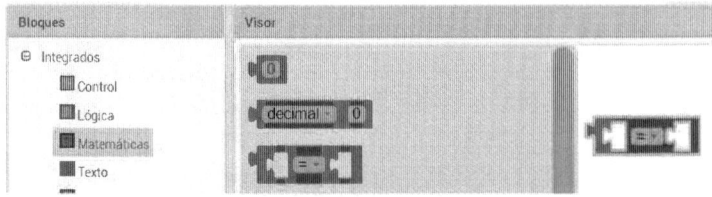

Figura 2.5   Selección de la igualdad para comparar.

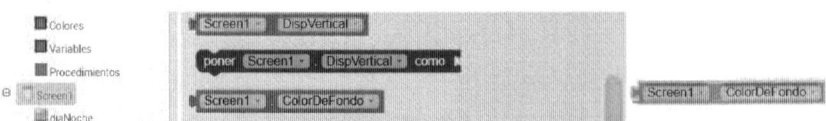

Figura 2.6   Selección del bloque para el color de fondo de `Screen1`.

El color de fondo azul se obtiene del bloque de Colores como se muestra en la figura 2.7. Este color azul se coloca en el bloque de igualdad para compararlo con el bloque Screen1.ColorDeFondo. La comparación se muestra en la figura 2.8. Este bloque se debe colocar en el bloque de la condición si si-no y dentro del bloque del botón cuando díaNoche.Clic como se muestra en la figura 2.9.

Figura 2.7 Selección del color azul para la comparación con el color de fondo de la pantalla.

Figura 2.8 Comparación con el color de fondo de la pantalla Screen1.

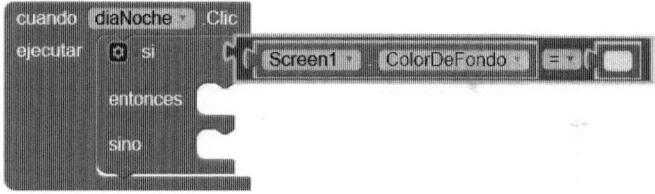

Figura 2.9 Bloque del botón con el bloque si si-no y la comparación.

Al presionar el botón se debe cambiar el color de fondo. Si es azul se debe cambiar a negro y el texto del botón se cambia a Noche. Para seleccionar el color de fondo, se selecciona el botón díaNoche y se escoge el bloque poner diaNoche.Poner ColorDeFondo como mostrado en la figura 2.10.

Figura 2.10 Bloque si si-no con la condición.

Después de la palabra como se coloca el bloque del color negro que se obtiene del bloque de Colores, de manera similar a como se obtuvo el color azul. Para cambiar el texto del botón díaNoche se selecciona este botón y de los bloques que se despliegan se selecciona el bloque de poner diaNoche.Texto y se completa con el texto Noche. Ambos bloques se colocan juntos como se puede ver en los dos bloques superiores de la figura 2.11. Se repite lo mismo, pero se cambia el color y el texto como se muestra en los bloques inferiores de la figura 2.11.

Figura 2.11 Bloques para cambiar la pantalla a color negro (arriba) y para cambiar la pantalla de color negro a color azul (abajo).

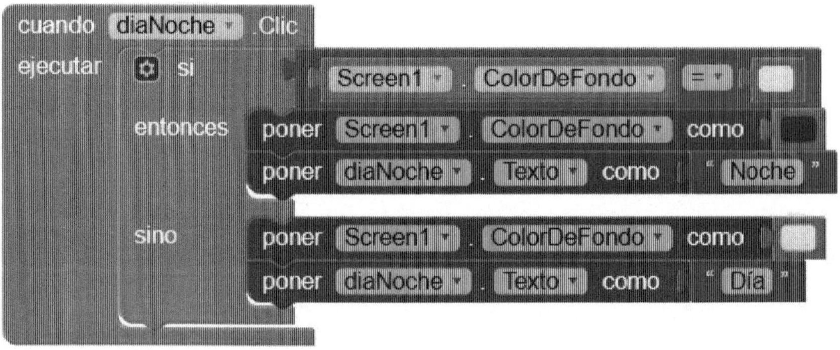

Figura 2.12 Bloques completos para cambiar el color de la pantalla.

Los bloques finales se muestran en la figura 2.12. La figura 2.13 muestra la app en sus dos formas, día y noche, respectivamente.

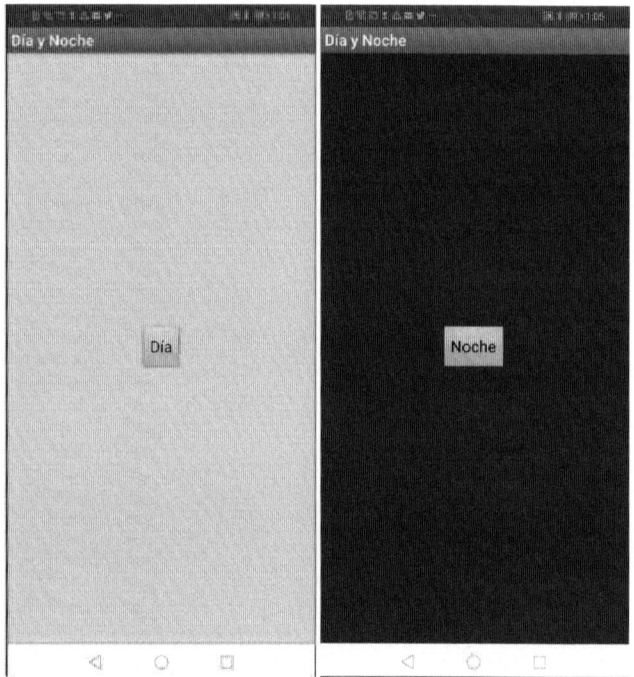

Figura 2.13   Día y noche en la app.

2.3   La app Atrapar estrellas

Una app que usa una condición y que es divertida es la app `Atrapar estrellas` que se diseña en esta sección y que consiste en un juego. El juego consiste en atrapar estrellas en la pantalla. Cada vez que se atrapa una estrella se gana un punto y cada vez que se falla se marca un punto malo. El juego de la estrella es aleatorio y requiere el uso de una función que mueva la estrella sobre la pantalla de manera aleatoria.

Para realizar esta app de juego se requiere usar una pantalla especial llamada *lienzo* o *canvas* y también el uso de un sprite y es un objeto que puede moverse y ser atrapado, rebotar en las orillas de la pantalla y desaparecer en un juego. El `lienzo` y el `sprite` se encuentran en la `Paleta` o biblioteca de componentes de Dibujo y `animación` a la izquierda de la ventana de `App Inventor`. Esta paleta se muestra en la figura 2.14.

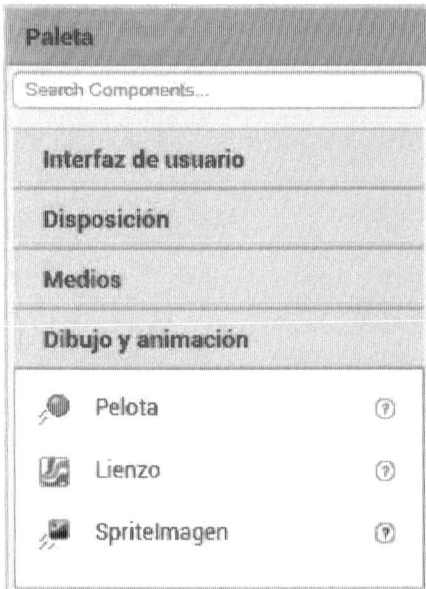

Figura 2.14   Paleta de componentes de Dibujo y animación.

Para empezar la app `Atrapar estrellas` se abre un proyecto nuevo con este nombre. `App Inventor` no acepta nombres con espacios ni con caracteres especiales como acentos o tildes, por lo que propone unir las dos palabras con un guion bajo, como se muestra en la figura 2.15.

Figura 2.15   Nombre de la app con guion bajo.

En la ventana que se genera se añade un lienzo. El lienzo es la zona donde la estrella se puede mover. Automáticamente, el nombre del lienzo es `Lienzo1`. En la columna de `Propiedades` se selecciona el color amarillo en `Color de Fondo`. En `Alto` y `Ancho` se selecciona la opción `Ajustar al contenedor` y se presiona `Aceptar`. Se repite para el `Ancho`. De esta manera el lienzo ocupará la pantalla completa.

Figura 2.16 Lienzo en color amarillo que ocupa la pantalla completa.

Ahora se coloca en el `Lienzo1` un elemento `SpriteImagen` al que `App Inventor` le asigna el nombre `SpriteImagen1`. Este sprite debe tener la forma de estrella. Del navegador se selecciona una imagen de estrella y se guarda en algún lugar del ordenador. Para colocarla en el `SpriteImagen`, en la columna de `Propiedades` se selecciona en `Foto` y de las tres opciones se presiona el botón `Subir archivo...`, se abre una ventana de diálogo donde se pide seleccionar el archivo. Se presiona el botón `Seleccionar archivo`, se busca la ubicación de la estrella y entonces aparece el nombre del archivo como se muestra en la figura 2.17.

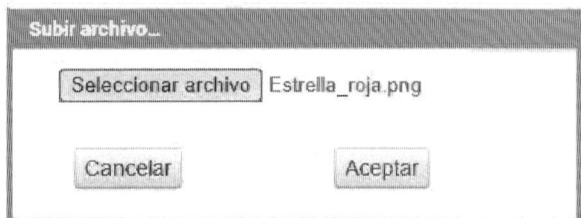

Figura 2.17 Selección del archivo de la estrella para el sprite.

Ahora se selecciona el `Alto` y `Ancho` de la estrella a 15 píxeles como se muestra para el `Alto` en la figura 2.18. Se repite para el `Ancho`. Ambos parámetros ahora son de 40 píxeles.

Figura 2.18 Selección del alto para el sprite de la estrella.

La pantalla de la app se muestra en la figura 2.19. Claramente se ve la estrella.

Figura 2.19 Estado de la app después de colocar la estrella en sus
dimensiones finales.

La estrella se va a mover con un reloj. Este se encuentra en la paleta de
Sensores en la columna de la izquierda (ver figura 2.20). Esta biblioteca tiene
otros sensores como el barómetro, el giroscopio, el sensor de orientación, entre
otros. Se selecciona el reloj y se arrastra al lienzo. El icono del reloj se coloca
abajo de la pantalla como un elemento no visible, como se muestra en la figura
2.21. La figura 2.22 muestra las propiedades del reloj. Entre sus propiedades se
tiene el intervalo del temporizador. El valor es 1000 y sus unidades son milisegundos. Esto quiere decir que el tiempo tarda 1000 ms = 1 segundo. Este reloj
es el que va a mover la estrella.

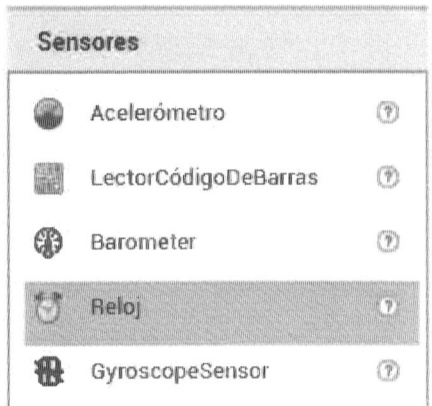

Figura 2.20   Paleta de sensores donde se encuentra el reloj.

Figura 2.21   El reloj colocado abajo de la app como componente no visible.

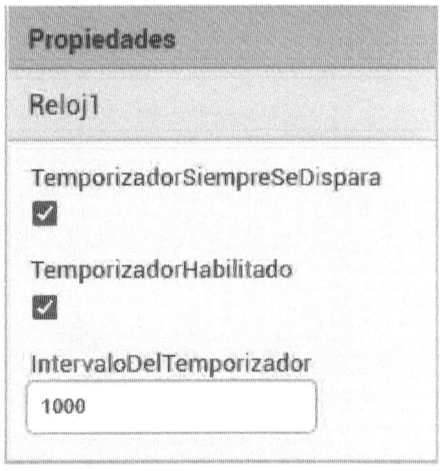

Figura 2.22   Propiedades del reloj.

Se pasa a la sección de bloques presionando el botón `Bloques` arriba a la derecha de la ventana de `App Inventor`.

2.3.1 Sección de bloques

En esta sección se le da funcionalidad a la app. Lo primero que se hace es seleccionar el elemento `SpriteImagen1` en la columna de `Bloques` a la izquierda de la ventana de `App Inventor`. Esto abre los bloques disponibles para el sprite y de ellos se selecciona `llamar SpriteImagen1.Mover`. Este bloque tiene la posición del sprite en la pantalla por medio de las coordenadas `x`, `y` (ver figura 2.23).

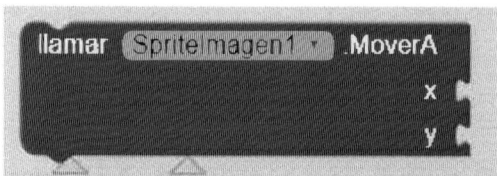

Figura 2.23 Bloque para mover el sprite.

Al lienzo se le asocian ejes coordenados cartesianos, también llamados rectangulares, **estando** el origen en la esquina superior izquierda como se muestra en la figura 2.24.

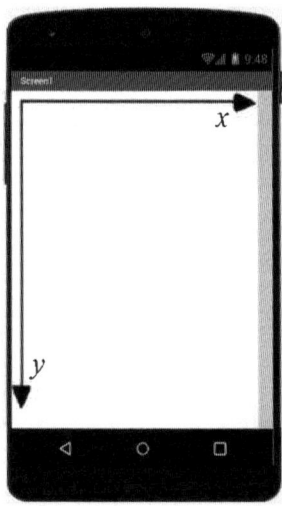

Figura 2.24 Ejes coordenados sobre el lienzo.

Entonces el bloque de la figura 2.23 debe especificar las coordenadas x, y del sprite que contiene la estrella. Para que el juego sea interesante se cambian las coordenadas cada segundo (cada 1000 ms) de manera aleatoria, es decir, al azar. Estas coordenadas son seleccionadas por el ordenador y por el móvil. Para esto, de la biblioteca de `Matemáticas` a la izquierda se selecciona el bloque `entero aleatorio entre 1 y 100` (ver figura 2.25) y se coloca enfrente de la x como se muestra en la figura 2.26.

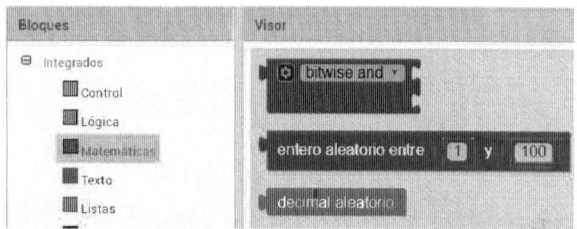

Figura 2.25 Bloque para realizar un entero aleatorio.

Figura 2.26 Bloque del entero aleatorio conectado con el bloque para mover el sprite.

La estrella debe moverse horizontalmente desde el valor de 0 hasta la orilla del lienzo. Entonces en la figura 2.26 se cambia el 1 por un 0. Para ver el tamaño del lienzo, se selecciona el lienzo y de los bloques se selecciona el de `Lienzo1-ancho` como se muestra en la figura 2.27. El arreglo para los valores de la coordenada x se puede ver en la figura 2.28.

Figura 2.27 Bloque del ancho del lienzo.

Figura 2.28 Bloque final para la coordenada x.

Para la coordenada y que corresponde a la altura se repite exactamente lo mismo cambiando Ancho por Alto. Para repetir se coloca el puntero sobre el bloque y con el botón derecho del ratón seleccionar Duplicar como se muestra en la figura 2.29.

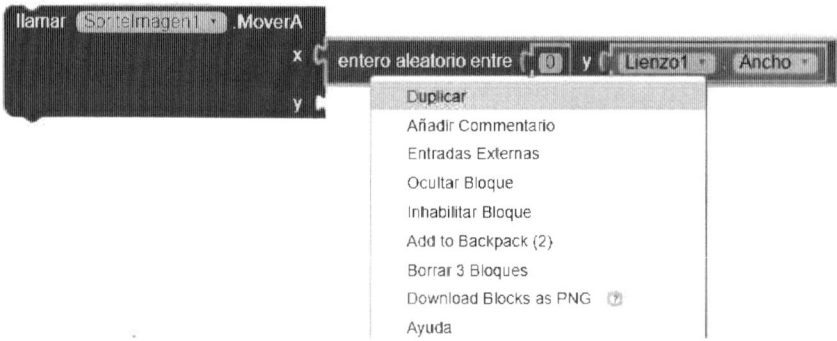

Figura 2.29 Duplicar el bloque.

Como se ve en la figura 2.30 se cambia Ancho por Alto seleccionando Ancho y del menú que se despliega se selecciona Alto. Esta misma figura muestra el resultado final.

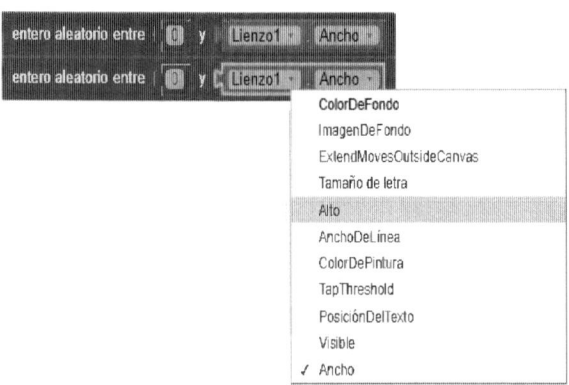

Figura 2.30 Cambio de Ancho por Alto.

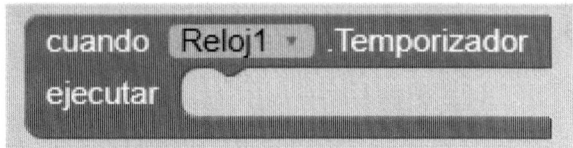

Figura 2.31 Bloque final para las coordenada x, y.

El movimiento de la estrella sobre el lienzo se realiza cuando el reloj cambia. Los cambios del reloj se realizan cada 1000 milisegundos, lo que es igual a 1 segundo. Entonces la estrella cambia de posición aleatoriamente cada segundo. Para hacer que la estrella se mueva con el reloj, se selecciona en la columna de Bloques el reloj, de los cuadros que se despliegan se selecciona el bloque cuando Reloj.clic mostrado en la figura 2.32.

Figura 2.32 Bloque del reloj.

Dentro del bloque del reloj se posiciona el bloque del sprite de la figura 2.31 como se aprecia en la figura 2.33.

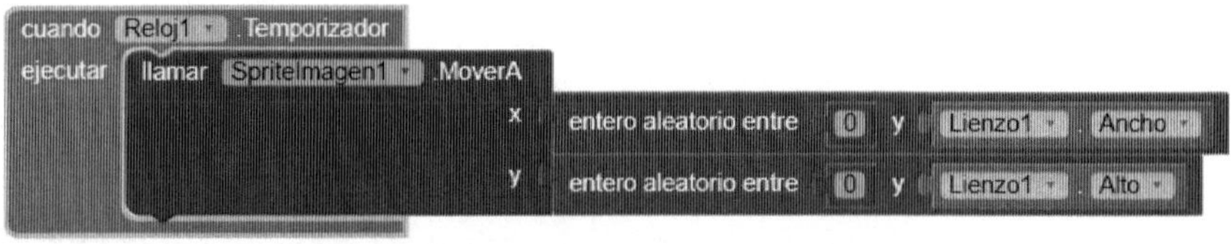

Figura 2.33 Bloque del reloj con el bloque de la posición del sprite.

Ahora la estrella ya tiene movimiento. Para comprobarlo la cargamos en el móvil. En el menú superior seleccionamos Conectar → AI Companion. Se abre la ventana con el código QR. En el móvil se abre la app App Inventor y se escanea el código QR y empieza la transmisión del programa de la app al móvil. Una vez terminada la transmisión se ejecuta la app Atrapar_estrellas. La figura 2.34 muestra la app en funcionamiento.

Figura 2.34   App `Atrapar_estrellas` en funcionamiento.

2.3.2 Un contador de aciertos

Para añadir los contadores de aciertos al tocar la estrella y los fallos cuando no se toca, de la **Paleta** de **Disposiciones** se agrega una `DisposiciónHorizontal` en la parte superior de la pantalla. En la columna de **Propiedades** de esta disposición se cambia el **Ancho** a **Ajustar al contenedor**. Dentro de esta disposición, de la **Paleta** de **Interfaz** de usuario se agregan dos etiquetas y una `DisposiciónHorizontal` que se autonombra como `DisposiciónHorizontal2` para que queden colocadas dentro de la `DisposiciónHorizontal1` tal como se ve en la figura 2.35.

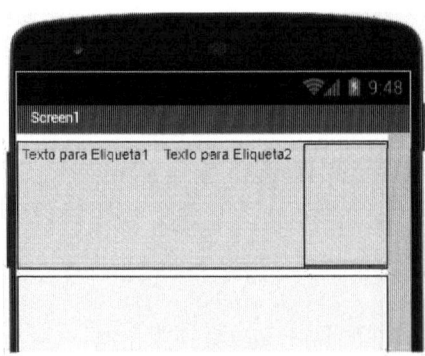

Figura 2.35   Disposición horizontal con dos etiquetas y una disposición horizontal.

Se selecciona la `Etiqueta1` y se cambia su texto en la columna de `Propiedades` a `Aciertos`, la letra en negritas y el tamaño de la letra a 20. La `Etiqueta2` va a ser el marcador, se cambia su nombre a `aciertos` en la columna de `Componentes` y en la columna de `Propiedades` en su texto se escribe 0 como marcador inicial con tamaño de letra 20 y en negritas. La ventana de la app se muestra en la figura 2.36.

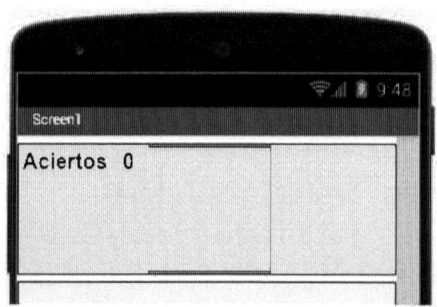

Figura 2.36 Las dos etiquetas con sus textos cambiados.

De la figura 2.36 se observa que la `DisposiciónHorizontal2` es muy alta y ancha, por lo que se cambia su parámetro `Alto` a 30 píxeles y el `Ancho` a 70 píxeles. Para el marcador de fallos se añaden dos etiquetas a la derecha de la `DisposiciónHorizontal2`, como se muestra en la figura 2.37.

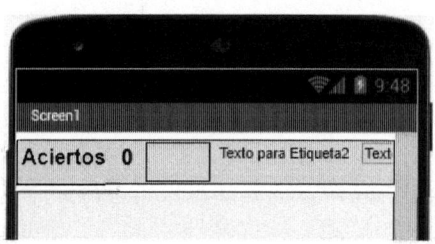

Figura 2.37 Se agregaron dos etiquetas.

En la `Etiqueta2` se cambia su texto a `Fallas`, con letra de tamaño 20 y en negritas. El texto de `Etiqueta3` se cambia a 0 con tamaño de texto de 20 puntos y en negritas. En la tercera columna de `Componentes` el nombre de la `Etiqueta3` se cambia a `fallas`. El resultado se muestra en la figura 2.38, donde también se muestran los componentes de la app.

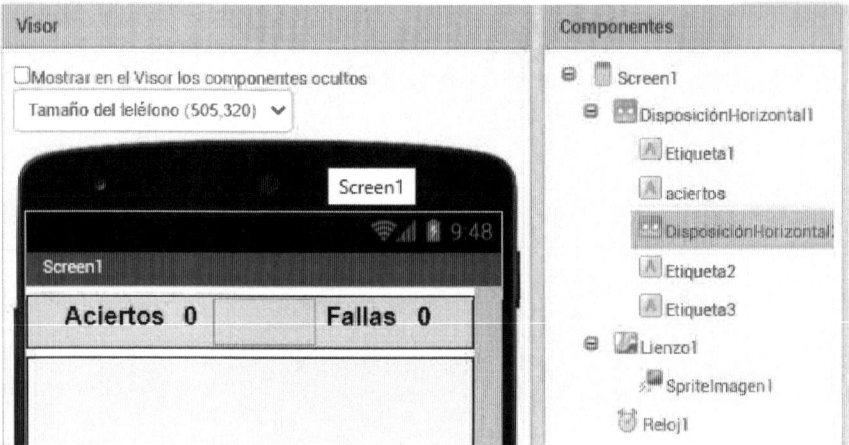

Figura 2.38   Diseño final de la app y sus componentes.

Esto termina el diseño de la app. Ahora hay que darle la funcionalidad para activar el marcador.

2.3.3 Funcionalidad del marcador

Se pasa ahora a realizar la forma de contar los aciertos y los fallos al tratar de capturar estrellas. Se presiona el botón `Bloques` para pasar al diseño funcional. Como cada vez que se intenta atrapar una estrella se tiene que tocar el lienzo. Entonces, en la columna de `Bloques` a la izquierda de `App Inventor` se selecciona el `Lienzo1`. Esto abre la lista de bloques del lienzo y se selecciona el bloque `cuando Lienzo1.Tocar` que se muestra en la figura 2.39.

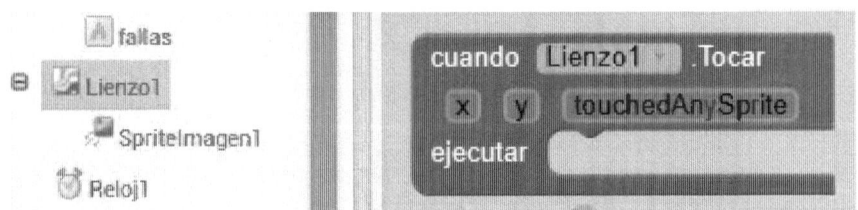

Figura 2.39   Bloque `cuando Lienzo1.Tocar` del `Lienzo1`.

Se tienen dos opciones de marcador: si se toca una estrella, es decir, si se toca el sprite, se marca un acierto, pero si no se toca la estrella es un fallo. Entonces se necesita una condición de la biblioteca de `Control` como se ve en la figura 2.40. Este bloque se coloca dentro del bloque `cuando Lienzo1.Tocar`. Como se ve en la figura 2.41a, este bloque tiene tres variables abajo del nombre del bloque. Poniendo el apuntador sobre la palabra `touchedAnySprite`, que quiere decir "se tocó un sprite", se abren dos opciones como se aprecia en la figura 2.41b. Se selecciona tomar `touchedAnySprite` y se coloca enfrente de la palabra "`si`" del bloque de la condición como se puede ver en la figura 2.42.

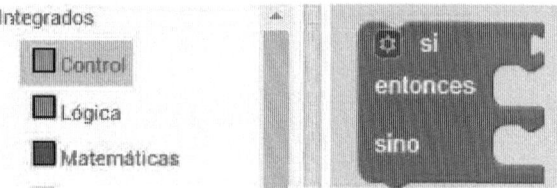

Figura 2.40   Bloque de Condición `si`-`si no`.

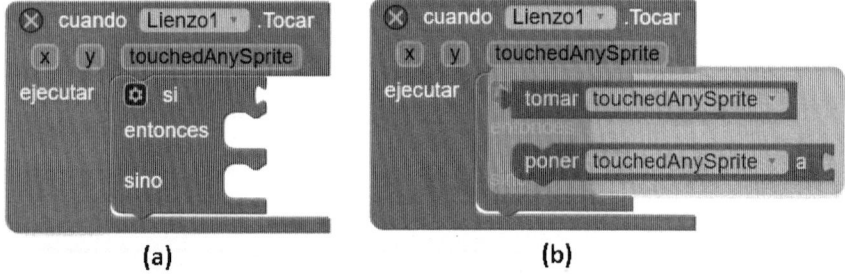

(a)   **(b)**

Figura 2.41   Opciones para la condición.

Figura 2.42   Bloque de Condición con el bloque `touchedAnySprite`.

Los aciertos se deben incrementar cuando se toca una estrella. Entonces en la columna de Bloques se selecciona el bloque de aciertos con lo que se despliegan los bloques disponibles y se selecciona el bloque poner aciertos.Texto como, lo que se aprecia en la figura 2.43. Este bloque se coloca en la condición en el espacio de entonces como se muestra en la figura 2.44.

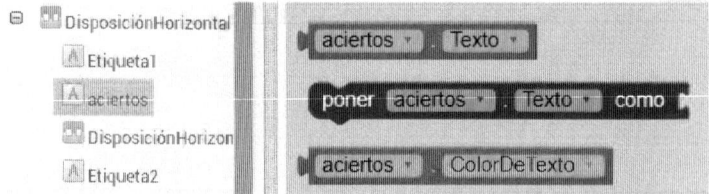

Figura 2.43 Bloques de la etiqueta aciertos.

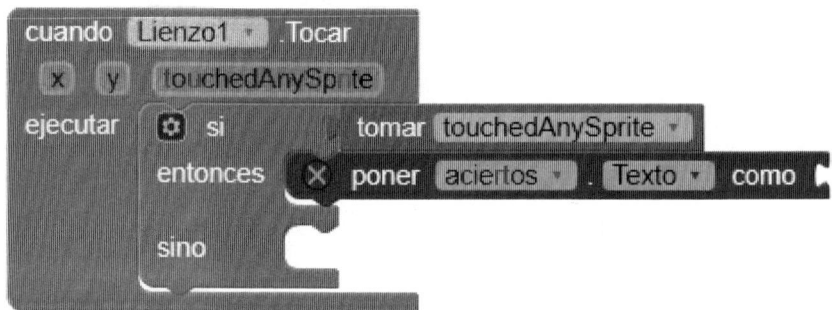

Figura 2.44 Bloques de poner aciertos.Texto como posicionado en la condición.

El número de aciertos se aumenta en 1 cada vez que se toca una estrella, es decir, a la cantidad de aciertos que se tiene se le suma 1, por lo que se requiere el bloque de suma de los bloques de la biblioteca de Matemáticas, que se coloca enfrente del bloque poner aciertos.Texto como. Uno de los sumandos es el bloque aciertos.Texto mostrado en la figura 2.43, que se selecciona de los bloques de aciertos. El otro sumando es el número 0 del grupo de Matemáticas y se cambia el 0 por 1. Esto se muestra en la figura 2.45.

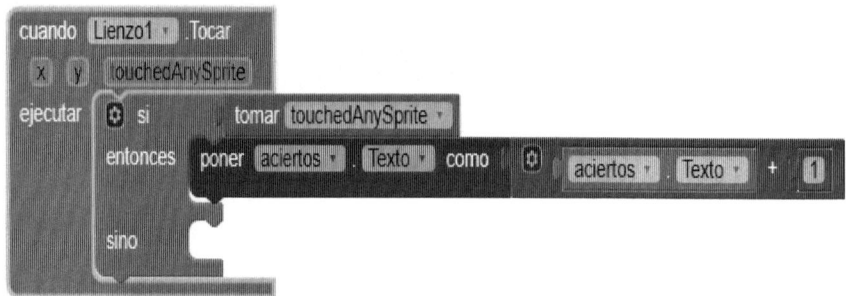

Figura 2.45 Bloque completo para incrementar los aciertos.

Se copia el bloque para incrementar los aciertos y se coloca enfrente de la condición sino. Se cambia aciertos por fallas en los dos bloques y el resultado se muestra en la figura 2.46.

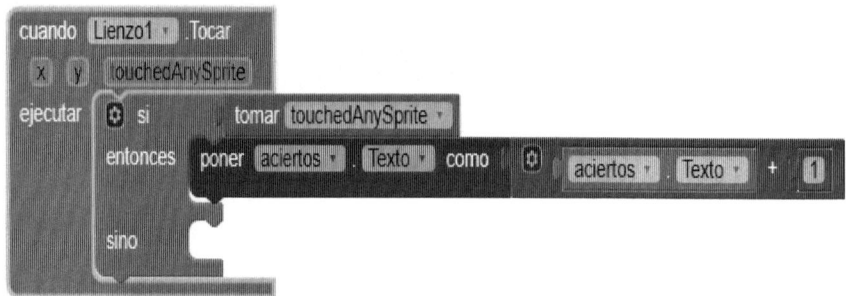

Figura 2.46 Bloque completo para incrementar los aciertos y los fallos.

Para recomenzar el conteo se debe añadir un botón que reinicie los contadores. Esto se hace en la parte de Diseñador. A esta parte se llega apretando el botón de Diseñador en la parte superior derecha. En esta ventana se agrega un botón de la Paleta de Interfaz de usuario. Este botón se agrega en la parte inferior de la app. En la columna de Componentes se cambia el nombre a empezar. En la columna de Propiedades del botón se cambia el texto a Empezar con la letra en negritas y tamaño 14, como se muestra en la figura 2.47.

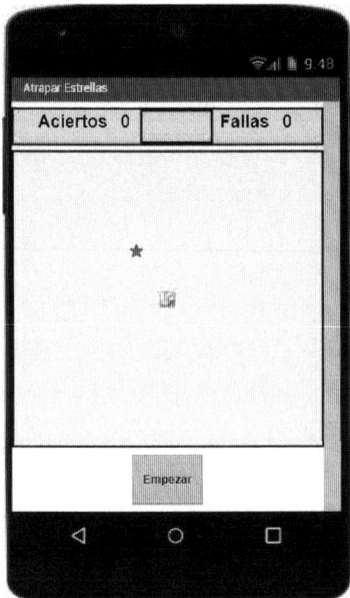

Figura 2.47 Ventana mostrando el botón Empezar.

Lo que este botón debe hacer es reiniciar los contadores de aciertos y fallos. Se cambia a la ventana de Bloques y se selecciona el botón empezar y de los bloques que se despliegan se selecciona el bloque cuando empezar.Clic. Para reiniciar el conteo, se selecciona la etiqueta de aciertos en la columna de bloques, y de los bloques que se despliegan se selecciona el bloque poner aciertos.Texto como. Este bloque se coloca dentro del bloque del botón empezar como se ve en la figura 2.48. Se repite lo mismo para la etiqueta de fallos. En cada bloque se pone un 0. Puede ser de la biblioteca de Texto o de Matemáticas. El bloque final del botón se aprecia en la figura 2.49.

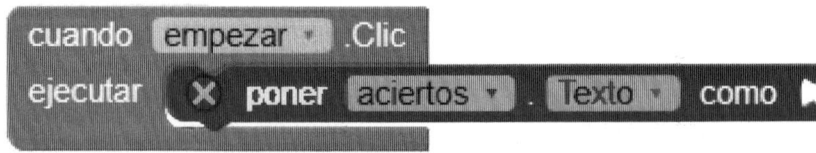

Figura 2.48 Bloque para el botón empezar.

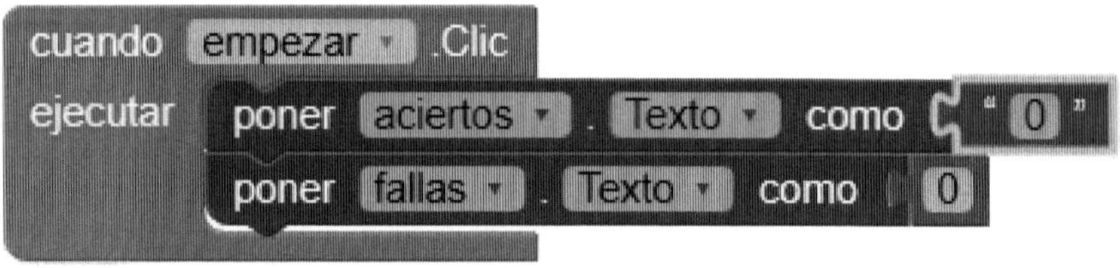

cuando empezar .Clic
ejecutar poner aciertos . Texto como " 0 "
          poner fallas . Texto como 0

Figura 2.49 Bloque final para el botón empezar.

Para ejecutar la app en el móvil, se selecciona Conectar → AI Companion, se escanea el código QR y se ve cómo funciona la app con sus marcadores de aciertos y fallos en la figura 2.50.

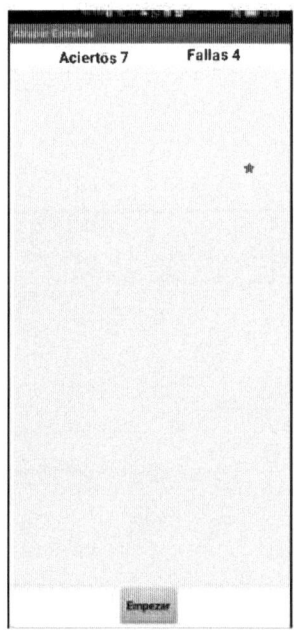

Aciertos 7   Fallas 4

Empezar

Figura 2.50 Aspecto final de la app.

2.4 El ciclo por

Los ciclos, también llamados lazos o bucles, son usados para repetir un conjunto de instrucciones dentro de una aplicación. Hay dos tipos de ciclos. En esta sección se cubre el ciclo por y en la siguiente sección se explica el ciclo mientras.

El ciclo por repite un conjunto de instrucciones un cierto número de veces. Asociado al ciclo por se encuentra una variable llamada índice, que sirve para indicar el inicio y final del ciclo. Esto hace necesario que el índice se incremente en cada repetición del ciclo. Por lo general el incremento es por la unidad, pero en ocasiones el incremento puede ser distinto.

Los bloques de ciclos por se encuentran en la biblioteca de Control. La figura 2.51 muestra algunos de ellos. La variable llamada número en esta figura es el índice del ciclo. El valor inicial del índice se escribe después de la palabra desde y en la figura 2.51 está inicializado en 1. El valor final se escribe después de la palabra hasta, que en la figura 2.51 está inicializado en 5. El incremento del valor del índice se indica después de la frase en incrementos de, que en este caso está inicializado en 1. Un ejemplo muestra el uso del ciclo por. En inglés, el ciclo por es un ciclo for. En la figura 2.51, el segundo bloque se usa para listas, que se cubren en el Capítulo 5. El tercer ciclo no está traducido al español y se usa para los diccionarios. Con un ejemplo se muestra el uso del ciclo por.

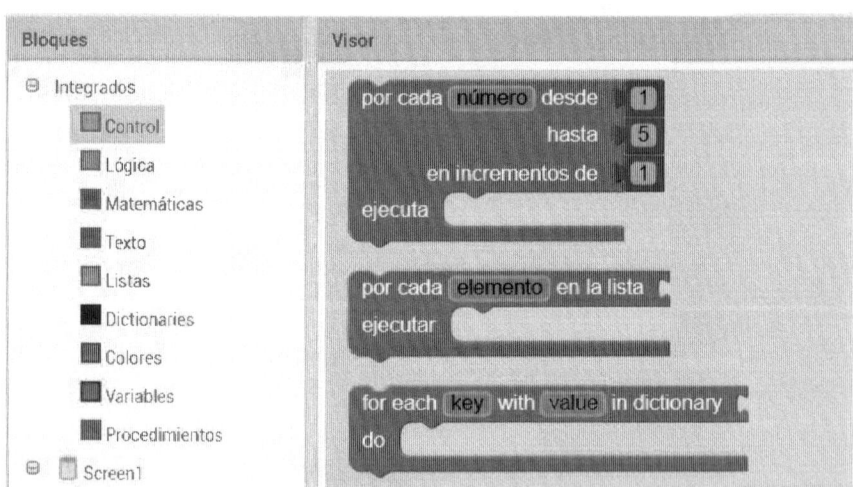

Figura 2.51 Ciclos por.

Ejemplo 2.2 Tabla de multiplicar

La tabla de multiplicar es un ejemplo del uso de ciclos, ya que la operación de multiplicar se repite cambiando el multiplicando. Para el multiplicador se puede usar el índice del ciclo por. Para empezar a construir la app se abre una aplicación nueva y se cambia el título de Screen1, lo que se hace en la parte inferior de la cuarta columna de Propiedades con solamente seleccionar Screen1 y se cambia el título a Tablas de Multiplicar. Se colocan dos etiquetas, un campo de texto, un botón y otra etiqueta, como se muestra en la figura 2.52a.

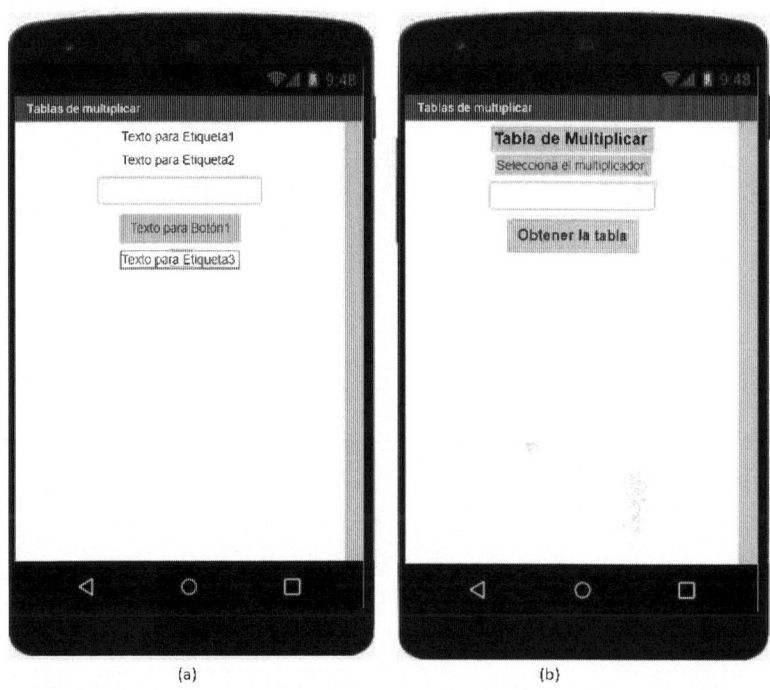

(a)   (b)

Figura 2.52 Componentes de la app. a) Los componentes de la app, b) Con sus propiedades finales.

Se cambian las Propiedades de cada elemento como se presenta en la tabla 2.1. El estado final de la pantalla se muestra en la figura 2.52b.

En la columna de Componentes se cambian los nombres del campo de texto, del botón y de la etiqueta a:

Tabla 2.1 Propiedades de los elementos.

Elemento	Texto	Tamaño de letra	Tipo	Color de fondo
Etiqueta 1	Tabla de multiplicar	18 puntos	Negritas	Verde
Etiqueta 2	Selecciona el multiplicador	16 puntos	Normal	Verde
Campo de texto		14 puntos	Normal	Por defecto
Botón	Obtener la tabla	16 puntos	Negritas	Verde
Etiqueta 3	En blanco	14 puntos	Normal	En blanco

```
campodetexto1    →    multiplicador
botón 1          →    multiplicar
etiqueta         →    resultado
```

Los cambios en la columna de Componentes se muestran en la figura 2.53.

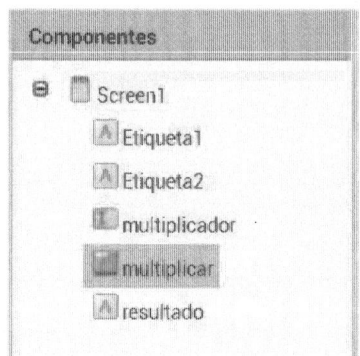

Figura 2.53 Cambio de nombre para el campo de texto, el botón y la etiqueta.

En la parte superior de la ventana de App Inventor en la barra verde se selecciona el botón de Bloques para que se haga el diseño funcional de la app. Lo primero que se hace es inicializar las variables multiplicador y resultado. Seleccionando la biblioteca de Variables se selecciona el bloque de inicializar global nombre como y se escribe el nombre de la variable multiplicador donde dice nombre. Se repite esta acción para la variable resultado, como se muestra en la figura 2.54. El valor de cero se selecciona de la biblioteca Matemáticas y en la biblioteca Texto se selecciona el bloque vacío (ver figura 2.55).

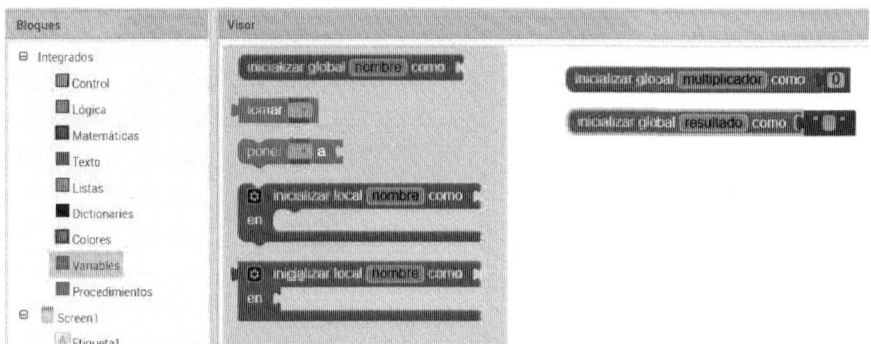

Figura 2.54 Inicialización de las variables `multiplicador` y `resultado`.

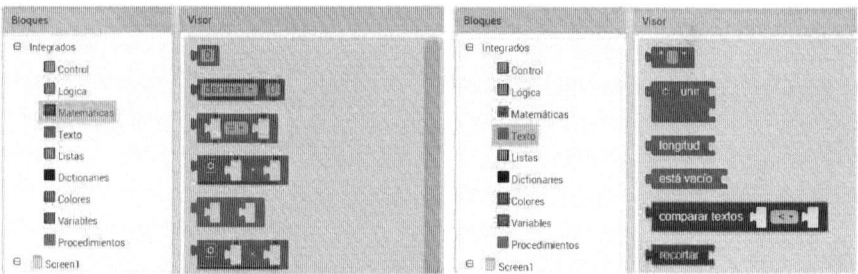

Figura 2.55 Bloques de `Matemáticas` y `Texto`.

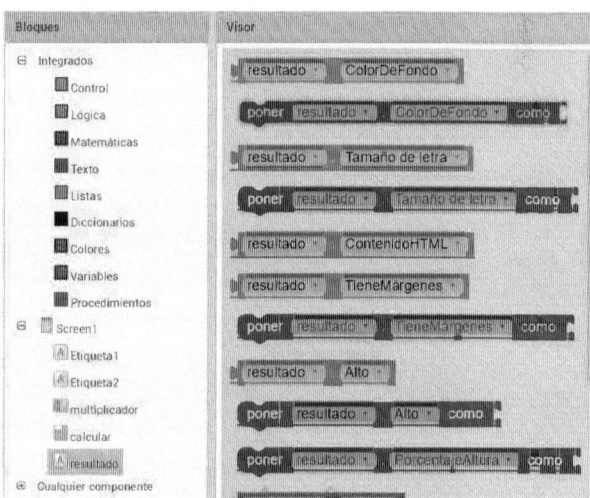

Figura 2.56 Selección del bloque para el botón `multiplicar`.

El siguiente paso es seleccionar el botón `resultado` como se ve en la figura 2.56. Para realizar la multiplicación el primer paso es inicializar la etiqueta de `resultado`. Cuando se abre la app, la etiqueta de `resultado` está vacía y se llena una vez calculada una tabla. Para calcular otra tabla hay que limpiar el resultado anterior. Esta acción se logra seleccionando en la columna de `Bloques` la variable `resultado` y de los bloques que se despliegan se selecciona poner `Resultado.Texto` como (ver figura 2.57).

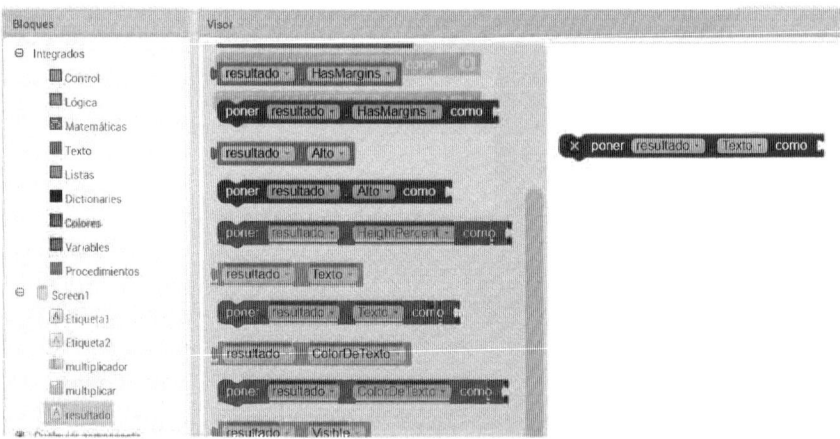

Figura 2.57 Selección del bloque `Poner resultado.Texto como`.

En la biblioteca de `Texto` se selecciona el bloque de texto vacío y se coloca en el bloque Poner `resultado.Texto` como. Estos dos bloques se colocan dentro del bloque cuando `multiplicar.Clic` de la figura 2.56, como se ve en la figura 2.58.

Figura 2.58 Inicialización de `resultado`.

Para realizar un renglón de la tabla de multiplicar se usa un ciclo por. De la biblioteca de `Control` se añade un ciclo por y la variable número se cambia a índice y los valores del índice inicial (`desde`) y final (`hasta`), así como el incremento se realizan con elementos del bloque Matemáticas. Para los valores inicial, final e incremento se usan los valores de 1, 10 y 1, respectivamente. El ciclo por se coloca dentro del bloque del botón cuando multiplicar.Clic como se muestra en la figura 2.59.

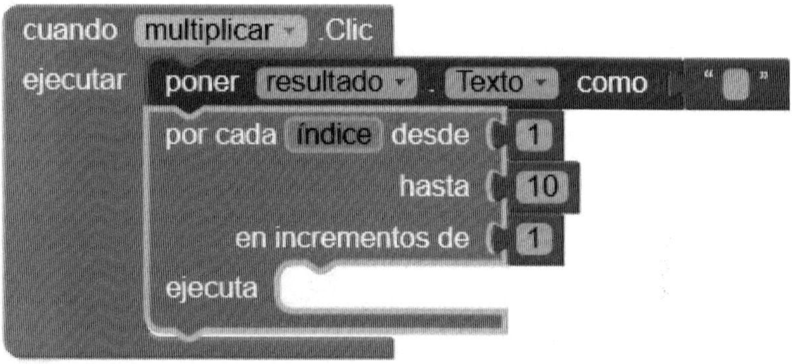

Figura 2.59 Ciclo por dentro del bloque del botón multiplicar.

Ahora lo que se desea implementar es la tabla de multiplicar con cada operación en un renglón. Esto se hace añadiendo al resultado el siguiente renglón. Por ejemplo, si se tiene el valor del multiplicador 7 y el multiplicando 1, entonces se debe formar $7 \times 1 = 7$, el siguiente renglón debe ser $7 \times 2 = 14$ pero escrita debajo del anterior resultado como:

$$7 \times 1 = 7$$
$$7 \times 2 = 14$$
$$7 \times 3 = 21$$
$$\vdots$$

Para realizar esto, al bloque poner resultado.Texto como se debe añadir el resultado nuevo escrito en el siguiente renglón. Se debe eliminar el bloque de texto vacío previamente puesto. Ahora se usará el bloque unir que se encuentra en la biblioteca Texto como se ve en la figura 2.60. Se le agregan otros 6 campos a este bloque para un total de 7 bloques. Para agregar más bloques se selecciona el engranaje del bloque unir y se arrastra el bloque cadena abajo de los otros bloques de cadena. El bloque unir tendrá ahora 7 lugares para añadir cadenas.

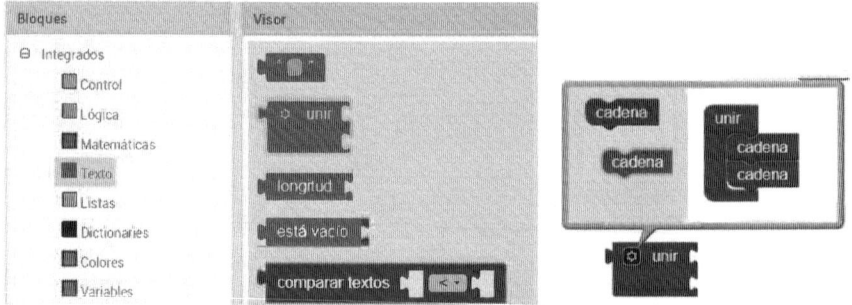

Figura 2.60 Bloque unir. Se muestra cómo añadir más cadenas.

En la figura 2.61 se muestra el bloque poner resultado. Texto como con el bloque unir que tiene como sus componentes la variable resultado. Texto que se va a unir con multiplicador. texto seguido de la × que es el signo de multiplicar.

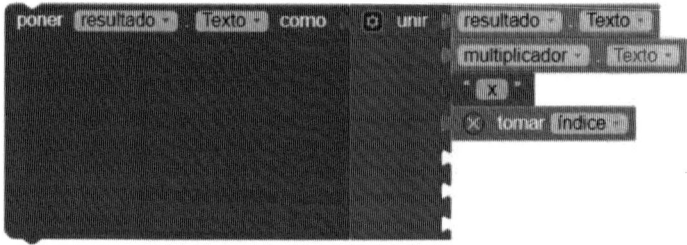

Figura 2.61 Bloque resultado con el bloque unir. Cuatro términos incluidos.

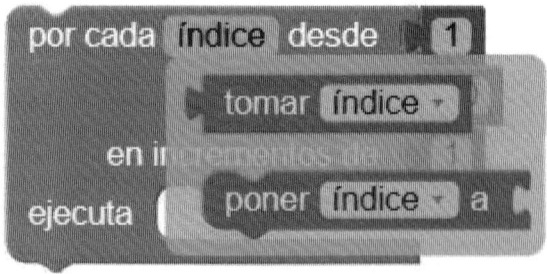

Figura 2.62 Forma de seleccionar el bloque tomar índice.

La variable índice se obtiene del bloque del ciclo por colocando el ratón sobre la variable, con lo que se despliegan dos opciones con la variable índice como se muestra en la figura 2.62. El bloque tomar índice se selecciona y se coloca en la cuarta posición del bloque unir que se toma como el multiplicando (ver figura 2.61). A continuación se agrega el signo = en la quinta posición. La multiplicación se realiza tomando la operación de multiplicar de la biblioteca de Matemáticas (ver figura 2.63). Los factores son el bloque multiplicador.Texto que se obtiene copiando multiplicador.Texto de la segunda posición del bloque unir, y el bloque tomar.índice como se muestra en la figura 2.64. Este bloque se agrega en la sexta posición del bloque unir como se ve en la figura 2.65.

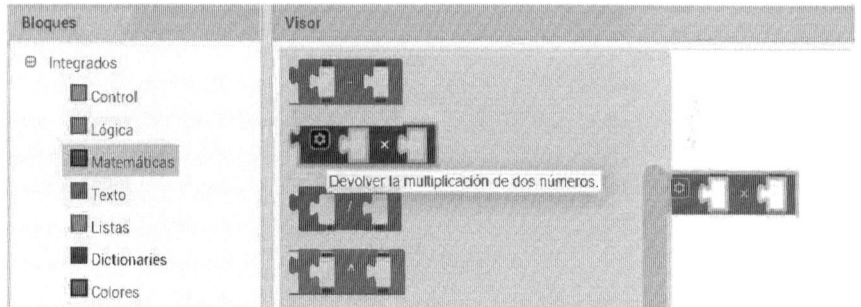

Figura 2.63 Selección del bloque multiplicar.

Figura 2.64 Realización de la multiplicación.

Finalmente, se agrega un bloque de texto con "\n" para indicar el salto de renglón y que el siguiente resultado se escriba abajo del resultado actual. El bloque unir final se ve en la figura 2.66.

Figura 2.65 Operación de multiplicar agregada al bloque unir.

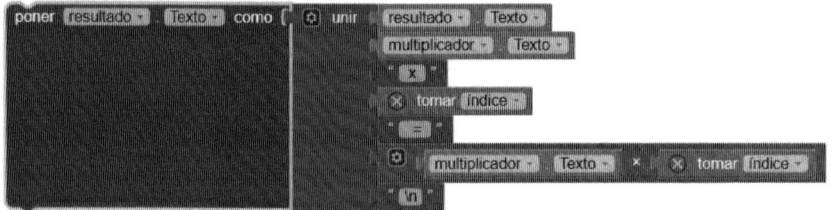

Figura 2.66 El bloque poner resultado.Texto como junto con el bloque unir y sus componentes.

Como último paso, después de terminar se debe ocultar el teclado. Para que esto se realice se selecciona el campo de texto multiplicador para que se despliegue el bloque morado llamar multiplicador.OcultarTeclado como se muestra en la figura 2.67. Este bloque se coloca debajo del bloque verde poner resultado.Texto como. Estos bloques se posicionan dentro del bloque cuando multiplicar.Clic como se muestra en la figura 2.68. Esto termina el diseño de la app y solamente falta probarla.

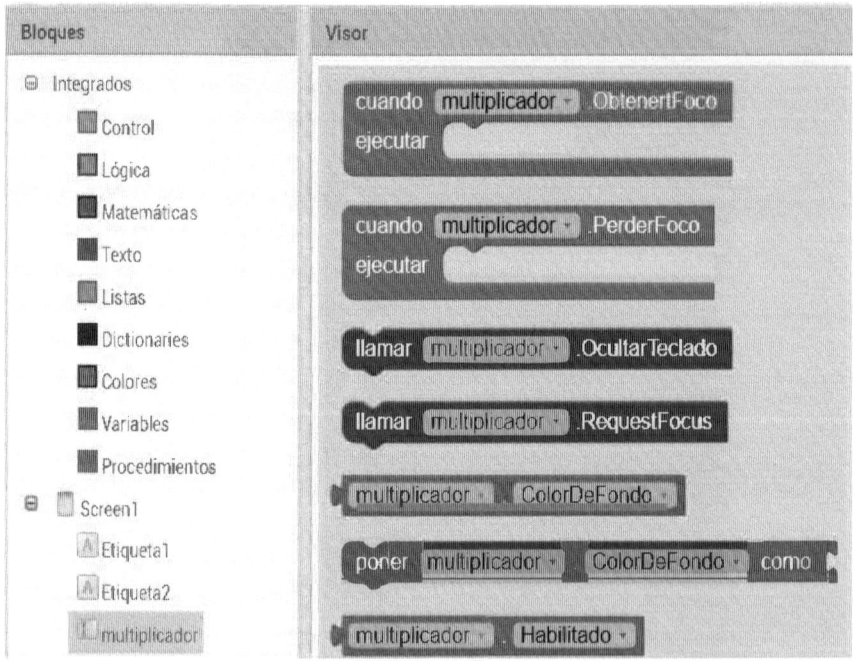

Figura 2.67 Bloque para ocultar el teclado.

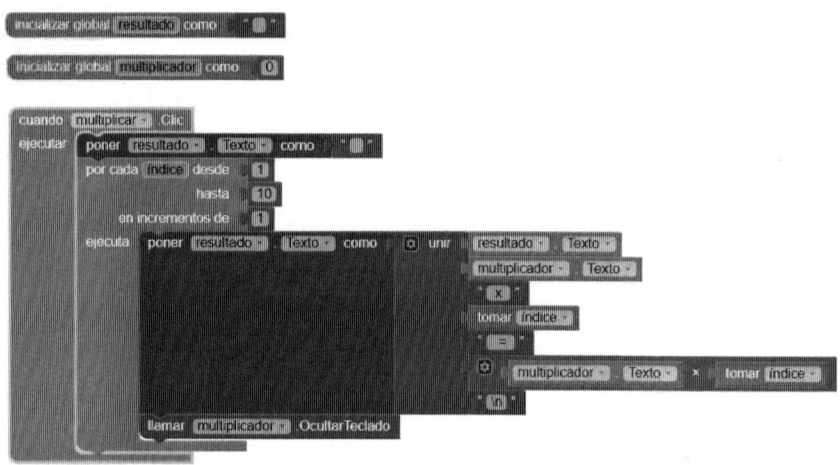

Figura 2.68 Bloques de la app `Tabla de multiplicar`.

Como ejemplo de su uso se muestran en la figura 2.69 las tablas de multiplicar del 11 y del 17.

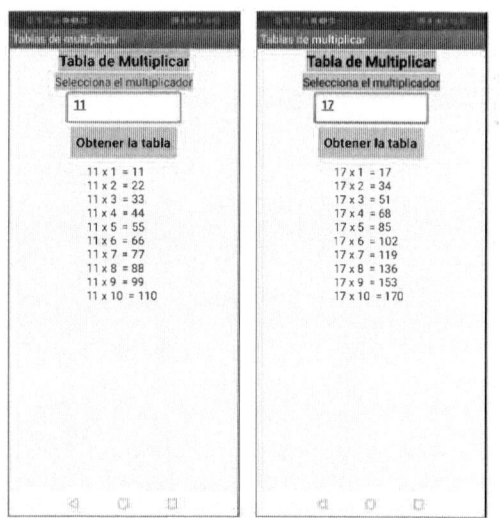

Figura 2.69 Tablas de multiplicar del 11 y del 17.

2.5 El ciclo mientras

Un ciclo mientras es un ciclo que se va a repetir siempre y cuando se cumple una condición. Cuando esa condición no se cumple, entonces el ciclo se interrumpe y se empiezan a ejecutar los bloques que están después del bloque del ciclo mientras. El bloque mientras se encuentra en la biblioteca de Control como se muestra en la figura 2.70. En el bloque mientras la condición se escribe enfrente de la palabra comprobar. Dentro de ejecutar se encuentran los bloques que se van a repetir en cada ciclo. Para el ciclo mientras se requiere un índice que se debe inicializar antes de ejecutar el ciclo mientras.

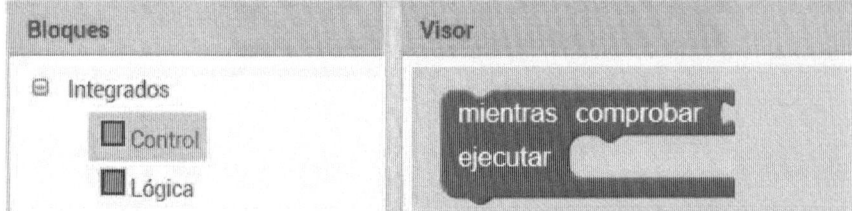

Figura 2.70 Bloque mientras.

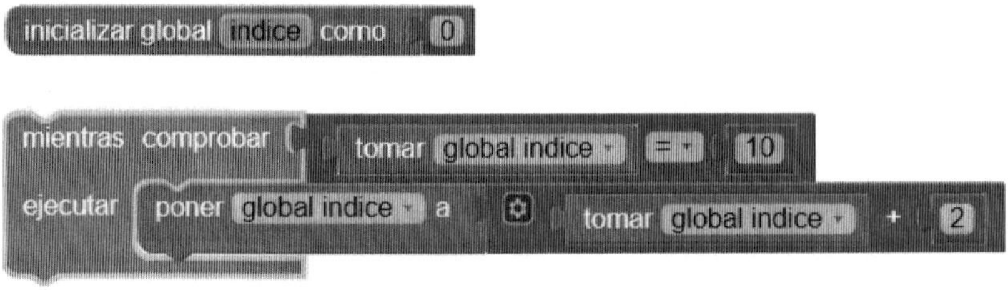

Figura 2.71 Ejemplo de ciclo mientras.

En la figura 2.71 se muestra un ejemplo donde la variable índice se inicializa a cero para usarse en el ciclo mientras. En el ciclo la variable índice se incrementa en 2 en cada paso. Entonces los valores del índice son 2, 4, 6, 8 y 10. En cada paso del ciclo se revisa la condición, es decir, se verifica si el índice es igual a 10. Cuando esto se cumple se termina el ciclo mientras.

Ejemplo 2.3 Cálculo de la raíz cuadrada de un número

Uno de los algoritmos más antiguos para calcular la raíz cuadrada de un número positivo x consiste en evaluar iterativamente la expresión

$$raíz = \frac{1}{2}\left(raíz_0 + \frac{x}{raíz_0}\right) \tag{2.1}$$

donde se parte de un valor inicial para el resultado de la raíz cuadrada como

$$raíz_0$$

y se evalúa la expresión para obtener

$$raíz$$

se revisa si ya estamos dentro de un límite especificado, de ser así se termina el algoritmo, ya que se ha obtenido la raíz cuadrada. En caso de que no estemos cerca se asigna el valor obtenido a $raíz_o$, es decir, se ejecuta

$$raíz_0 = raíz$$

y se repite el ciclo.

Para realizar la app en `App Inventor` se crea un nuevo proyecto que llamamos `RaizCuadrada` (no se permite usar acentos o caracteres especiales en el nombre del proyecto). Para la pantalla `Screen1` se selecciona `DispVertical` al centro. En la pantalla inicial se colocan de forma vertical una etiqueta, un campo de texto, un botón y otra etiqueta como se muestra en la figura 2.72a. Los parámetros para cada elemento se cambian como se muestra en la tabla 2.2. La pantalla final se muestra en la figura 2.72b.

Tabla 2.2 Propiedades de los elementos.

Elemento	Texto	Tamaño de letra	Tipo	Color de fondo
Etiqueta 1	Raíz Cuadrada	16 puntos	Negritas	Naranja
Campo de texto	Calcular raíz	16 puntos	Normal	Sin color
Botón	Calcular raíz	16 puntos	Negritas	Naranja
Etiqueta 2	Resultado	16 puntos	Negritas	Naranja

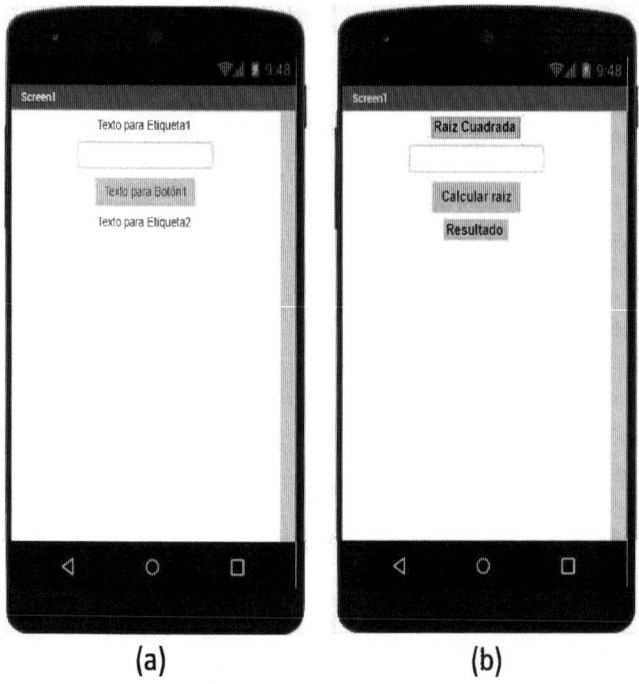

(a)   (b)

Figura 2.72   Uso del ciclo `mientras` para calcular la raíz cuadrada de un número.

Para cada uno de los elementos los nombres de las variables se cambian como se muestra en la figura 2.73.

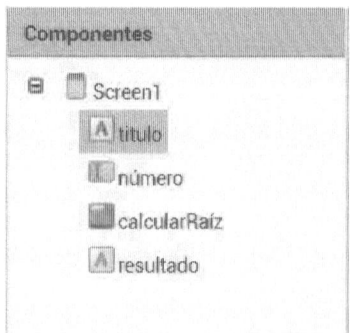

Figura 2.73   Nombres de las variables.

APP Inventor | Báez, Báez, Cervantes

Se presiona la tecla de Bloques y lo primero que se hace es seleccionar del grupo Variables el bloque inicializar global nombre como. La palabra nombre se cambia por resultado. Después de la biblioteca Matemáticas se elige el bloque decimal 0 y el 0 se cambia por 10 como se muestra en la figura 2.74.

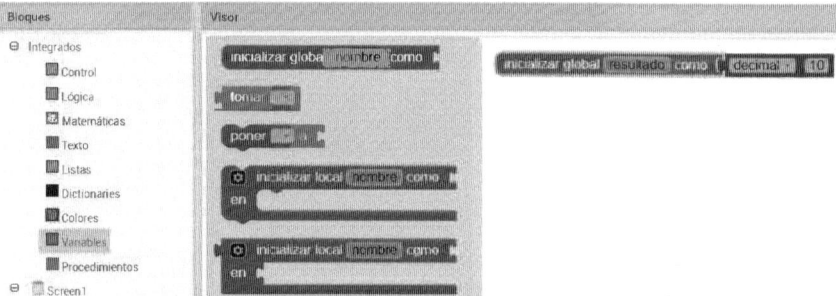

Figura 2.74 Inicialización de la variable resultado.

Se selecciona el botón de calcularRaíz y su bloque cuando calcularRaiz.clic como se ve en la figura 2.75.

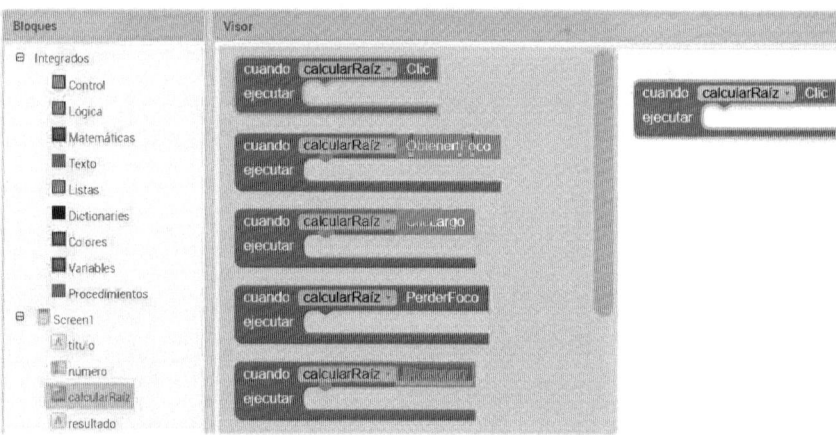

Figura 2.75 Selección del bloque del botón calcularRaíz.

Lo siguiente es seleccionar de la biblioteca Control el bloque mientras comprobar como se muestra en la figura 2.76.

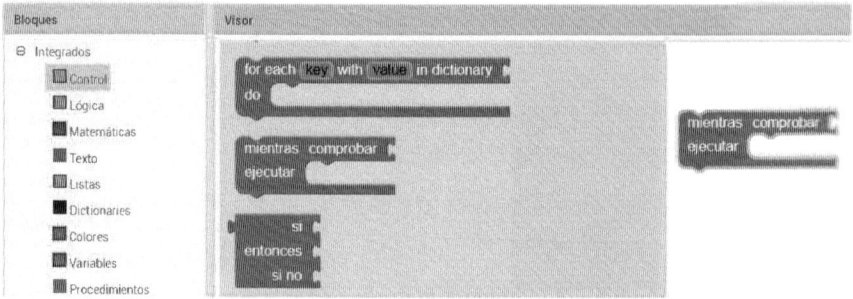

Figura 2.76 Selección del bloque `mientras` del bloque `Control`.

El criterio que se va a seguir para terminar el ciclo `mientras` será cuando la diferencia del resultado elevado al cuadrado y el número original sea menor a 0.000001, es decir, menor a una millonésima. Matemáticamente, para que continúe el cálculo de la raíz cuadrada se debe cumplir que

$$|\text{resultado}^2 - x| > 0.000001$$

Entonces, cuando no se cumple esta condición, es decir, que

$$|\text{resultado}^2 - x| < 0.000001$$

el ciclo `mientras` se termina. Para formar esta ecuación en `App Inventor`, de la biblioteca `Matemáticas` se seleccionan `valor absoluto` y la potencia ∧, como se ve en las figuras 2.77 y 2.78, respectivamente.

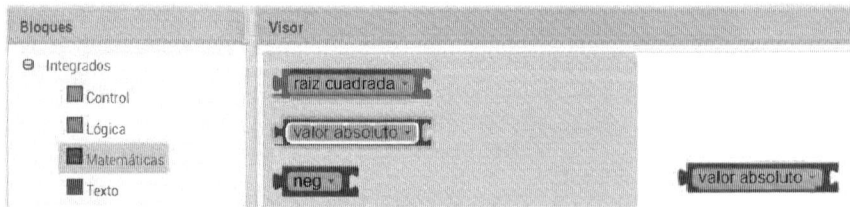

Figura 2.77 Selección del valor absoluto.

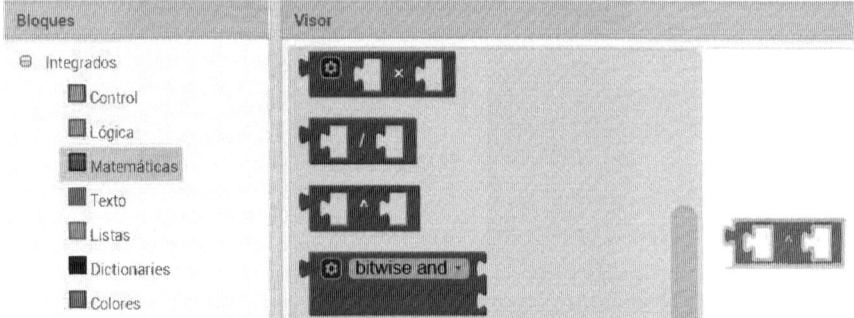

Figura 2.78 Selección de la potencia.

Figura 2.79 Selección de `tomar global resultado` del bloque de inicializar.

Del bloque `inicializar global resultado como` se selecciona haciendo clic derecho `tomar global resultado` como se ve en la figura 2.79. Se coloca este bloque dentro del bloque `potencia ∧` y después de este símbolo se coloca de la biblioteca `Matemáticas` un bloque 0 que se cambia a un 2, como se aprecia en la figura 2.80.

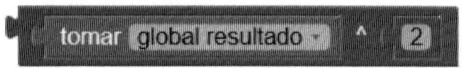

Figura 2.80 Realización de la potencia.

De la biblioteca de `Matemáticas` se selecciona un bloque de `resta`. Ahí se realiza la resta de la potencia al cuadrado de la variable `resultado` menos el número que se obtiene seleccionando el campo de texto de `número` y ahí se toma el bloque `número.Texto` como se muestra en la figura 2.81. La diferencia del resultado al cuadrado y del `número.Texto` se ve en la figura 2.82 donde también se ha añadido el bloque `valor absoluto` que se obtiene de la biblioteca `Matemáticas`. En esta figura también se muestra la comparación. El bloque `valor absoluto` se coloca dentro del primer espacio en blanco de la desigualdad. En el segundo espacio en blanco se coloca de la biblioteca Matemáticas un bloque 0 que se cambia a 0.000001, y se tiene completa la condición que se coloca después de la palabra comprobar del bloque mientras. El bloque mientras se coloca dentro del bloque cuando calcularRaíz.Clic como se puede ver en la figura 2.80. Esto quiere decir que mientras el valor absoluto de |resultado∧2 - número| no sea menor a 0.000001 (una millonésima), entonces todavía se tiene que seguir buscando el valor más exacto de la raíz cuadrada.

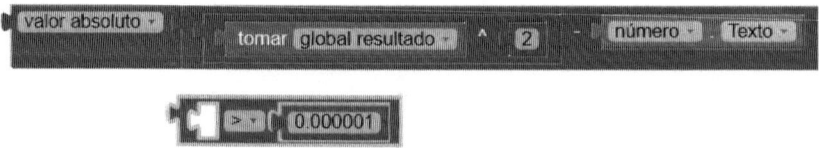

Figura 2.81   Bloque del valor absoluto completo para colocar dentro de la desigualdad.

Figura 2.82   Bloque mientras con la condición.

El cálculo de la raíz cuadrada se realiza en dos pasos. El primer paso es implementar el paréntesis de la ecuación 2.1. Del bloque inicializar global resultado como se coloca el ratón sobre resultado y se eligen los dos bloques poner global resultado a y tomar global resultado. Se elige un bloque "+" de la biblioteca Matemáticas y se conecta al bloque poner global resultado a. El bloque tomar global resultado se pone dentro del primer espacio en blanco del bloque "+" (ver figura 2.83).

Figura 2.83   Inicio del paréntesis de la ecuación 2.2.

De la biblioteca `Matemáticas` se elige un bloque "/" que se pone en el segundo espacio en blanco del bloque "+" como se ve en la figura 2.84. Del bloque `número` se elige el bloque `número.texto` que se pone dentro del primer espacio en blanco del bloque "/". Se vuelve a obtener el bloque `tomar global resultado` y se pone en el segundo espacio en blanco del bloque "/". Esto completa el paréntesis de la ecuación 2.1 como se ve en la figura 2.85.

Figura 2.84 Bloque con la división para formar la ecuación 2.1.

Figura 2.85 Implementación del paréntesis de la ecuación 2.1.

Solamente falta dividir entre dos el resultado de la figura 2.84. Para realizar esto del bloque `inicializar global resultado` como se coloca el ratón sobre `resultado` y se elige el bloque `poner global resultado`. De la biblioteca de `Matemáticas` se elige un bloque "/" y se conecta al bloque `poner global resultado a` (ver figura 2.86). De la biblioteca de `Variables` se elige el bloque `tomar` y en el menú desplegable del bloque se elige `global resultado` poniendo todo el bloque dentro del primer espacio en blanco del bloque "/". En el segundo espacio en blanco se pone del grupo `Matemáticas` un bloque 0 y el valor se cambia a 2. Finalmente, este nuevo bloque resultante que empieza con `poner global resultado a` se conecta en la parte inferior del bloque previamente puesto, que tiene también el nombre `poner global resultado a` como se aprecia en la figura 2.87.

Figura 2.86 Preparación de la división entre 2.

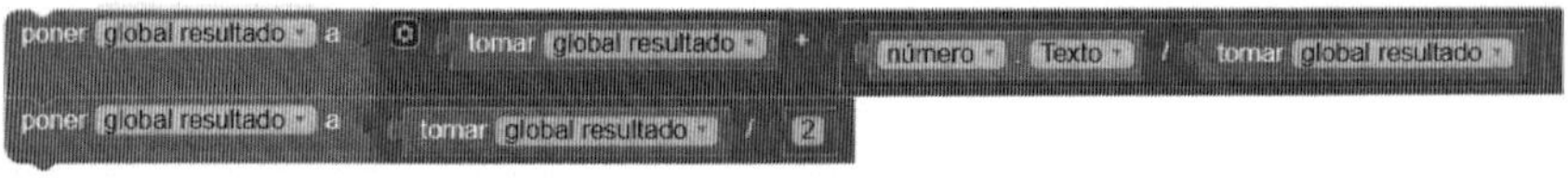

Figura 2.87 Implementación del paréntesis de la ecuación 2.2.

Ahora, la variable global resultado se debe poner en la etiqueta resultado. Para hacer esto, se selecciona la etiqueta resultado y en las opciones que se despliegan se escoge poner resultado.Texto como donde se conecta la variable tomar global resultado. Este bloque se conecta abajo de los dos bloques de la figura 2.87. Los tres bloques se conectan enfrente de la palabra ejecutar del ciclo mientras como se muestra en la figura 2.88. Se puede observar que se ha agregado un bloque para ocultar el teclado. Este bloque se obtiene al seleccionar el campo de texto número y de los bloques que se muestran se selecciona llamar número.OcultarTeclado. Esto termina el diseño de la app RaízCuadrada.

Figura 2.88 Bloque completo del botón calcularRaíz.Clic.

Una vez terminada la app se carga en el móvil como se ha hecho en los ejemplos anteriores. Dos ejemplos de la app para calcular la raíz cuadrada de un número se muestran en la figura 2.89.

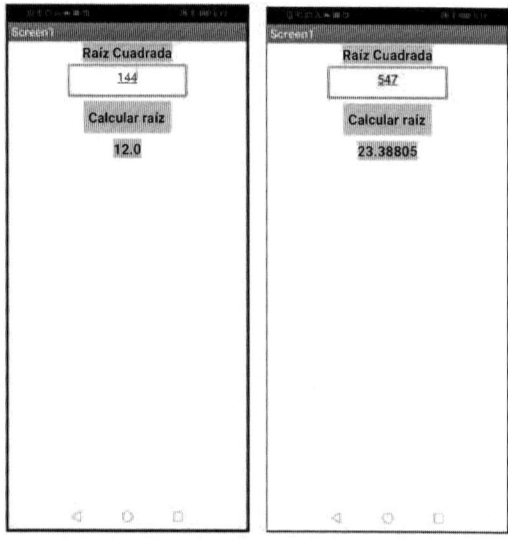

Figura 2.89 Ejemplos del uso de la app.

2.6 Conclusiones

Las condiciones y los ciclos son partes importantes de muchas de las aplicaciones de los dispositivos móviles y de los programas de cómputo. Con estas instrucciones se puede alterar el flujo de un programa para hacerlo más versátil y poderoso. Con las condiciones se puede decidir si una instrucción o un conjunto de instrucciones se ejecutan dependiendo de la condición, o alternativamente, se ejecuta otro conjunto de instrucciones o no se hace nada, para después seguir con la secuencia de los demás bloques. Con los ciclos se pueden repetir conjuntos de instrucciones como se pudo apreciar en los ejemplos. Con estos bloques de condiciones y ciclos, el programador está preparado para realizar apps con una mayor complejidad.

Capítulo 3
Procedimientos

El pensamiento humano puede literalmente transformar el mundo físico.

Dan Brown

Objetivos

En el diseño de apps es frecuente formar grupos de bloques que se usan repetidamente. Estos grupos se conocen como procedimientos y se estudian en este capítulo.

3.1 Introducción

En ocasiones se hace necesario repetir módulos de instrucciones en distintas partes de la app. Con el propósito de simplificar el diagrama de bloques, tales conjuntos de instrucciones pueden agruparse en procedimientos. Los procedimientos (en inglés `procedures`) reciben un conjunto de variables o datos llamados `las entradas` y realizan una función usando los bloques de `App Inventor`. Aunque muchos procedimientos realizan una función, algunos procedimientos devuelven el resultado de la función que realizan, por lo tanto, en algunos lenguajes de programación a este tipo de procedimientos se les conoce como funciones o métodos. En este capítulo se diseña una app que usa los procedimientos de `App Inventor`.

3.2 Bloques para procedimientos

Los bloques disponibles se encuentran en la sección `Bloques` o bibliotecas de bloques, en `Procedimientos`, como se muestra en la figura 3.1. En esta figura, el primer bloque ejecuta bloques sin devolver ningún resultado, es decir, realiza operaciones y los resultados se usan dentro del mismo procedimiento. El segundo bloque devuelve un resultado para ser usado por otros bloques de la app. Los tres últimos bloques sirven para llamar a los procedimientos. Con un ejemplo se muestra el uso de los procedimientos.

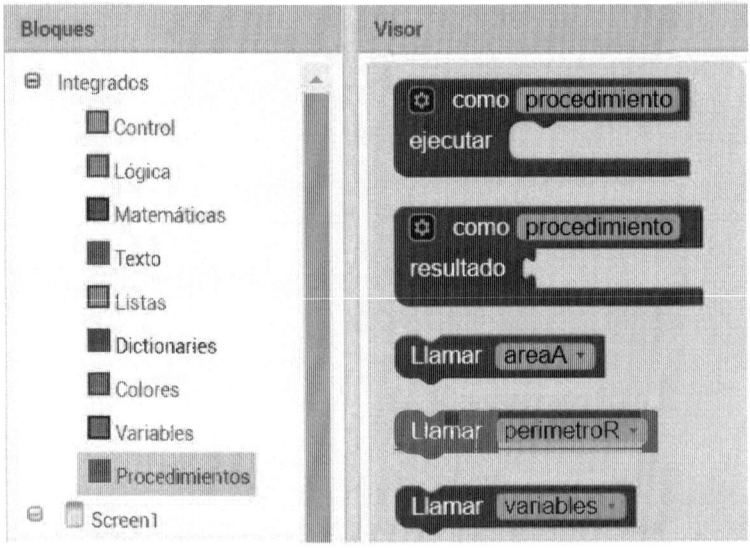

Figura 3.1 Bloques disponibles para los procedimientos.

Ejemplo 3.1 Uso de procedimientos para calcular el perímetro y área de un triángulo

La app que se diseña en esta sección realiza el cálculo del perímetro y área de un triángulo con lados L_1, L_2 y L_3. Es bien conocido que el perímetro P y el área A del triángulo se pueden calcular con las siguientes ecuaciones:

$$P = L_1 + L_2 + L_3 \tag{3.1}$$

$$A = \sqrt{S(S - L_1)(S - L_2)(S - L_3)} \tag{3.2}$$

Donde la variable intermedia S está dada por:

$$S = P/2 \tag{3.3}$$

A la ecuación 3.2 se le conoce como la fórmula de Herón. La app a diseñar debe recibir la longitud de los tres lados del triángulo y debe calcular el perímetro y el área. Se desea que la ventana principal tenga la forma mostrada en la figura 3.2. En esta figura se ve la figura del triángulo, tres campos de texto para recibir los datos, dos botones para seleccionar qué se desea calcular, si el área o el perímetro, y una etiqueta para mostrar el resultado.

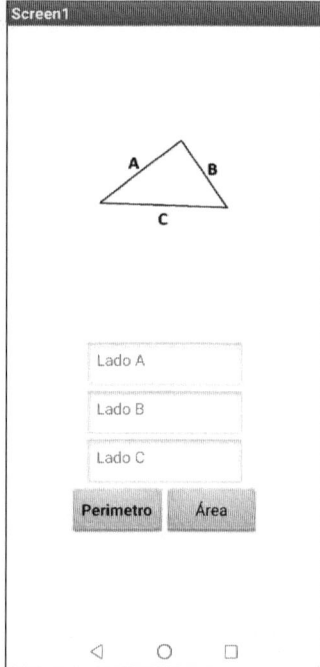

Figura 3.2 Pantalla de la app para calcular el perímetro y área del triángulo.

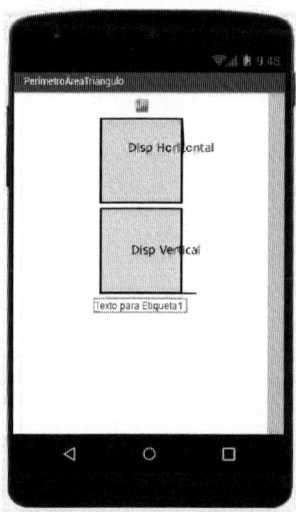

Figura 3.3 Disposición inicial de la app.

Para empezar el diseño de la app se abre un proyecto nuevo con el nombre `Perímetro_área`. El título de la pantalla principal `Screen1` se cambia a `PerimetroAreaTriangulo` y en sus propiedades la `DispHorizontal` se selecciona que sea `Centro`. Se agrega una imagen, una disposición vertical, una disposición horizontal y una etiqueta como se ve en la figura 3.3.

La figura que se coloca en el bloque de imagen es `triangulo.jpg`. Para colocarla se selecciona `Imagen1` en la columna `Componentes`. En sus propiedades se selecciona `Foto`. Esta acción abre una ventana de diálogo donde se da la ubicación de la imagen a escoger y se acepta (ver figura 3.4). Al terminar esto, la imagen del triángulo se despliega en la imagen sobre la pantalla. Alternativamente, la imagen se carga en la sección de `Medios` seleccionando el botón `Subir archivo...` y cargar el archivo de imagen como se explicó en la primera manera. Finalmente, se selecciona otra vez la imagen en la columna de `Componentes` y el alto y ancho se seleccionan al 50 % para este caso.

Figura 3.4 Selección de la imagen.

Ahora se colocan tres campos de texto dentro de la disposición vertical. Cada campo de texto es para recibir la longitud de un lado del triángulo. En la columna de Propiedades para cada campo de texto, en su propiedad de Pista se escribe Lado A, Lado B y Lado C, respectivamente. También la columna de Componentes se cambia el nombre de cada campo de texto a LadoA, LadoB y LadoC, respectivamente. La figura 3.5 muestra la pista del texto para el tercer campo de texto correspondiente al LadoC del triángulo.

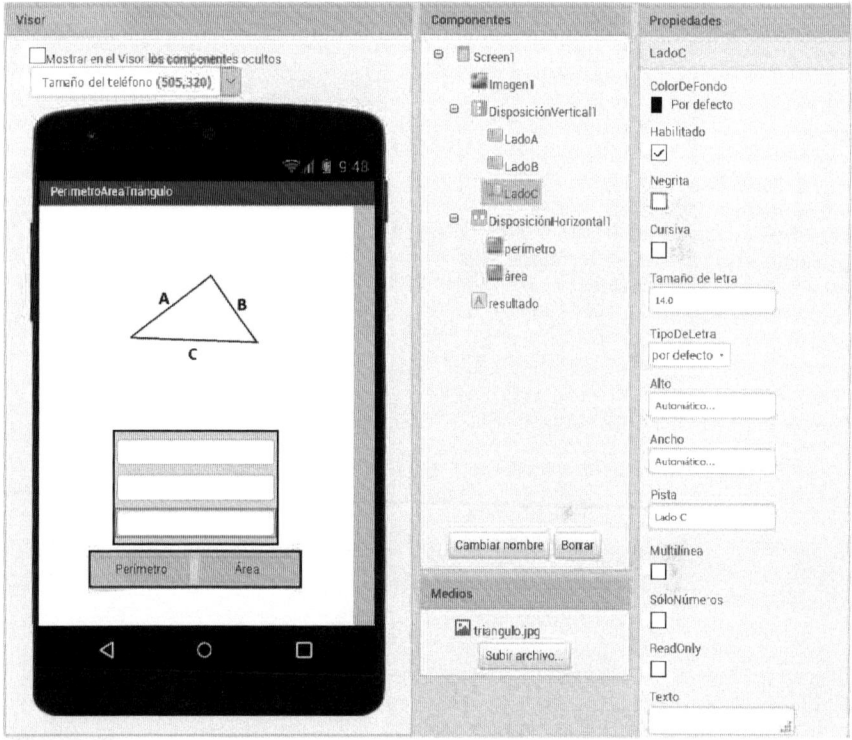

Figura 3.5 Disposición vertical con los campos de texto y la pista para el Lado C.

Se colocan dos botones en la disposición horizontal y se cambian los textos de los botones en Propiedades. En Texto para el botón de la izquierda se escribe Perímetro y para el botón de la derecha Área. En la columna de Componentes se cambian los nombres de los botones a perímetro y área. Para el ancho de los botones, en cada uno en Ancho se usan 100 píxeles (ver figura 3.6).

Finalmente, para la Etiqueta1 se borra en la columna de Propiedades el texto en Texto para que quede en blanco y en la columna de Componentes se cambia el nombre a resultado. Esto termina el diseño de la ventana de la app.

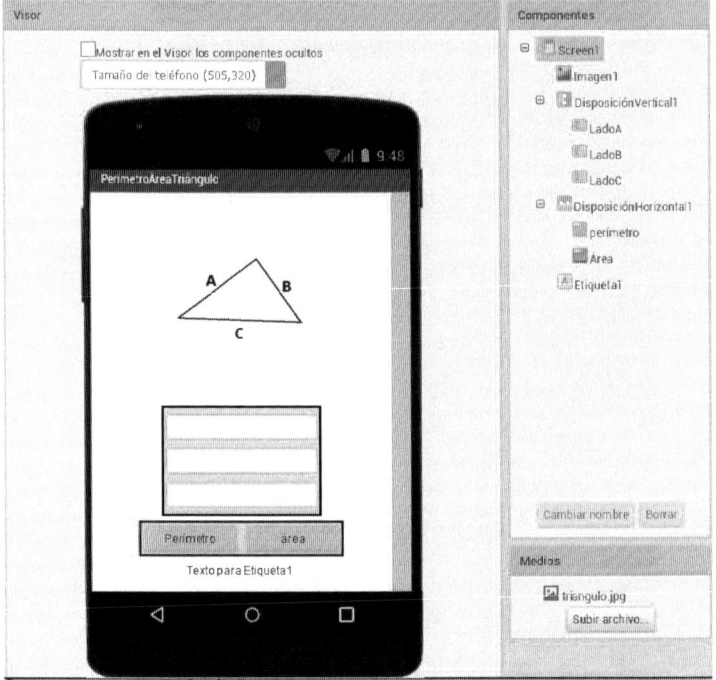

Figura 3.6 Cambio de nombre, texto y ancho de los botones.

3.3 Diseño de los bloques

Ahora se pasa a la sección de Bloques. Para calcular el perímetro se usa un procedimiento. De la biblioteca de Procedimientos se selecciona el bloque mostrado en la figura 3.7 y que es un procedimiento que devuelve un resultado.

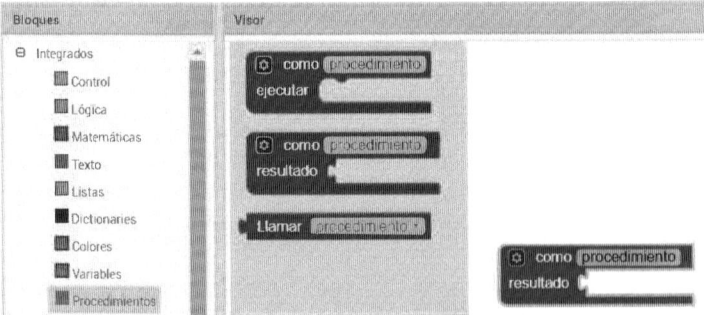

Figura 3.7 Bloques de procedimientos y bloque seleccionado.

Se le cambia al nuevo bloque la palabra procedimiento por perímetro. Para calcular la suma de los lados se usa un bloque de suma de la biblioteca Matemáticas y se le agrega otro sumando. Esto se puede hacer si se presiona el símbolo azul oscuro de "engranaje" del bloque de la suma y se añade otro sumando moviendo el bloque number de la izquierda posicionándolo abajo del bloque inferior number de la derecha, como se ve en la figura 3.8.

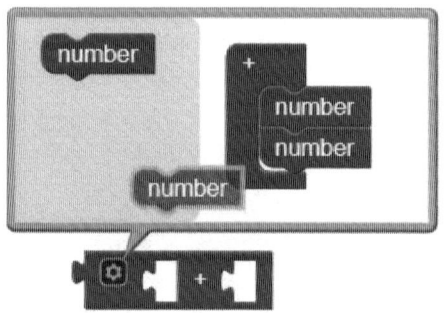

Figura 3.8 Para añadir otro sumando.

Para obtener los bloques que van dentro de la suma, se selecciona cada campo de texto y se selecciona el bloque correspondiente al lado del triángulo, es decir, alguno de los lados A, B y C. En la figura 3.9 se muestra esta selección para LadoA.Texto. En los sumandos se colocan los bloques de LadoA.Texto, LadoB.Texto y LadoC.Texto como se ve en la figura 3.10.

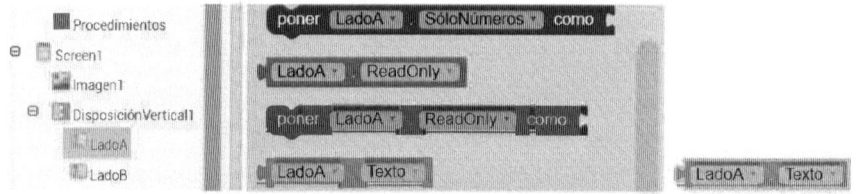

Figura 3.9 Selección de los bloques para los sumandos.

Figura 3.10 Selección de los bloques de los sumandos y cálculo de la suma para el perímetro.

El perímetro se calcula con el bloque de procedimiento ya obtenido anteriormente como `perimetro resultado` como se muestra en la figura 3.11. El bloque de la suma de la figura anterior se coloca dentro del bloque de procedimiento.

Figura 3.11 Suma para calcular el perímetro dentro del procedimiento.

Para llamar y ejecutar este procedimiento se emplea el botón `Perímetro` y el resultado se escribe en la etiqueta `resultado.Texto`. Para realizar esto se selecciona el botón `perímetro` y de los bloques que se despliegan se selecciona el bloque `cuando perímetro.Clic`. Ahora en la columna de `Bloques` se selecciona la etiqueta `resultado` y de los bloques que se despliegan se selecciona el bloque `poner resultado.Texto como`. Además, se va a incluir un texto que diga `El perímetro es` seguido del valor calculado con el procedimiento. Para realizar esto, se usa un bloque `unir` de la biblioteca `Texto` junto con un bloque de texto vacío donde se escribe el texto deseado y el valor calculado por el procedimiento del perímetro como se muestra en la figura 3.12. Se usa la instrucción para el salto de renglón "\n" llamada *secuencia de escape*. En esta figura también se ve el procedimiento. Se puede ver que el cálculo del perímetro es realmente fácil.

Figura 3.12 Bloques para calcular el perímetro.

Para calcular el área se requiere calcular la variable S de la ecuación 3.3. Para esto se usa un procedimiento con respuesta como se muestra en la figura 3.13. Los bloques que se usan son una división y el valor de 0, que se cambia a 2, ambos de la biblioteca de `Matemáticas`.

Figura 3.13 Procedimiento para calcular *S*.

De la biblioteca de Variables se selecciona el bloque inicializar global nombre como y se inicializa con el valor 0 de la biblioteca Matemáticas y se cambia nombre por interna. En esta variable interna es donde se va a almacenar el producto del radicando de la ecuación 3.2 que se reescribe aquí por conveniencia:

$$A = \sqrt{S(S - L_1)(S - L_2)(S - L_3)}$$

Se abre un procedimiento para calcular el radicando de la ecuación 3.2. Se le asigna el nombre área a este procedimiento (ver figura 3.14).

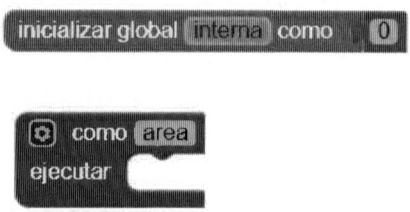

Figura 3.14 Variable interna y procedimiento área.

Para calcular el radicando se asigna a la variable interna el valor de S. Este valor se multiplica por (S - LadoA) y el resultado se reasigna a interna. Es decir, ahora el nuevo valor de interna es igual a interna*(S - LadoA). Esta operación se muestra en la figura 3.15.

Figura 3.15 Evaluación de S(S - LadoA).

Las multiplicaciones restantes son similares y se realizan de la siguiente manera: interna*(S - LadoB) e interna*(S - LadoC) se realizan de manera similar y el resultado se muestra en los dos últimos bloques de la figura 3.16, donde se muestra el cálculo completo del radicando de la ecuación 3.2.

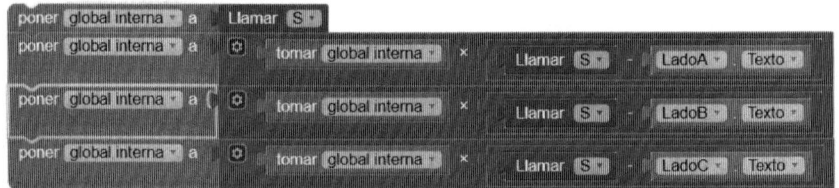

Figura 3.16   Cálculo completo del radicando de la ecuación 3.2.

Estas operaciones se incluyen dentro del procedimiento área como se muestra en la figura 3.17. No es necesario devolver el valor del radicando almacenado en la variable interna, ya que esta es una variable global y está disponible para todos los procedimientos y el diagrama de bloques principal.

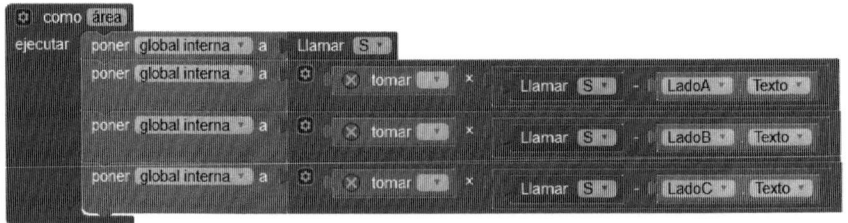

Figura 3.17   Procedimiento completo para calcular el radicando de la ecuación 3.2.

Cuando el botón área se presiona se debe llamar el procedimiento área y solamente se toma la raíz cuadrada y se despliega el resultado, como se hizo en el caso del perímetro.

Solamente falta hacer robusta la aplicación para el caso cuando los datos dados por el usuario no correspondan a un triángulo válido. Por ejemplo, si los lados que se dan son 9, 2 y 2, estos no corresponden a un triángulo y por lo tanto se obtiene un resultado erróneo, ya que el radicando que se obtiene es negativo y no se puede calcular la raíz cuadrada. En casos como este, se revisa si se obtiene un radicando negativo y se despliega un mensaje. Para esto se usa un bloque de condición si-entonces si no. La condición es revisar si la variable interna es negativa, que sucede cuando los lados dados no corresponden a un triángulo. Si la condición SE CUMPLE, entonces NO es un triángulo y se despliega el mensaje:

Los datos dados no corresponden a un triángulo. Corrige tus datos.

Si la condición NO se cumple entonces los datos dados son válidos y se despliega el valor del área. Esto se muestra en la figura 3.18.

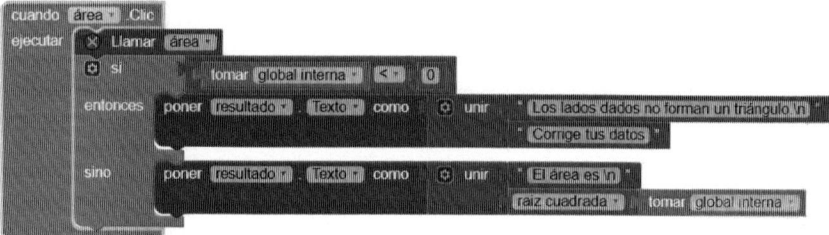

Figura 3.18 Evaluación del área y su despliegue en la etiqueta `resultado`.

Dos ejemplos del uso de la app se muestran en la figura 3.19. En el primer caso se despliega el área. En el segundo caso los datos no corresponden a un triángulo.

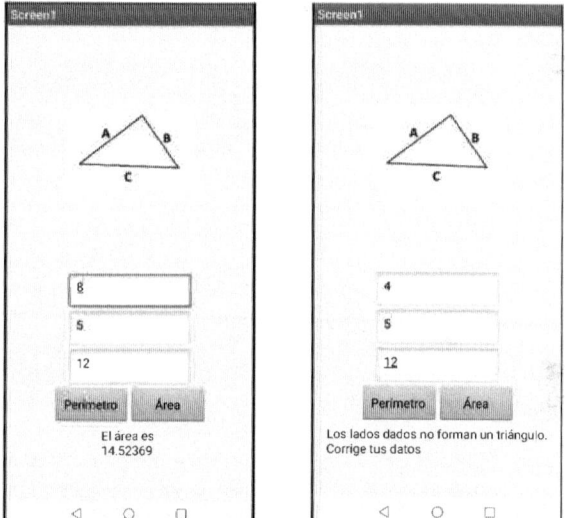

Figura 3.19 Ejemplos del uso de la app.

3.4 Conclusiones

En este capítulo se ha cubierto el uso de los procedimientos en sus dos modalidades, con retorno de resultado y sin retorno. Con el ejemplo mostrado se ha hecho uso de los dos tipos de procedimientos disponibles así como la forma de llamarlos. En los capítulos siguientes haremos uso de los procedimientos.

Capítulo 4
Diseño de juegos: ping-pong, nivel de burbuja y rújula

4.1 Introducción

4.2 Diseño del juego de ping-pong

4.3 Diseño de un nivel de burbuja

4.4 Diseño de una brújula

4.5 Dibujar en la pantalla

4.6 Conclusiones

La mayoría de las ideas fundamentales de la ciencia son esencialmente sencillas y por regla general pueden ser expresadas en un lenguaje comprensible para todos.

Einstein

Objetivos

Los juegos ocupan un lugar importante en las apps de un teléfono móvil. En este capítulo se aprenderán los conceptos básicos del diseño de videojuegos o de apps que requiren movimiento y para esto se presenta el concepto de sprite.

4.1 Introducción

El diseño de juegos en `App Inventor` requiere de elementos especiales para su realización. En este capítulo se cubrirá el uso de estos elementos con el diseño de tres ejemplos tradicionales que son el ping-pong, el nivel de burbuja y la brújula. Finalmente, se muestra un ejemplo para dibujar en la pantalla del móvil.

Para implementar un juego en el que haya movimiento de los componentes se requiere un ambiente especial conocido como canvas o lienzos, además de sprites y pelotas. Estos componentes se encuentran en la biblioteca de `Dibujo` y `animación`. Los ejemplos mostrados usan estos componentes.

4.2 Diseño del juego de ping-pong

El juego de ping-pong fue históricamente el primer juego electrónico comercial cuyo éxito fue inmediato. En esta sección se va a diseñar este juego. Para esto se abre un nuevo proyecto y se le da el nombre `Pingpong`. En `Propiedades` el título de `Screen1` se cambia a `Puntos: 0` con tamaño de letra 45.

Los componentes de la biblioteca `Dibujo` y `Animación` se usan en este capítulo y se muestran en la figura 4.1. Los elementos que tienen movimiento se deben colocar sobre un lienzo o canvas. Entonces, el siguiente paso es colocar

un lienzo o canvas sobre la pantalla. Este lienzo se arrastra de la biblioteca de
Dibujo y animación y se designa como Lienzo1. Se cambian el Ancho y Alto
del lienzo a Ajustar al contenedor para ambos y para el color de fondo se
selecciona el negro para que sea como el juego original. El resultado se muestra
en la figura 4.2.

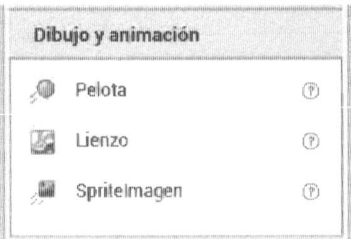

Figura 4.1 Componentes de la biblioteca Dibujo y Animación.

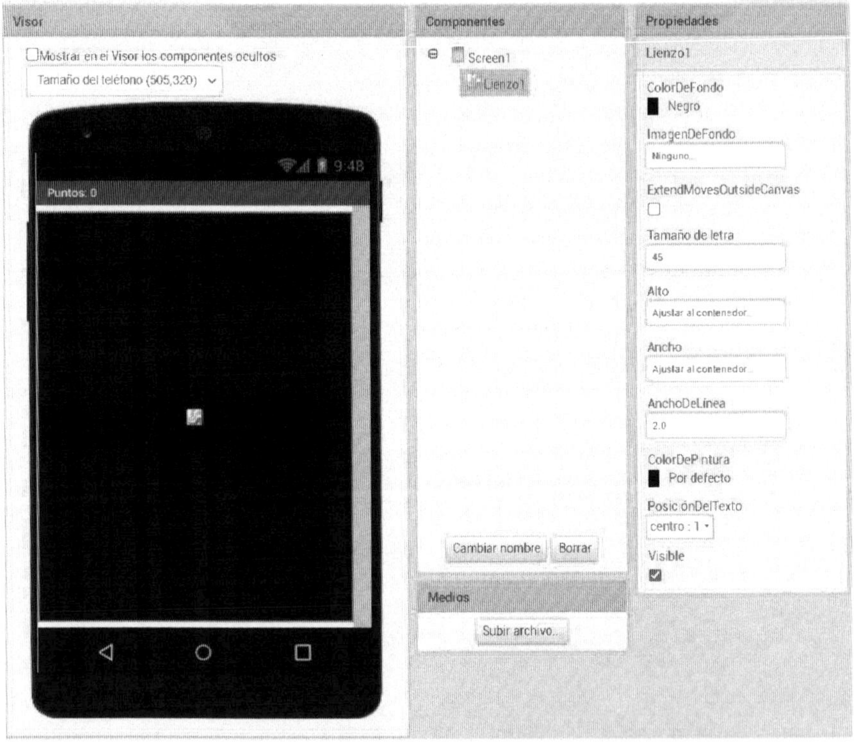

Figura 4.2 Datos para el lienzo.

El siguiente paso es añadir una `pelota` de la misma biblioteca de `Dibujo` y `animación`. El nombre que se asigna a la pelota es `Pelota1`. Los datos para la pelota son: `Dirección 30`, `Intervalo 100`, `Radio 8`, `Velocidad 20`, `Color Amarillo` (o algún otro color que sea visible sobre el fondo negro). La dirección da el ángulo en grados con el que se mueve la pelota a partir del inicio. El intervalo indica la actualización en milisegundos. El radio es el tamaño de la pelota. La velocidad se mide en píxeles por milisegundo. La pelota que se acaba de añadir es un *sprite* y tiene la capacidad de moverse en el lienzo o canvas y chocar con otros sprites. Las características de la pelota se pueden ver en la figura 4.3. Las coordenadas que se despliegan corresponden a donde se haya colocado la pelota inicialmente.

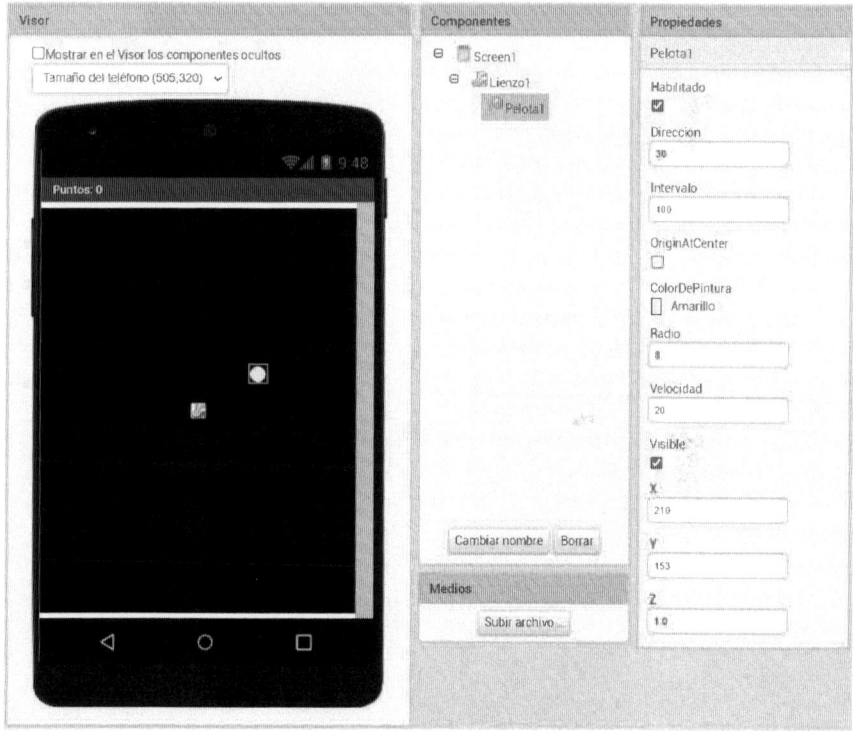

Figura 4.3 Datos para la pelota.

Finalmente, se deben añadir las raquetas que se representan por dos barras. Se añaden dos sprites de la imagen `SpriteImagen`. La imagen para estos sprites es una barra que se carga en `Subir archivo...`. La barra es `raqueta.jpg`. Se pone en `Foto` de cada `SpriteImage` el archivo `raqueta.jpg`. Las raquetas se colocan una arriba y la otra abajo. Las raquetas se muestran en la figura 4.4.

Las coordenadas aproximadas para la raqueta de arriba son (X, Y, Z) = (136, 27, 1) y para la raqueta de abajo son (X, Y, Z) = (136, 375, 1), pero estas se ajustan automáticamente al colocar las raquetas en la posición deseada sobre el lienzo.

Figura 4.4 Raquetas en la app.

4.2.1 Sección de bloques del juego de ping-pong

Se pasa ahora a la sección de bloques. Al iniciar o al reiniciar la app, se debe limpiar el Lienzo1. Para esto existe un procedimiento que se abre al seleccionar el Lienzo1 como se ve en la figura 4.5.

Figura 4.5 Bloque para limpiar el lienzo o canvas.

Este bloque se coloca dentro de un bloque de procedimiento de la biblioteca de Procedimientos. Se le da el nombre reiniciar (ver figura 4.6). También se debe colocar la pelota en algún lugar que permita el inicio del juego. La mejor posición es entonces a la mitad del lienzo, lo que se implementa con las coordenadas x, y. Los ejes coordenados se ubican como se muestra en la figura 4.7, donde se ve que la coordenada y es hacia abajo y el origen está posicionado en la esquina superior izquierda de la pantalla. Se selecciona la coordenada y a la mitad de la altura del lienzo o canvas como se muestra en la figura 4.8.

Figura 4.6 Procedimiento reiniciar con el llamado para limpiar el lienzo o canvas.

De manera similar se deben colocar las raquetas en el centro de la pantalla que corresponde al ancho. La posición de un sprite se hace con referencia a la esquina superior izquierda del mismo sprite. Entonces, la coordenada x de esta esquina se debe posicionar a la mitad del ancho de la pantalla menos la mitad del tamaño de la raqueta, como se muestra en la figura 4.9. También para la coordenada y se ha dado el valor de altura del lienzo entre 7.

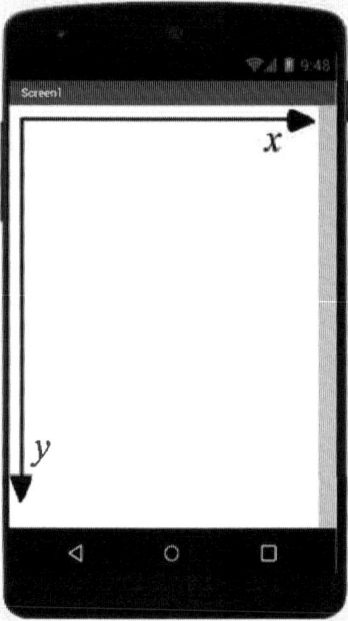

Figura 4.7   Ejes coordenados en la pantalla.

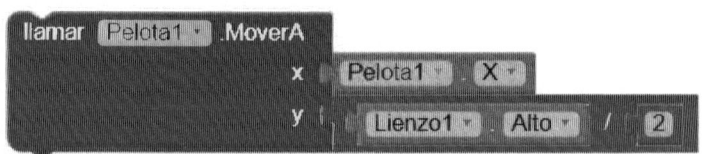

Figura 4.8   Colocación inicial de la pelota a la mitad de la altura del lienzo.

Figura 4.9   Posición de la raqueta superior.

Para la segunda raqueta, la inferior, se coloca a una coordenada y que sea al tamaño del lienzo menos la altura entre 7 como se ve en la figura 4.10.

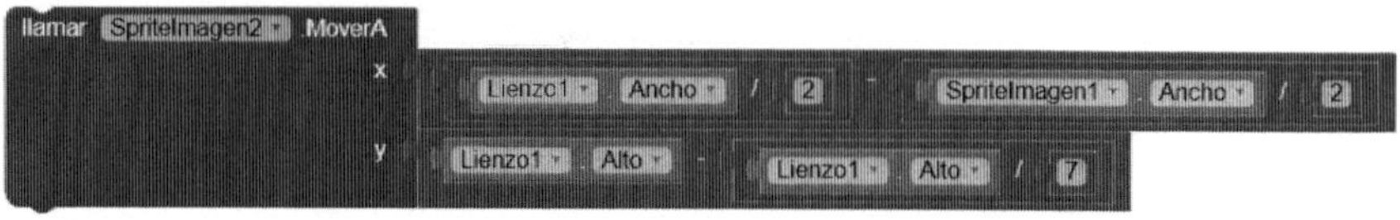

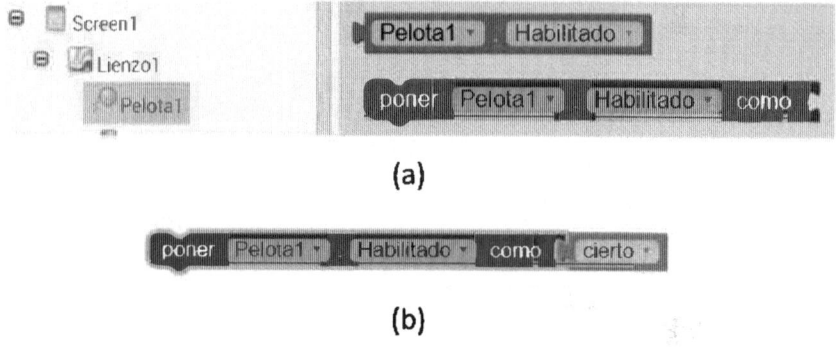

Figura 4.10   Posición de la raqueta inferior.

Ahora los tres elementos de la vista se deben habilitar para poder darles movimiento más adelante. Para habilitarlos primero se selecciona la `Pelota1` y se escoge el bloque `poner Pelota1.Habilitado como`, como se muestra en la Figura 4.11a. De la biblioteca de `Lógica` se selecciona `cierto` y se habilita la pelota como se muestra en la figura 4.11b.

(a)

(b)

Figura 4.11   Habilitación de la pelota.

Lo mismo hacemos con las raquetas, se seleccionan y se les añade `cierto` como se muestra en la figura 4.12 para las dos raquetas.

Figura 4.12   Habilitación de las dos raquetas.

Finalmente, para llevar el conteo de los puntos se define una variable `Puntaje` como se muestra en la figura 4.13a. Cada vez que se reinicie el juego se debe poner la puntación a 0 y esto se ve en la figura 4.13b.

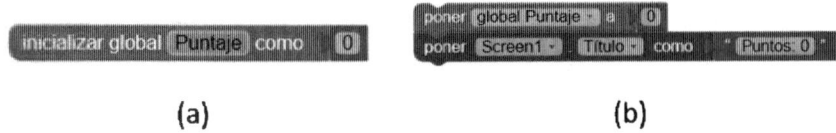

(a)   (b)

Figura 4.13 Inicialización de la variable `Puntaje` y su inicialización cada vez que se reinicie el juego.

Las instrucciones anteriores se añaden al procedimiento `reiniciar` y el resultado aparece en la figura 4.14.

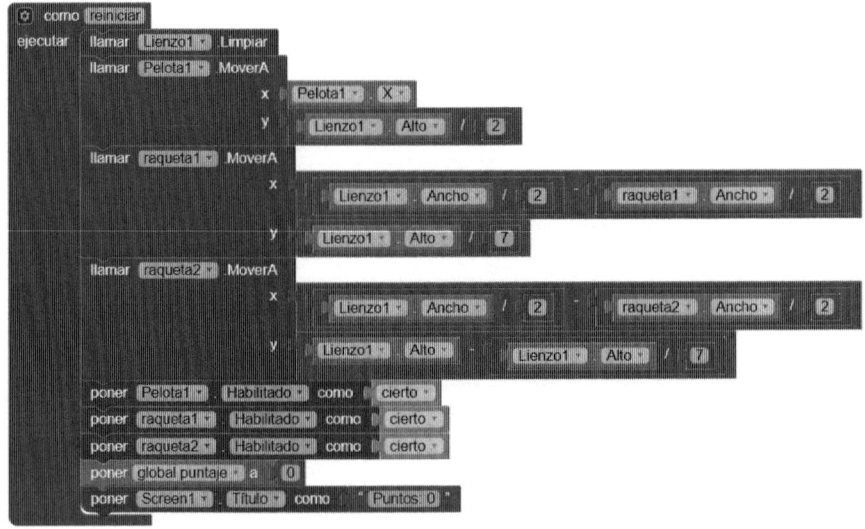

Figura 4.14 Procedimiento `reiniciar` completo.

4.2.2 Movimiento de las raquetas y la pelota

Las raquetas y la pelota deben recibir instrucciones para que se muevan. En el ca-so de las raquetas, estas pueden ser *arrastradas* a la izquierda y a la derecha. Para arrastrarlas se usa la instrucción un sprite que se obtiene seleccionando raqueta1 y se selecciona la instrucción `Cuando raqueta1. Arrastrado` mostrada en la figura 4.15.

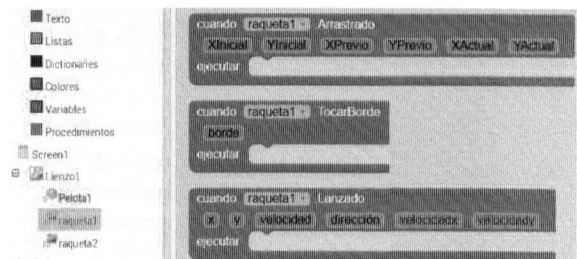

Figura 4.15 Selección del bloque para arrastrar la raqueta.

Dentro de este bloque se coloca un bloque de `llamar raqueta1.MoverA` que se obtiene seleccionando el bloque de `raqueta1` (ver figura 4.16).

Figura 4.16 Selección del bloque para mover la raqueta.

Este bloque se coloca dentro del bloque `cuando raqueta1.Arrastrado` que también se selecciona de la `raqueta1` como se aprecia en la figura 4.17.

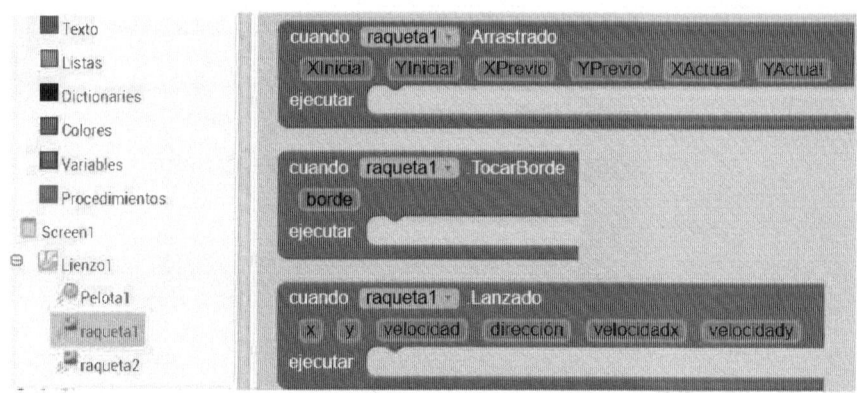

Figura 4.17 Bloque de mover dentro del bloque `cuando`
`raqueta1.Arrastrado`.

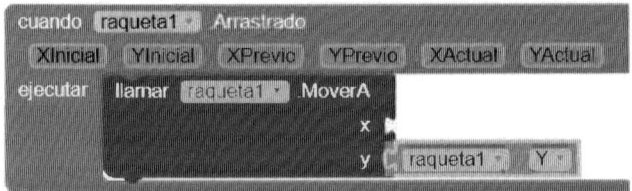

Figura 4.18 La coordenada y para la raqueta no cambia su valor.

La coordenada y de la raqueta no cambia, ya que solamente se mueve a lo largo de la coordenada x. Por lo tanto se escoge la coordenada y que se esté usando y se coloca dentro del bloque como se ve en la figura 4.18. Ya se dijo que la posición de la raqueta es la esquina superior izquierda. Entonces la posición real de la raqueta es la coordenada x actual menos la longitud de la raqueta entre dos. Para hacer esto se toma de la biblioteca de Matemáticas una resta y se coloca enfrente de la x del procedimiento MoverA como se ve en la figura 4.19a.

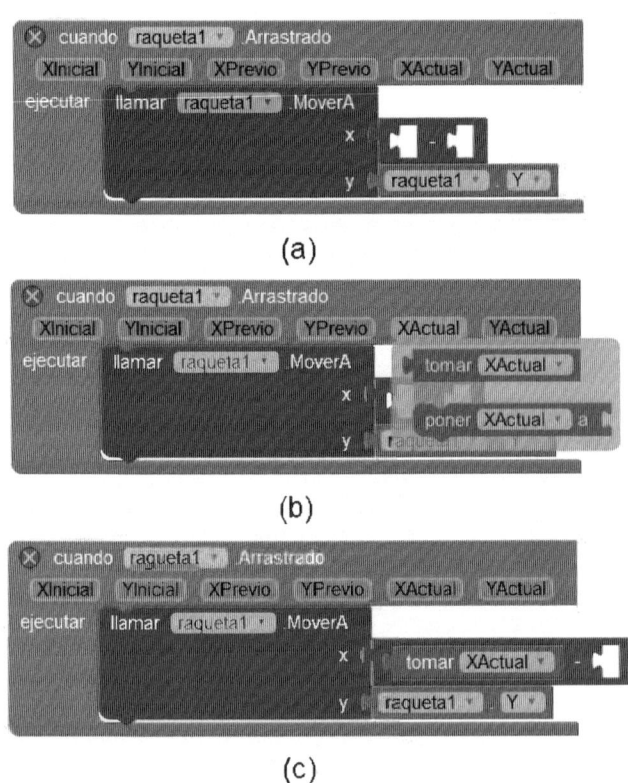

(a)

(b)

(c)

Figura 4.19 Selección de la coordenada XActual.

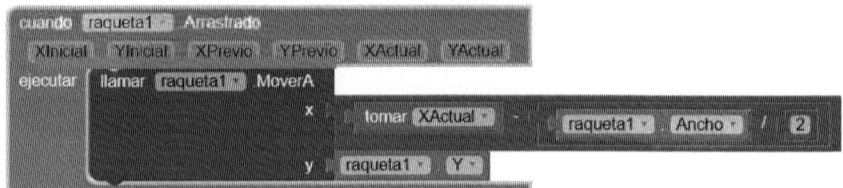

Figura 4.20 Posición x final y bloque completo para el arrastre de la raqueta1.

En el primer operando de la resta (el minuendo) se coloca la XActual. Para colocar la XActual se coloca el ratón sobre el icono de XActual en el bloque cuando raqueta1.Arrastrado (ver figura 4.19b) y se arrastra al minuendo como se muestra en la figura 4.19c.

Para la división entre 2 se usa un bloque de división disponible en la biblioteca de Matemáticas y se realiza la división de ancho de la raqueta1 entre 2 como se puede ver en la figura 4.20

Para la raqueta inferior se realiza el mismo procedimiento y se obtiene el bloque de la figura 4.21.

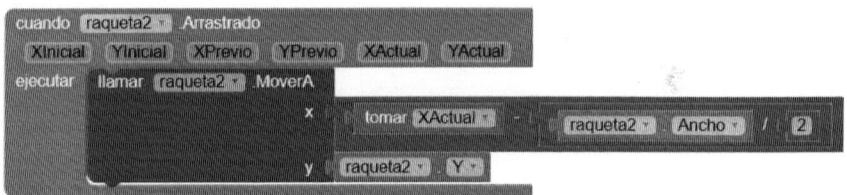

Figura 4.21 Bloque final para la raqueta inferior.

4.2.3 Movimiento de la pelota

Lo que falta es el conjunto de bloques que se hace cargo de los choques de la pelota con las raquetas y con las orillas (edges) de la pantalla. Para los choques con las raquetas, el bloque se muestra en la figura 4.22, que se despliega cuando se selecciona la pelota.

Para dar la dirección a la pelota se selecciona la `Pelota1` y de los bloques se selecciona `Pelota1.Dirección` como se muestra en la figura 4.23.

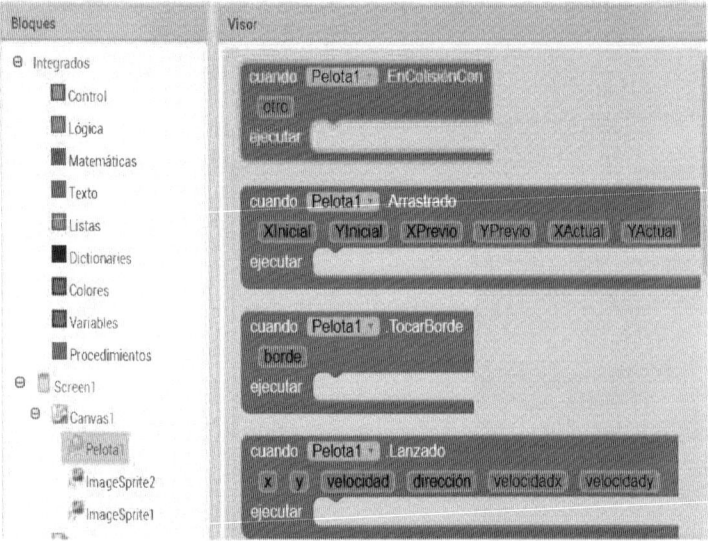

Figura 4.22 Selección del bloque para las colisiones de la pelota.

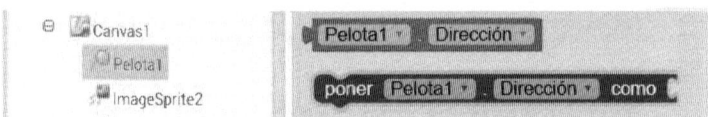

Figura 4.23 Selección del bloque `Pelota1.Dirección`.

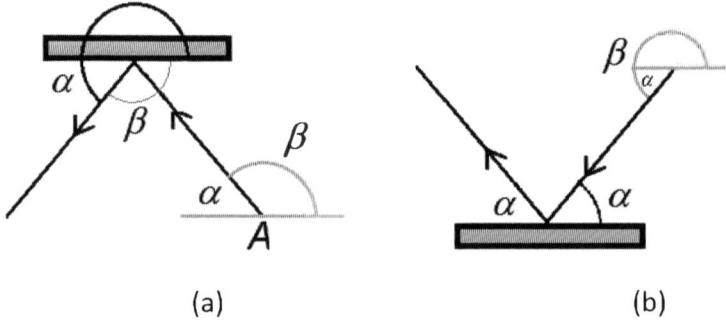

(a)   (b)

Figura 4.24 Ángulos de incidencia y reflexión. a) Rebote con la raqueta
superior, b) Rebote con la raqueta inferior.

Ahora se forma la dirección de rebote. Para determinar la dirección de rebote se ve en la figura 4.24a que el ángulo de incidencia (medido en el punto A) con respecto al eje x para la raqueta superior es β, mientras que el ángulo de reflexión es de $180° + \alpha$. De la figura se observa que con esto se puede calcular el ángulo de reflexión con respecto al eje x positivo como:

$$\text{Ángulo de reflexión} = 180° + \alpha \qquad (4.1)$$

Pero del ángulo de incidencia

$$\alpha = 180° - \beta \qquad (4.2)$$

Sustituyendo la ecuación 4.2 en la ecuación 4.1 se tiene que el ángulo de reflexión es

$$\text{Ángulo de reflexión} = 180° + 180° - \beta = 360° - \beta \qquad (4.3)$$

El mismo resultado se encuentra para la reflexión en la raqueta inferior. De la figura 4.24b, se aprecia que el ángulo de incidencia, medido con respecto al eje x positivo es β, y se puede ver de la figura que

$$\beta = 180° + \alpha \qquad (4.4)$$

de donde se obtiene que

$$\alpha = \beta - 180° \qquad (4.5)$$

También de la figura 4.24b se observa que el ángulo de reflexión es igual a

$$\text{Ángulo de reflexión} = 180° - \alpha = 180° - (\beta - 180°) = 360° - \beta \qquad (4.6)$$

Entonces para el rebote de la pelota cuando choca contra otro sprite, que en este juego son las raquetas, se tiene que seleccionar que la dirección está dada por el siguiente bloque que se forma de la resta de 360° y el ángulo de incidencia que es `Pelota1.Dirección`, como se ve en la figura 4.25.

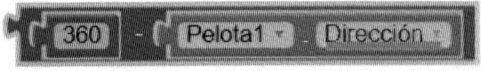

Figura 4.25 Ángulo de rebote de la pelota.

Entonces la nueva dirección de la pelota queda dada por la figura 4.26.

Figura 4.26 Dirección de rebote de la pelota.

Cada vez que la pelota choque con la raqueta se va a ganar un punto, por lo que se incrementa en un punto la puntuación. Para esto se añaden los bloques de la figura 4.27, para que la puntuación que se lleva en el título de la pantalla principal Screen1 se cambie.

Figura 4.27 Bloque para cambiar la dirección de la pelota y el incremento de los puntos.

4.2.4 Choque de la pelota con las orillas

A continuación, es necesario implementar los choques con las orillas de la pantalla. Si se ejecuta el juego se observa que la pelota no choca y rebota cuando toca con las orillas de la pantalla. Para que rebote se selecciona la pelota y de los bloques que se despliegan se selecciona el bloque cuando Pelota1.TocarBorde mostrado en la figura 4.28. Se vuelve a seleccionar la Pelota1 y se selecciona el bloque llamar Pelota1.Botar mostrado en la misma figura. Para colocar la variable enfrente de borde se coloca el apuntador encima de la palabra borde, como se muestra en la figura de la izquierda de la figura 4.29, y se selecciona tomar borde y se coloca enfrente de la palabra borde del procedimiento botar como se muestra en la figura 4.29 de la derecha.

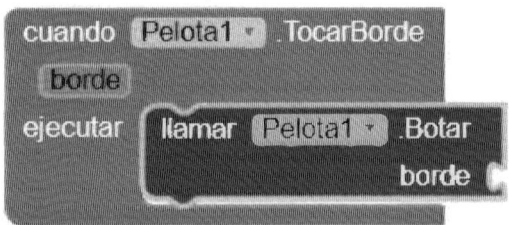

Figura 4.28 Bloques para que la pelota rebote en las orillas de la pantalla.

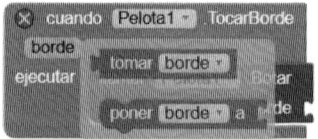 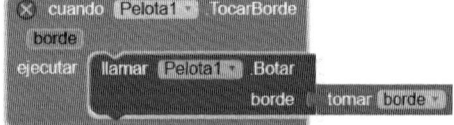

Figura 4.29 Selección de la variable `borde`.

Con este resultado la pelota choca en los bordes y rebota. Si se desea que solo choque en los bordes laterales y que en los bordes inferior y superior se cuente como error entonces se debe indicar. Los bordes de la pantalla tienen un número asignado. El borde superior tiene asignado el valor 1, el inferior -1, y los bordes laterales tienen asignado el 3. Para seleccionar los bordes inferior y superior se usa una condición de la biblioteca de `Control` con una condición `si-si no` como se muestra en la figura 4.30.

Figura 4.30 Condición para revisar las orillas.

Para la condición se toman los bloques `igual` y `o` de la biblioteca de
Lógica, como se ve en la figura 4.31. Éstos se ensamblan en la condición que se
ve en la figura 4.31.

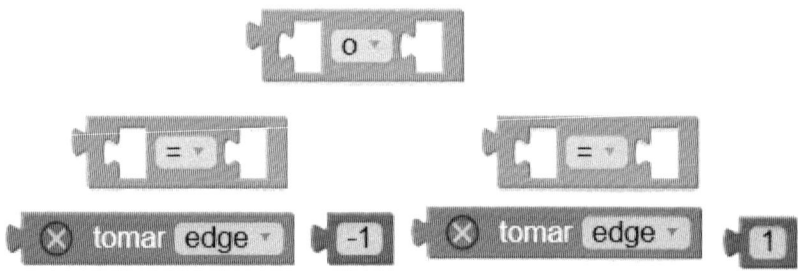

Figura 4.31   Bloques para la condición.

Figura 4.32   Condición completa.

Cuando se toca cualquiera de los bordes inferior o superior se deshabilitan
la pelota y las raquetas. Los bloques mostrados en la figura 4.32 hacen esta
acción y se obtienen seleccionando la pelota y las raquetas, y se selecciona
cada una de estas instrucciones que se completan con el bloque `falso` de la
biblioteca de Lógica (ver figura 4.33).

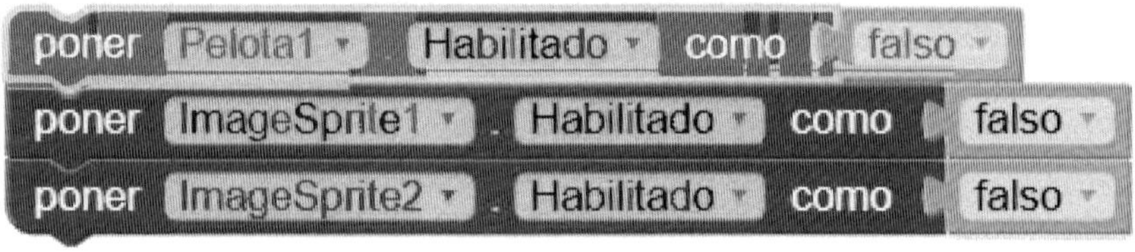

Figura 4.33   Bloques para deshabilitar la pelota y las raquetas.

Lo siguiente es integrar estos bloques en el bloque de la condición como se
muestra en la figura 4.34.

Figura 4.34 Condición integrada dentro del bloque `TocarBorde`.

Finalmente, dentro del bloque `cuando Pelota1.TocarBorde` se incluye el bloque de la condición como se muestra en la figura 4.35.

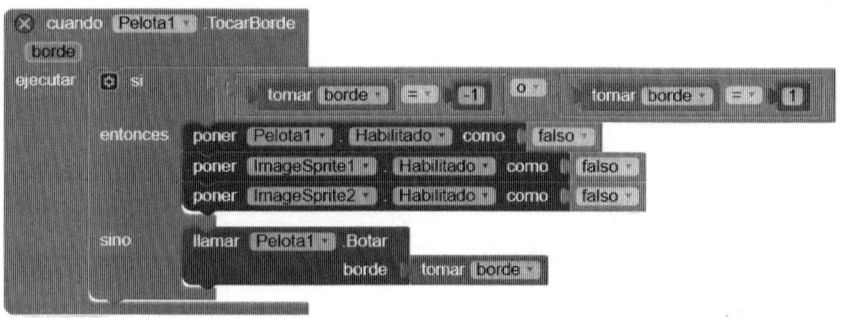

Figura 4.35 Bloque `TocarBorde` completo.

Se deben deshabilitar la pelota y las raquetas una vez que se deshabilita el juego. Ahora el juego se puede volver a reiniciar. Esto se puede hacer con el procedimiento `llamar Canvas.DibujarTexto` que se obtiene si se selecciona `Canvas1` y se escoge el bloque deseado como se muestra en la figura 4.36.

Figura 4.36 Selección del bloque para escribir texto sobre el lienzo.

Se selecciona el bloque de texto vacío y dentro se escribe `Reiniciar`. Las coordenadas para desplegar el texto son al centro del lienzo o canvas, que se obtiene como la mitad del ancho y la mitad de la altura, como se muestra integrado en la figura 4.37.

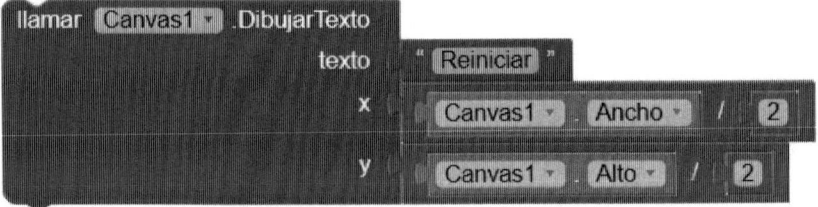

Figura 4.37 Bloques para escribir `Reiniciar` en el centro del lienzo.

Estos bloques se insertan dentro de la condición y esta a su vez dentro del bloque `cuando Pelota1.TocarBorde` como se ve en la figura 4.38.

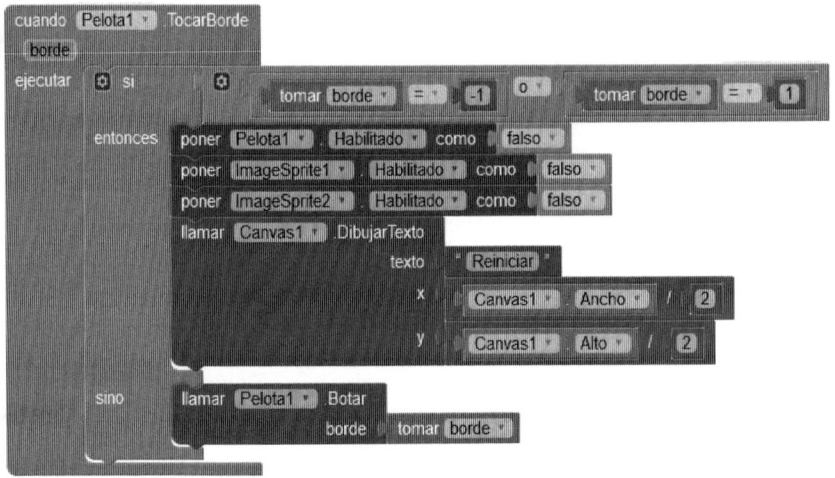

Figura 4.38 Bloque TocarBorde completo.

Finalmente, falta indicar que al tocar la pantalla se reinicie el juego después de haber perdido. Para esto se selecciona el lienzo (canvas) y se escoge el bloque `cuando Lienzo1Tocar` como se muestra en la figura 4.39. Dentro de este bloque se usa una condición para que solamente se reinicie el juego cuando la pelota esté deshabilitada. Si esto sucede se llama al procedimiento `Llamar reiniciar`, lo que se aprecia en la figura 4.40. Este es el final del diseño del juego. La vista del juego de ping-pong se muestra en la figura 4.41.

Figura 4.39 Selección del bloque `Lienzo1.Tocar`.

Dentro de este bloque se usa una condición para que solamente se reinicie el juego cuando la pelota está deshabilitada. Si esto sucede se llama al procedimiento `Llamar reiniciar` lo que se aprecia en la figura 4.40. Éste es el final del diseño del juego. La vista del juego de ping-pong se muestra en la figura 4.41.

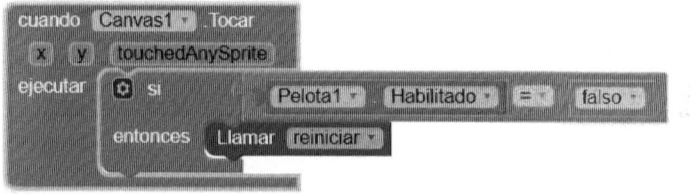

Figura 4.40 Bloque para reiniciar el juego después de haber perdido.

Figura 4.41 El juego de ping-pong en acción.

4.3 Diseño de un nivel de burbuja

Otro de los sensores que el móvil incluye en su fabricación es el acelerómetro. El acelerómetro es un dispositivo electromecánico que mide la aceleración causada o por el movimiento o por la gravedad o por la vibración. La mayoría de los teléfonos inteligentes usan el acelerómetro para alinear la pantalla dependiendo de la dirección en la que se sostiene de manera que los usuarios puedan tener una mejor experiencia en el uso del móvil, por ejemplo, ajustando la vista de vertical a horizontal, haciendo zoom en imágenes, jugando a juegos, dando vuelta a la página en los libros, etc.

El acelerómetro se puede usar para construir un `Nivel de Burbuja` similar al que usan los constructores. En este ejemplo se usa una imagen que cambia su posición según esté inclinado el móvil. En esta app se tendrán cinco posiciones.

Figura 4.42 Arreglo inicial de los componentes del nivel de burbuja.

Se abre un nuevo proyecto. Para `Screen1` se toma la `DisposiciónHorizontal` al Centro. Se agrega el acelerómetro que se encuentra en la biblioteca de `Sensores`. El nivel tendrá cuatro posiciones para indicar cómo de inclinado está y una posición para indicar cuándo está nivelado.

Se agrega una `DisposiciónVertical`. Para indicar el nivel de inclinación del móvil se añade una etiqueta y para indicar si hay inclinación o está nivelado el móvil se añade otra etiqueta. En `Propiedades` se borra el texto de la primera etiqueta. Para la segunda etiqueta se cambia el texto a `Inclinación`. En la misma `DisposiciónVertical`, debajo de las dos etiquetas, se agregan cinco imágenes de la biblioteca de `Interfaz de usuario` con la selección de `Visible` sin seleccionar. En cada imagen se carga una de las imágenes desde `Nivel1.jpg` hasta `Nivel5.jpg`. El diseño de la app se muestra en la figura 4.42. Las imágenes que se van a desplegar en la app para los distintos niveles se muestran en la figura 4.43 y se agregan en `Media`.

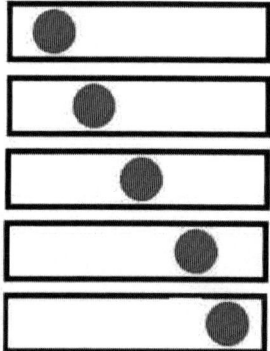

Figura 4.43 Imágenes para mostrar los distintos niveles del nivel de burbuja.

4.3.1 Diseño de la app con los bloques

En la sección de `Bloques` lo primero que se hace es poner la visibilidad de todas las imágenes a `false`. De la biblioteca de `Procedimientos` se selecciona un bloque `como ... ejecutar` al que se le da el nombre `imágenes` como se muestra en la figura 4.44. En cuatro de las posiciones del móvil la `Etiqueta2` tendrá el mensaje de `Hay una inclinación` y por lo tanto también se pone en este procedimiento.

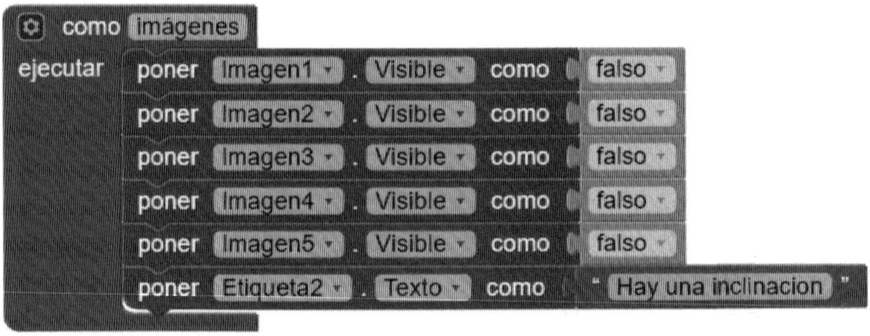

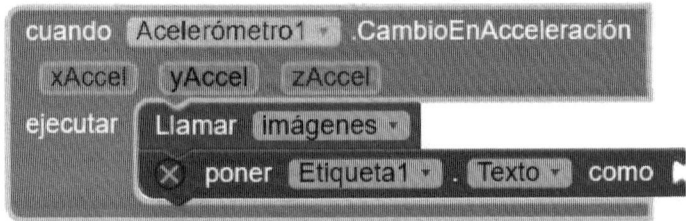

Figura 4.44 Procedimiento para la visibilidad de las imágenes a falso.

Lo siguiente es seleccionar el acelerómetro y de los bloques que se despliegan seleccionar el bloque **cuando Acelerómetro1.CambioEnAceleración** y se inserta el llamado al procedimiento **imágenes**, que se obtiene de la biblioteca de **Procedimientos**, y el bloque **poner Etiqueta1.Texto como**, que se obtiene seleccionando la **Etiqueta1**, y se arrastra el bloque **poner Etiqueta1.Texto como** (ver figura 4.45).

Figura 4.45 Bloque del acelerómetro con el llamado del procedimiento imágenes **y el bloque de la** Etiqueta1.

Como se aprecia en la figura 4.45, el bloque del acelerómetro dispone de tres coordenadas para la aceleración, las cuales son: xAccel, yAccel, y zAccel. En la figura 4.46 se indican las coordenadas asociadas al dispositivo móvil. Si este se maneja en su orientación horizontal entonces la coordenada y que es yAccel está en posición horizontal y es la coordenada de interés.

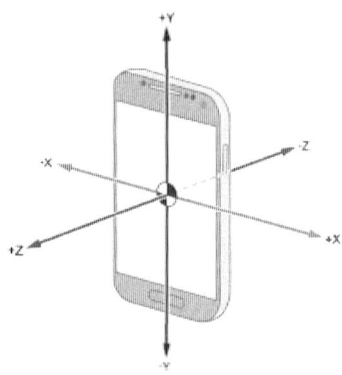

Figura 4.46 Coordenadas del móvil.

La Etiqueta1 que da la posición del acelerómetro solamente usará los cambios en el eje y al estar posicionado el móvil en la orientación horizontal. Entonces solamente se usa la coordenada y del acelerómetro. Se presiona el acelerómetro y se selecciona el bloque mostrado en la figura 4.47. Se coloca esta variable en el bloque de la Etiqueta1 como se muestra en la figura 4.48.

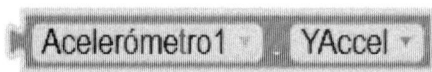

Figura 4.47 Bloque para la coordenada y del acelerómetro.

```
cuando Acelerómetro1 .CambioEnAccceleración
  xAccel  yAccel  zAccel
ejecutar  Llamar imagenes
      poner Etiqueta1 . Texto como
```

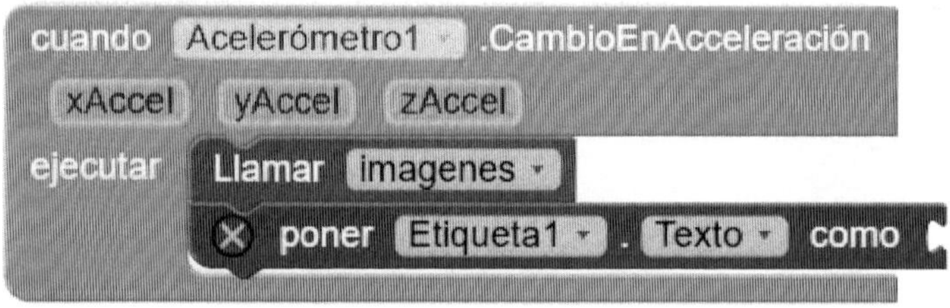

Figura 4.48 Coordenada y del acelerómetro en la Etiqueta1.

Para seleccionar la imagen que se desea según la inclinación del móvil, se usa un bloque condicional de tal manera que si el valor de la coordenada y es menor que -1 se despliega la imagen Nivel1.jpg (ver figura 4.43). Pero si la coordenada y tiene un valor entre -0.99 y -0.5 entonces se despliega la imagen del Nivel2.jpg. Se marca nivelado con la imagen Nivel3.jpg si la coordenada y tiene un valor entre +0.49 y +0.5. Si la inclinación es positiva entre 0.51 y

0.99 se despliega la imagen `Nivel4.jpg`. Finalmente, si la coordenada `yAccel` es mayor a 1 se despliega la imagen `Nivel5.jpg`. Esto se realiza con los bloques de la figura 4.49.

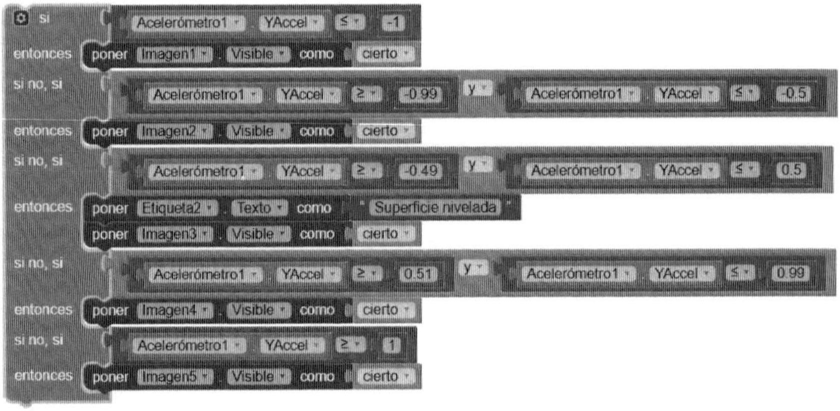

Figura 4.49 Bloque condicional para desplegar las imágenes de los niveles.

Este bloque de la condición se integra con el bloque de la figura 4.48 y el resultado se muestra en la figura 4.50. Para un mejor resultado numérico el valor de la coordenada y se redondea con el bloque `redondear` de la biblioteca de `Matemáticas`.

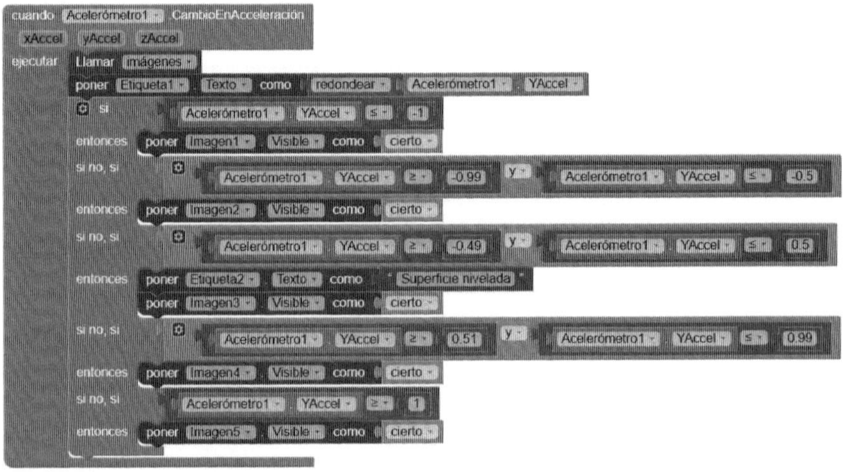

Figura 4.50 Bloque final del acelerómetro.

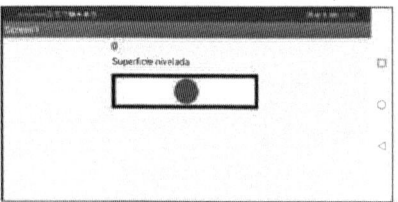 

Figura 4.51 Dos posiciones del nivel de burbuja. a) Nivelado, b) Inclinado a la derecha.

La figura 4.51 muestra dos posiciones del nivel de burbuja.

4.4 Diseño de una brújula

Entre los sensores disponibles en un móvil se tiene el *sensor de orientación*. Este es el sensor que usa la brújula del móvil. En esta app se va a diseñar una brújula para hacer uso del sensor de orientación. Para este propósito se abre un nuevo proyecto y se le nombra `Brújula`. Los elementos que se van a usar son un lienzo o canvas y un sprite. También se agrega el `sensor de orientación` de la biblioteca de `Sensores`. Para el lienzo se le cambia el tamaño para que ocupe 300 píxeles de ancho y de alto del lienzo como se ve en la figura 4.52.

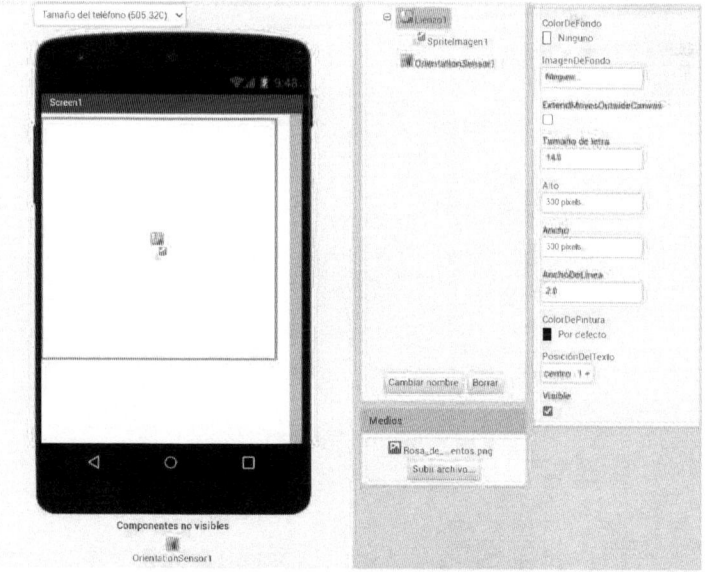

Figura 4.52 Elementos de la app `Brújula`.

Como se vé en la figura, el sensor de orientación es un elemento no visible. También se añade para el sprite la imagen `Rosa_de_los_ vientos. png`. El siguiente paso es añadir esta figura al sprite como se ve en la figura 4.53 y se acepta.

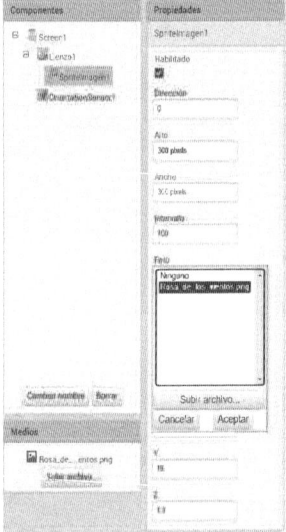

Figura 4.53 Imagen de `Rosa_de_los_vientos.png` para la imagen o foto del sprite.

La pantalla se ve ahora como se muestra en la figura 4.54.

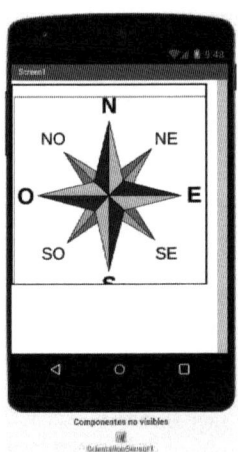

Figura 4.54 Diseño final de la app.

4.4.1 Sección de bloques

Se presiona el botón de bloques para empezar a diseñar la parte funcional de la app Brújula. El bloque `cuando OrientationSensor1.CambioEnOrientación` está en el grupo de los bloques del `Sensor de orientación`, como se ve en la figura 4.55a. Después se selecciona el sprite y se selecciona el bloque `poner SpriteImagen1.Dirección` como lo que se aprecia en la figura 4.55b.

Se coloca este último bloque dentro del primer bloque y se presiona la palabra `acimut` para desplegar dos bloques, de los que se selecciona `tomar acimut` (ver figura 4.56) y se coloca como se muestra en la figura 4.57. Esto termina la sección de diseño de bloques.

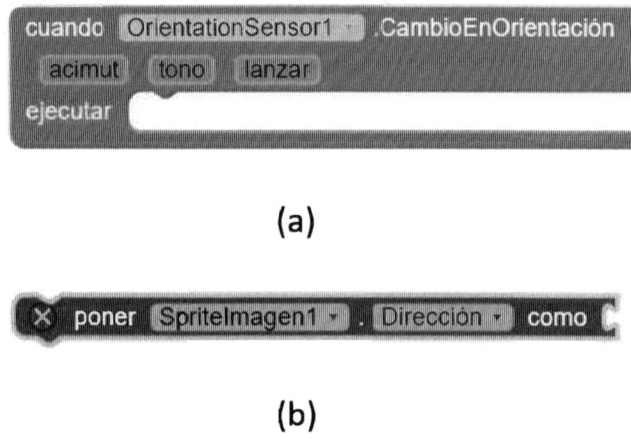

(a)

(b)

Figura 4.55 Bloques disponibles para los procedimientos.

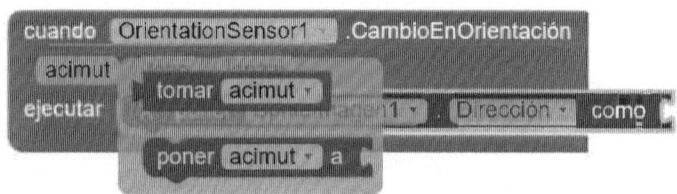

Figura 4.56 Selección de la variable `acimut`.

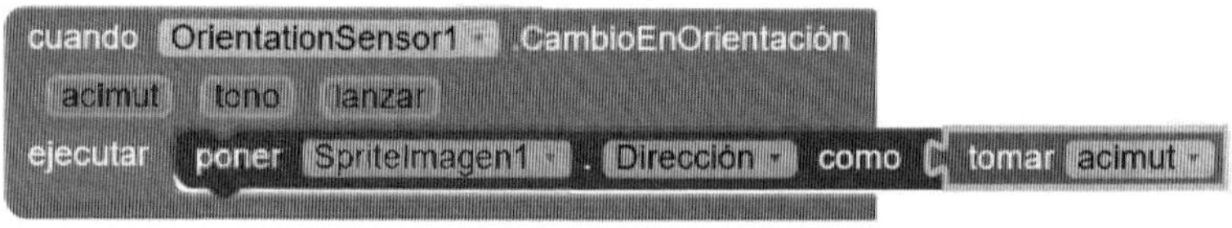

cuando OrientationSensor1 .CambioEnOrientación
acimut tono lanzar
ejecutar poner SpriteImagen1 . Dirección como tomar acimut

Figura 4.57 Bloque final para determinar la orientación.

Ahora solo falta ejecutarla en el móvil. La figura 4.58 muestra la brújula en un teléfono móvil y apunta al norte.

Screen1
O
NO
SO
N
S
NE
SE
E

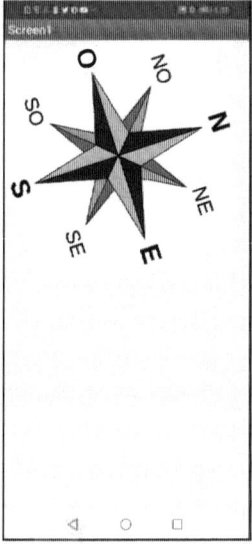

Figura 4.58 Vista de la app `Brújula`.

4.5 Dibujar en la pantalla

En este juego se va a dibujar en la pantalla usando el dedo como pincel o lápiz. Para este juego solamente se usa un lienzo para dibujar trazos. Se escogen los colores del trazo con botones. En este juego se usan cinco botones para seleccionar los colores. Un botón adicional sirve para borrar el trazo que se haya hecho sobre el lienzo.

Para empezar a diseñar este juego se crea un nuevo proyecto al que se le da el nombre de `Dibujar`. En las propiedades de `Screen1` se da el nombre `Dibujar`.

También el texto de Screen1 se cambia a Dibujar. Se añade un lienzo como nombre Lienzo1 y en sus propiedades se da Alto y Ancho para Ajustar al contenedor. Se agrega una Disposición horizontal y dentro de esta disposición se agregan seis botones. Los primeros cinco botones son para seleccionar el color del trazo y el último botón es para borrar el lienzo. Se cambian los nombres de los botones para corresponder a los colores rojo, verde, azul, negro, rosa y borrar. El resultado se ve en la figura 4.59. Adicionalmente, en la columna de Propiedades se cambia el Texto para que corresponda al color del botón. De esta manera, en el botón que se designó como rojo se cambia a Rojo. Se repite este paso para todos los colores.

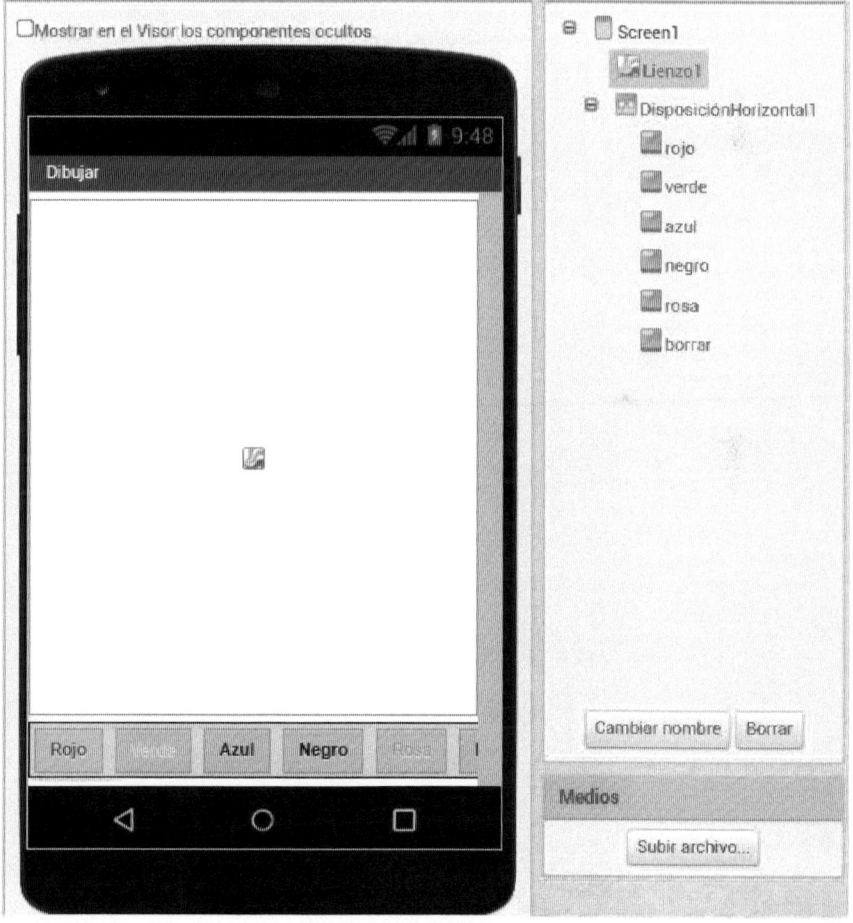

Figura 4.59 Diseño de la app Dibujar.

4.5.1 Sección de bloques

El siguiente paso es darle funcionalidad a la app Dibujar. Para hacer esto se presiona el botón Bloques en la parte superior derecha para poder darle funcionalidad a los botones y al lienzo. En primer lugar se selecciona el Lienzo1 en la columna de Bloques, lo que despliega los bloques del lienzo mostrados en la figura 4.60.

Se selecciona el primer bloque y se arrastra al Visor. Se observa que este bloque sirve para arrastrar un apuntador, que en este juego es el dedo. Además tiene siete bloques, entre los cuales se ven las coordenadas para el trazo que son XPrevio, YPrevio para el punto de inicio del trazo, y XActual, YActual para el punto final del trazo. Para usar estas coordenadas se vuelve a seleccionar el Lienzo1 y se busca el bloque llamar Lienzo1.DibujarLínea que se muestra en la figura 4.61.

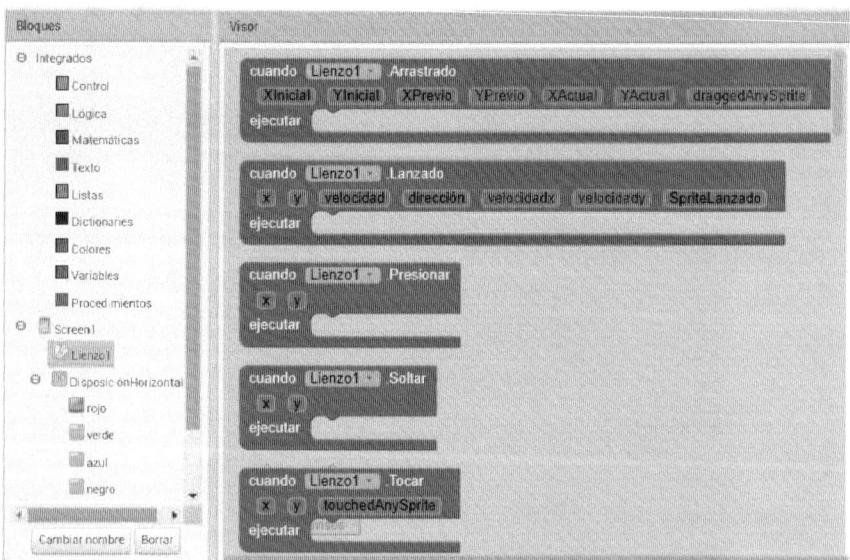

Figura 4.60 Bloques para el lienzo.

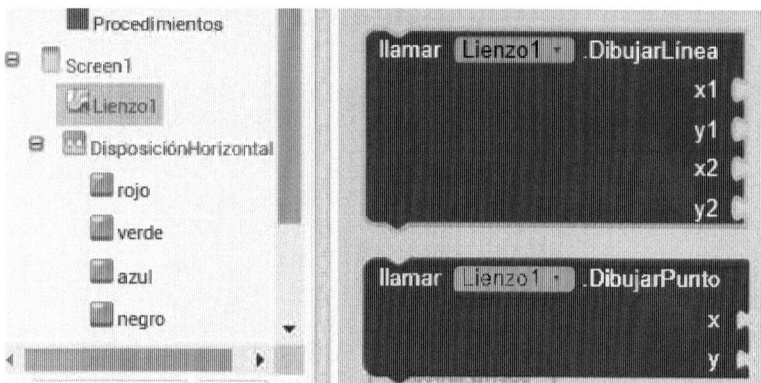

Figura 4.61 Bloque `llamar Lienzo1.DibujarLínea`.

Este bloque se coloca dentro del bloque anterior y es en este bloque donde se colocan las coordenadas. Como se ve en la figura 4.62, se coloca el apuntador sobre la etiqueta de `XPrevio` y esto despliega dos bloques. Se selecciona tomar `XPrevio` y se coloca enfrente de `x1`. Se repite para las otras tres coordenadas. El bloque final se muestra en la figura 4.63.

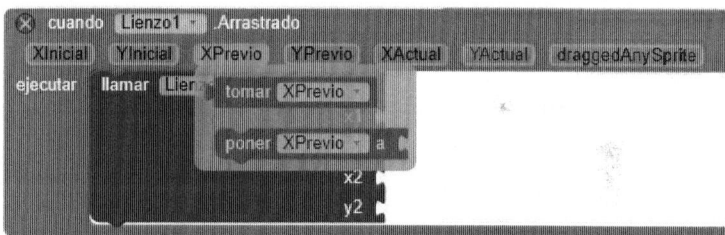

Figura 4.62 Selección del bloque `tomar XPrevio`.

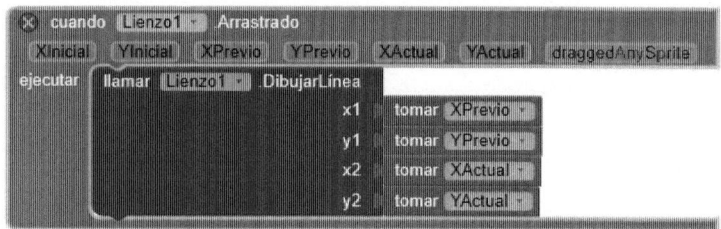

Figura 4.63 Bloque completo para dibujar.

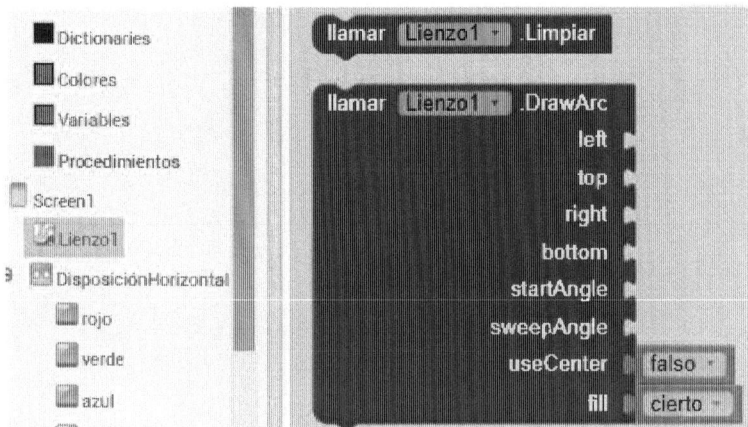

Figura 4.64 Bloque `llamar Lienzo1.Limpiar` del Lienzo1.

Para poder limpiar la pantalla se usa el botón `borrar`. Se selecciona este botón y de los bloques correspondientes se selecciona el bloque `cuando borrar.Clic`. Para la acción que este botón va a realizar, se selecciona el `Lienzo1` y de los bloques que se despliegan en la figura 4.64 se selecciona el bloque `llamar Lienzo1.Limpiar`. Este bloque se coloca dentro del bloque `cuando borrar.Clic` como se muestra en la figura 4.65.

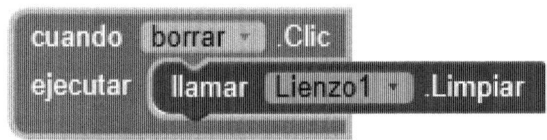

Figura 4.65 Bloque para borrar el dibujo del lienzo.

Ahora solo falta cambiar el color del trazo. Esto se hace para cada botón de color. Se mostrará solamente para el color `rojo` y se deja que el lector repita los pasos para cada color. Para el botón `rojo` se selecciona el bloque `cuando rojo.Clic` mostrado en la figura 4.66.

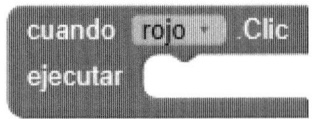

Figura 4.66 Bloque del botón `rojo`.

Ahora se selecciona el Lienzo1 y de los bloques que se despliegan se selecciona el bloque **poner** Lienzo1.ColordePintura como como se ve en la figura 4.67.

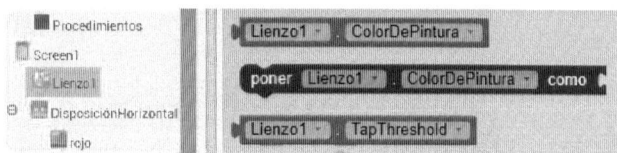

Figura 4.67 Bloque poner Lienzo1.ColordePintura como del Lienzo1.

Este bloque se coloca dentro del bloque seleccionado del botón rojo como se aprecia en la figura 4.68.

Figura 4.68 Bloque poner Lienzo1.ColordePintura como dentro del botón rojo.

Finalmente, en la biblioteca de **Bloques de Colores** se selecciona el color Rojo y se coloca enfrente del bloque **poner** Lienzo1.ColordePintura como. El arreglo final se muestra en la figura 4.69.

Figura 4.69 Bloque poner Lienzo1.ColordePintura como con el color rojo.

Esta acción para asignar el color se repite para los colores restantes y el resultado se muestra en la figura 4.70.

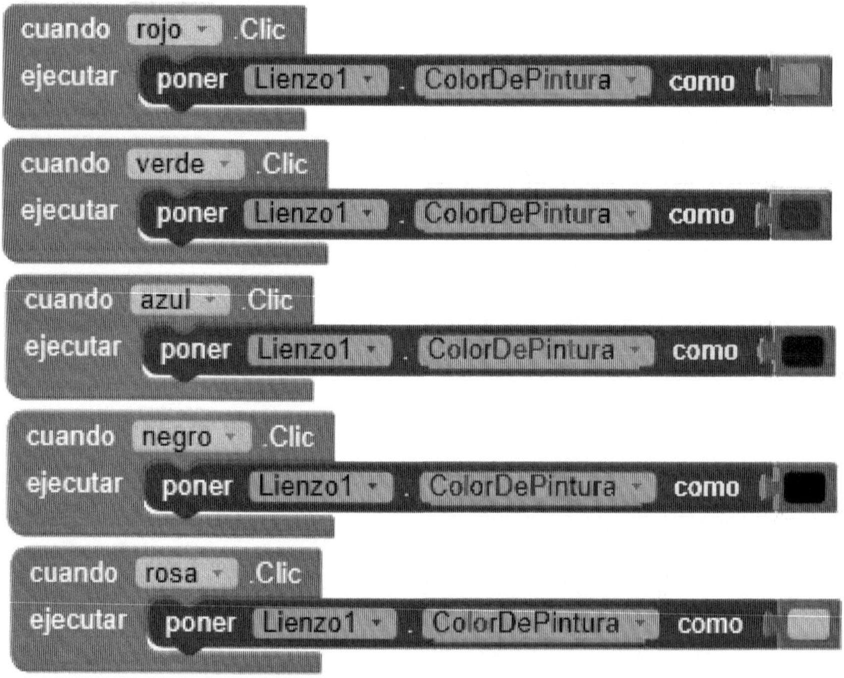

cuando rojo .Clic
ejecutar poner Lienzo1 . ColorDePintura como
cuando verde .Clic
ejecutar poner Lienzo1 . ColorDePintura como
cuando azul .Clic
ejecutar poner Lienzo1 . ColorDePintura como
cuando negro .Clic
ejecutar poner Lienzo1 . ColorDePintura como
cuando rosa .Clic
ejecutar poner Lienzo1 . ColorDePintura como

Figura 4.70 Bloques finales para seleccionar el color del trazo.

Un ejemplo del uso de esta app se muestra en la figura 4.71.

Dibujar
APP INVENTOR
Rojo
Azul
Negro
Borrar

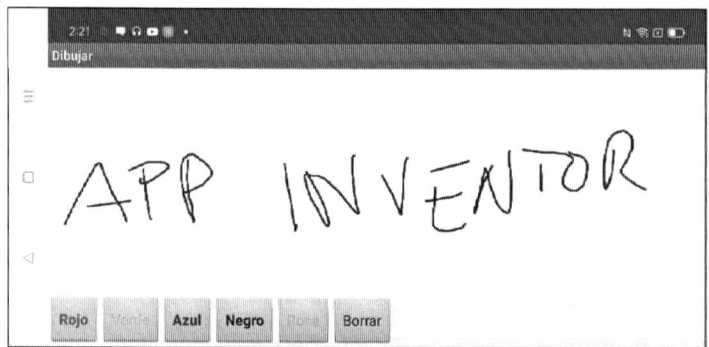

Figura 4.71 Ejemplo de dibujo.

4.6 Conclusiones

La creación de videojuegos ocupa un lugar importante en las tiendas de apps debido a su popularidad en públicos de todas las edades. En este capítulo se han generado cuatro apps que muestran el camino para realizar apps de videojuegos más elaboradas. La primera app es el famoso juego de ping-pong, considerado el primer videojuego electrónico. En esta app se presenta el uso del lienzo o canvas, de la pelota y del sprite, elementos básicos de los videojuegos. La segunda app es el diseño de un nivel de burbuja que involucra el uso del acelerómetro del móvil. El acelerómetro permite conocer la inclinación del móvil y de esta manera diseñar un nivel de burbuja similar al que se usa en la construcción. La tercera app es una brújula y hace uso del sensor de orientación del móvil. La cuarta y última app usa el lienzo para dibujar o escribir sobre la pantalla. Existen muchas más apps que usan los distintos componentes que están incluidos en un móvil, pero estas cuatro apps ilustran el potencial de App Inventor para el diseño de juegos.

Capítulo 5
Apps con dos o más ventanas

5.1 Introducción

5.2 Cálculo del índice de masa corporal

5.3 Diseño de la segunda pantalla

5.4 Paso de varias variables

5.5 Uso de la base de datos `TinyDB`

5.6 Uso de la base de datos `MiniWebDB`

5.7 Conclusiones

Dime y lo olvido, enséñame y lo recuerdo, involúcrame y lo aprendo.

Franklin

Objetivos

Para una app más elaborada se necesita más de una pantalla. En este capítulo se aprenderá cómo realizar una app con varias pantallas. También se aprenderá la manera de realizar el paso de una o más variables entre las diferentes pantallas de la app.

5.1 Introducción

La mayoría de las apps disponibles en las tiendas App Store de Apple y Play Store de Android tienen dos o más ventanas donde además los datos de una ventana puede ser que se usen en otra ventana. Esto hace necesario que se sepa cómo pasar de una ventana a la otra y que se sepa cómo pasar variables de una ventana a la otra ya que las variables definidas en una pantalla solamente están disponibles en dicha pantalla y no se pueden usar en otras pantallas. En este sentido las variables no son globales para toda la app. Las variables definidas como globales solamente son globales para todas las funciones y procedimientos dentro de la pantalla donde son definidas. El objetivo de este capítulo es aprender a diseñar apps que tengan más de una ventana y ver cuatro técnicas para pasar variables entre pantallas. Los bloques para poder ir a otra ventana se encuentran disponibles en la biblioteca de `Control` y se muestran en la figura 5.1.

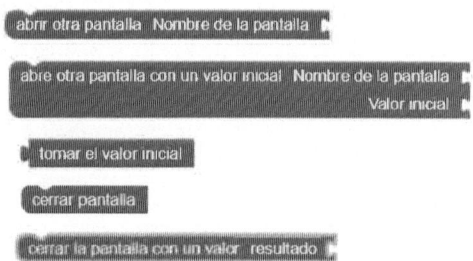

Figura 5.1 Bloques para el cambio de ventana y pasar datos.

Tabla 5.1 Clasificación del IMC

Composición corporal	Índice de masa corporal
Peso inferior al normal	Menos de 18.5
Normal	18.5 - 24.9
Peso superior al normal	25.0 - 29.9
Obesidad	Más de 30.0

Se mostrará con un ejemplo cómo realizar apps con más de una ventana. Este ejemplo muestra el caso de pasar una variable a otra pantalla. El ejemplo se modifica para el caso de pasar más de una variable a la siguiente pantalla. Finalmente, se muestra cómo pasar variables usando la base de datos nativa de App Inventor TinyBD, así como usar la base de datos MiniWebBD.

5.2 Cálculo del índice de masa corporal

El índice de masa corporal (IMC) es una medida de la obesidad de una persona. Se calcula dividiendo el peso en kg entre la altura en metros al cuadrado. Es decir, la fórmula es:

$$IMC = \frac{Masa}{Altura^2} \tag{5.1}$$

Según la Organización Mundial de Salud, se considera que una persona tiene sobrepeso si el IMC es mayor a 25. La tabla 5.1 muestra la clasificación de pesos respecto al valor de IMC.

La app se va a diseñar de tal manera que en la primera pantalla se reciban los datos de entrada, la altura y el peso, mientras que en la segunda pantalla se desplegarán estos datos y el resultado para el IMC.

Para el diseño de la app en la pantalla 1 primero se selecciona Screen1 y se escoge en sus Propiedades para DispHorizontal y DispVertical en Centro, se cambia el Título de Screen1 a Índice de Masa Corporal. A continuación se coloca una etiqueta para el título de la app, una etiqueta para indicar la altura, un campo de texto para introducir el valor de la altura, una etiqueta para indicar el peso y un campo de texto para introducir su valor. Finalmente, un botón para calcular el IMC. Entonces, la distribución inicial de la pantalla se muestra en la figura 5.2a.

Lo siguiente es cambiar los textos a las etiquetas, las pistas de los campos de texto y el texto del botón. Para la primera etiqueta se cambia el Texto a Índice de Masa Corporal con tamaño de letra 20 y en negritas. La segunda etiqueta se cambia a Altura en metros. En el campo de texto que sigue se borra el Texto y en la columna de Componentes se cambia el nombre a altura. En la

tercera etiqueta se cambia el Texto a Peso en Kgs. En el campo de texto que
sigue en Componentes se cambia el nombre a peso. Finalmente, se cambia el
texto del botón a Calcular IMC en negritas y para el botón se selecciona Forma
a redondeado. En Componentes se cambia el nombre a calcular. La forma
final se ve en la figura 5.2b. La columna de Componentes se ve en la figura 5.2c.

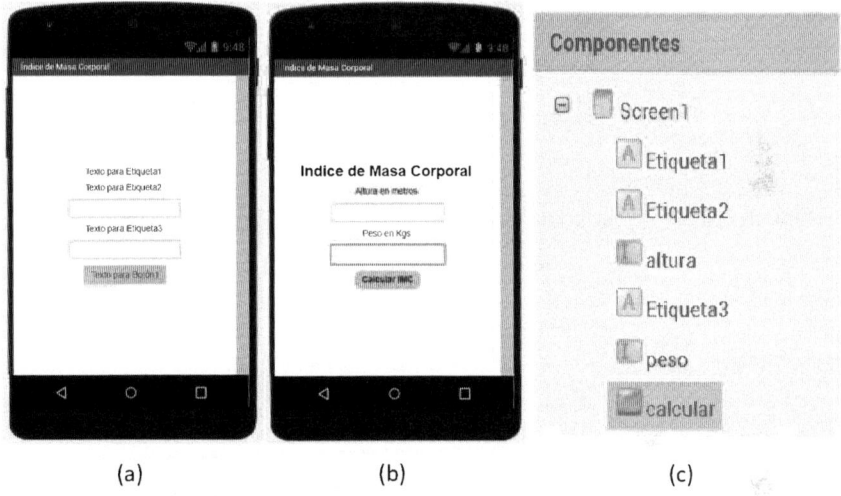

(a)   (b)   (c)

Figura 5.2   Pantalla principal. a) Componentes iniciales, b) Componentes
finales, c) Columna de Componentes.

Para crear una segunda pantalla se presiona el botón Añadir ventana, se le
da el nombre Resultado y se selecciona para DispHorizontal y DispVertical
la opción de Centro. Se añaden dos etiquetas. La etiqueta 1 es para el título
de la ventana y la etiqueta 2 para desplegar el resultado, así como un botón
para devolver a la primera ventana como se muestra en la gura 5.3a. A la
primera etiqueta se le cambia Texto a Índice de masa corporal con
tamaño de letra 20 y se marca para negritas. Para la segunda etiqueta se
borra el Texto y se selecciona el tamaño de letra 18 con negritas. Para el
botón se cambia el texto a Regresar con negritas (ver figura 5.3b). En la
ventana de Componentes se cambia el nombre de la etiqueta para desplegar
el resultado a resultado y también se cambia el nombre del botón a
regresar.

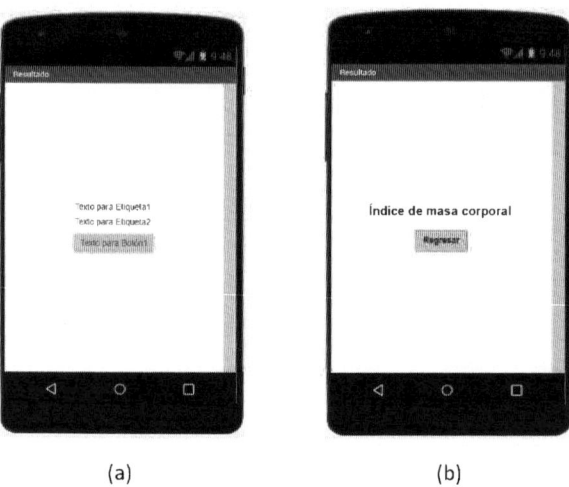

(a)   (b)

Figura 5.3 Segunda pantalla. a) Componentes iniciales, b) Componentes finales.

Se presiona el botón de Bloques para pasar a la etapa del diseño del algoritmo. En la pantalla 1 se van a recibir los valores de altura y peso. Se calcula el IMC usando la ecuación 1. El resultado se va a guardar en una variable IMC que se inicializa primero a 0. Para hacer esto en la biblioteca de Variables se selecciona inicializar global nombre como, se cambia nombre a IMC y de la biblioteca de Matemáticas se selecciona el valor 0 y se unen como se muestra en la figura 5.4.

Figura 5.4   Inicialización de la variable IMC.

Para calcular el IMC se selecciona en la biblioteca de Variables el bloque poner a y se pone el nombre de la variable IMC como se ve en la figura 5.5.

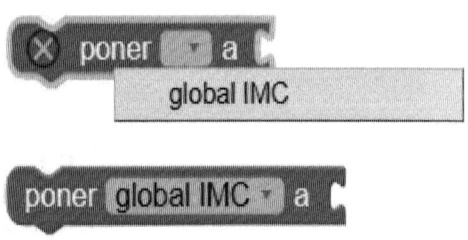

Figura 5.5 Primer paso del cálculo del IMC.

El cálculo del IMC requiere una división y elevar al cuadrado la altura. De la biblioteca de Matemáticas se seleccionan el bloque de división y el bloque de potencia, ambos mostrados en la figura 5.6. El numerador de la división es el peso. Para colocarlo en el numerador se selecciona el campo de texto de peso y de los bloques desplegados se escoge el bloque peso.Texto, que se coloca en el numerador de la división como se aprecia en la figura 5.7a. Se presiona el campo de texto de la altura y se selecciona el bloque altura.Texto, que se coloca en la parte izquierda del bloque de potencia como se ve en la figura 5.7b. De la biblioteca de Matemáticas se selecciona el bloque de 0 y se cambia el valor a 2, que se posiciona en la potencia como se ve en la figura 5.7c. Este bloque se coloca en el denominador del bloque de división como se muestra en la figura 5.7d.

Finalmente, este bloque se coloca en el bloque poner global IMC a, que a su vez se coloca en el bloque del botón calcular como se muestra en la figura 5.8.

Ahora se selecciona el botón calcular y de los bloques que se despliegan se escoge el bloque cuando calcular.Clic, dentro del cual se coloca el bloque de la figura 5.8 como se puede ver en la figura 5.9.

Figura 5.6 Bloques de división y potencia.

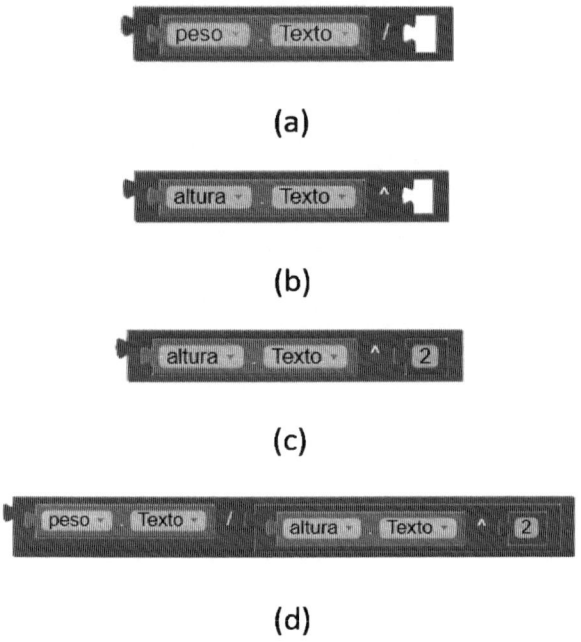

(a)

(b)

(c)

(d)

Figura 5.7 Bloques para calcular el IMC.

Figura 5.8 Cálculo del IMC completo.

Figura 5.9 Botón para calcular el IMC completo.

Este valor del IMC se va a enviar a la segunda pantalla para desplegarlo. Esto se hace con el primer bloque de la figura 5.10 que abre otra pantalla con un valor inicial y que se obtiene de la biblioteca de Control y sirve para abrir otra pantalla y pasar el valor de una variable. En este caso la pantalla es Resultado que se obtiene arrastrando de la biblioteca Texto un bloque vacío. La variable a pasar es global IMC y se selecciona un bloque Tomar de la biblioteca Variables. Esto se muestra en la figura 5.10. En el bloque vacío de texto se escribe el nombre de la pantalla que en este caso es Resultado. En el bloque Tomar se selecciona la variable global IMC como se ve en la figura 5.10. El bloque obtenido se inserta en el bloque del botón calcular de la figura 5.9 como se muestra en la figura 5.11. Esto termina la primera pantalla. En la segunda pantalla se va a desplegar el valor de IMC que se va a enviar de la primera pantalla o vista.

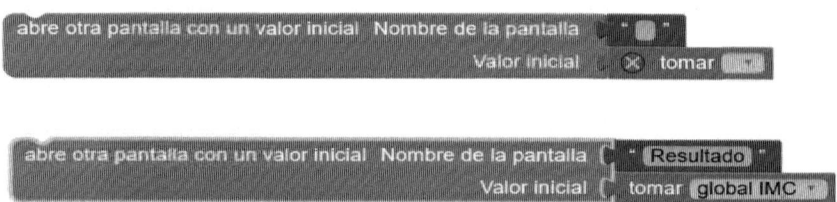

Figura 5.10 Bloques para abrir la segunda pantalla.

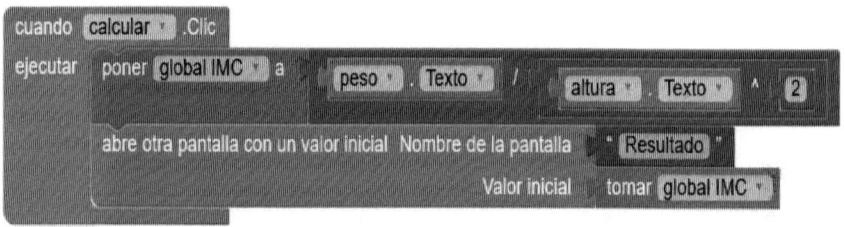

Figura 5.11 Bloques finales de la primera pantalla.

5.3 Diseño de la segunda pantalla

La segunda pantalla ya está diseñada y solamente falta el diseño del algoritmo en la sección de Bloques. Presionando el nombre de la pantalla Resultado en la columna de Bloques a la izquierda se despliegan los bloques asocia-dos a la pantalla Resultados, de los cuales se selecciona el bloque cuando Resultado.Inicializar mostrado en la figura 5.12. Cuando se abre la segunda pantalla se dice que se inicializa, entonces, se debe ejecutar al inicializar el bloque cuando Resultado.Inicializar. En la sección 5.2, a la etiqueta 2 y al botón se les cambió en la columna de Componentes a resultado y regresar, respectivamente.

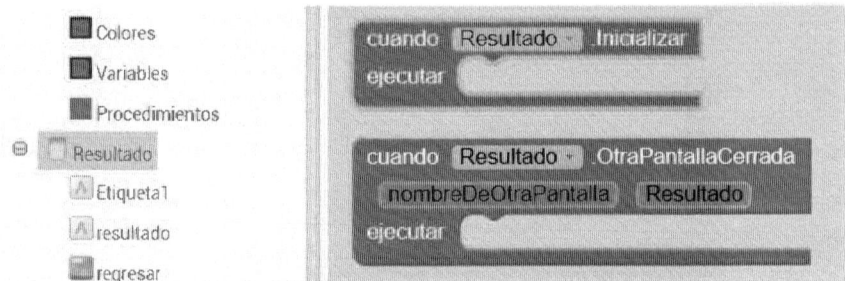

Figura 5.12 Bloque que se activa cuando se inicializa la pantalla `Resultado`.

Como ya se recibe el valor del IMC lo único que se hace es desplegarlo. Para hacer esto, en la columna de `Bloques` se selecciona el nombre de la segunda pantalla `Resultado` y el bloque que interesa es `poner resultado.Texto` como, al que se le añade el bloque `tomar el valor inicial` de la biblioteca de `Control` (tercer bloque de la figura 5.1). El bloque final se muestra en la figura 5.13. El valor inicial corresponde al valor de IMC calculado en la primera pantalla.

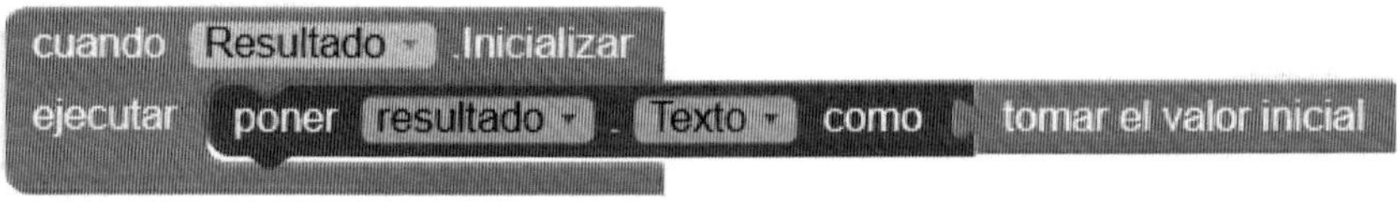

```
cuando  Resultado   .Inicializar
ejecutar    poner  resultado  . Texto  como   tomar el valor inicial
```

Figura 5.13 Bloque para inicializar la pantalla `Resultado` y desplegar el IMC.

Para regresar a la pantalla inicial se selecciona el botón `regresar` y se selecciona el bloque `Cuando regresar.Clic`, al que se le agrega el texto del nombre de la pantalla inicial `Screen1` y se integran como se muestra en la figura 5.14.

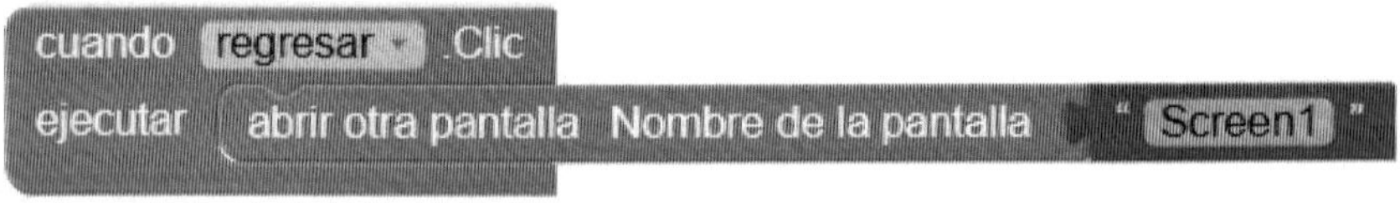

```
cuando  regresar   .Clic
ejecutar    abrir otra pantalla  Nombre de la pantalla   "  Screen1  "
```

Figura 5.14 Bloque del botón para regresar a la primera pantalla.

Los bloques finales de la segunda pantalla se muestran en la figura 5.15.

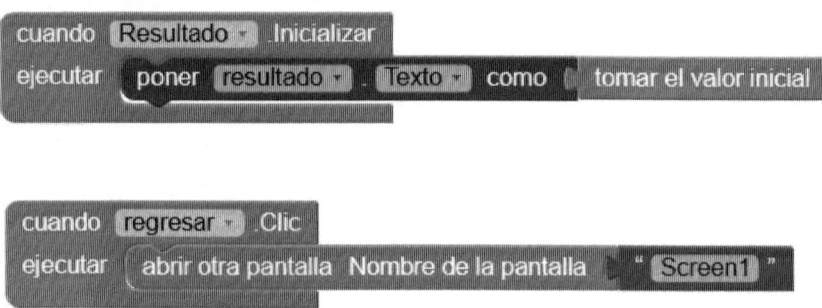

Figura 5.15 Bloques de la pantalla 2.

La figura 5.16 muestra un ejemplo del uso de la app para calcular el índice de masa corporal.

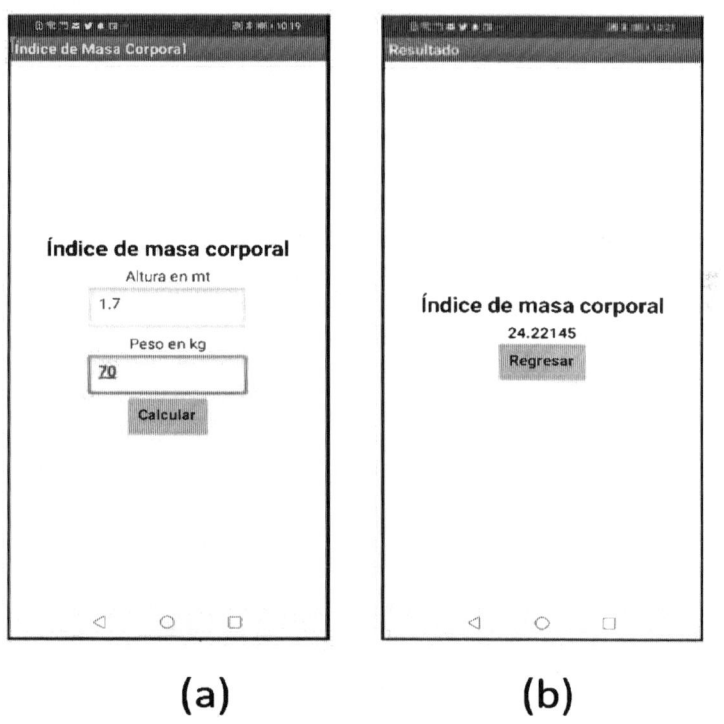

(a)   **(b)**

Figura 5.16 Ejemplo del uso de la app para obtener el IMC.

5.4 Paso de varias variables

En la sección anterior se realizó una app con dos pantallas y el valor del resultado se pasó a la segunda pantalla. En ese ejemplo se pasó el valor de UNA variable. En esta sección se presenta la manera de pasar varias variables a la segunda pantalla. Para este fin se emplean listas, las cuales se presentan a continuación.

5.4.1 Listas

Las listas son arreglos de datos que pueden ser cadenas alfanuméricas, o cantidades númericas de enteros o reales. Ejemplos de listas son:

[1, 2, 5, -10] , ["PERROS", "EL GATO7", "2025", "oso8"] , [4.3, 3.14, -27.1, 9]

La primera lista es una lista de números enteros, la segunda es una lista de cadenas alfanuméricas que aparecen entre comillas, la tercera es una lista de números con punto decimal llamados números reales. Aunque en la segunda lista existe el elemento 2025, al estar entre comillas se convierte en un elemento alfanumérico que corresponde a una cadena. **App Inventor** maneja las listas para su creación y su uso. Al estar en la sección de bibliotecas o bloques se selecciona **Listas** y se despliegan los bloques que usan o realizan funciones con listas. Estas se pueden ver en la figura 5.17.

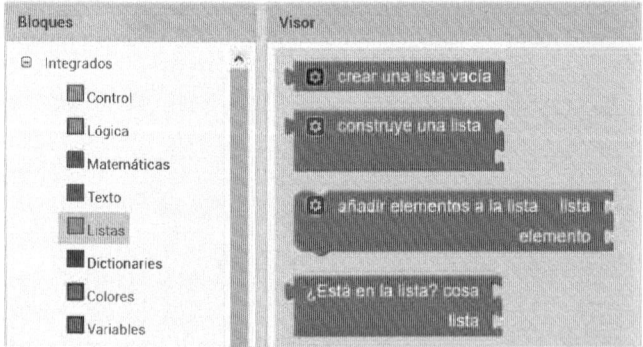

Figura 5.17 Algunos de los bloques usados para las listas.

5.4.2 Paso de varias variables a una segunda pantalla

En el ejemplo del cálculo del índice de masa corporal de la sección anterior se realizó el cálculo del IMC en la primera pantalla y el resultado se pasó a la segunda pantalla para desplegarla. La app se va a modificar para pasar a la segunda pantalla el peso, la masa y el IMC. El diseño de la primera pantalla es el mismo de antes y los cambios se hacen en la sección de Bloques. Para la segunda pantalla se va a desplegar el peso, la altura y el IMC y se van a modificar para que se desplieguen estos datos. El diseño de la segunda pantalla requiere agregar cuatro etiquetas, dos etiquetas para desplegar la altura y dos etiquetas para desplegar el peso, como se ve en la figura 5.18a. Para la etiqueta 2 se cambia el texto a Altura y en negritas, el texto de la etiqueta 3 se borra, para la etiqueta 4 se cambia el texto a Peso en negritas y para la etiqueta 5 se borra el texto. La pantalla queda como se ve en la figura 5.18b.

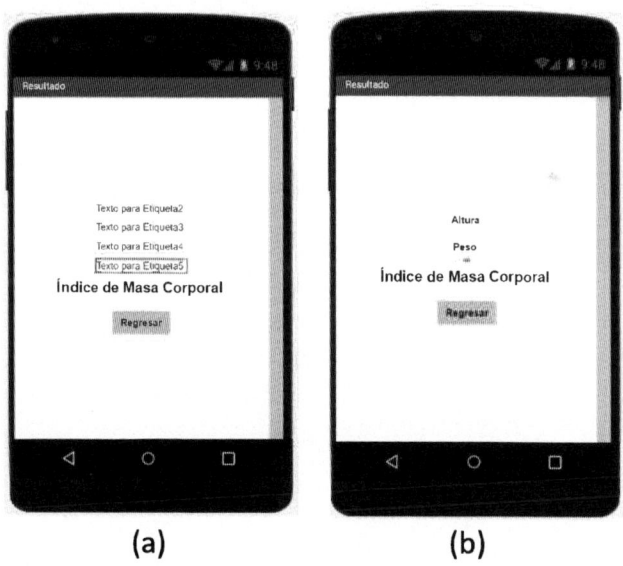

(a) **(b)**

Figura 5.18 Diseño de la segunda pantalla.

Antes de pasar al diseño de los bloques, en la columna de Componentes se cambia el nombre de la etiqueta 3 a peso y el de la etiqueta 5 a altura. Ahora ya se puede pasar a la sección de Bloques.

5.4.3 Sección de bloques para pasar varias variables

Se empieza con la primera pantalla. Se crea e inicializa una variable llamada datos como una lista vacía. Del bloque de Variables se selecciona inicializar global como y de la biblioteca de Listas se selecciona el bloque crear una lista vacía y se conectan como se ve en la figura 5.19.

Figura 5.19 Inicialización de la variable datos como una lista vacía.

Figura 5.20 Elemento para añadir elementos a una lista.

Ahora de la biblioteca de Listas se selecciona el bloque añadir elementos a la lista mostrado en la figura 5.20 y se le agrega otro elemento usando el engranaje (ver figura 5.21).

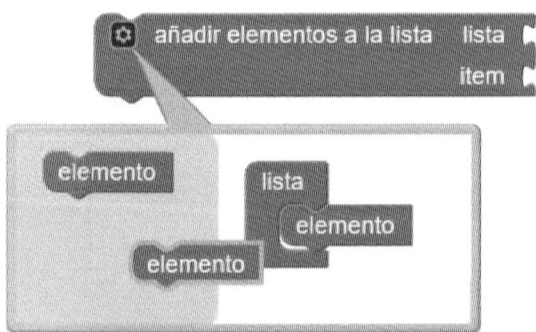

Figura 5.21 Manera de agregar más elementos a una lista.

Para el nombre de la lista se pone datos y los elementos que se agregan son altura.Texto y peso.Texto, como se puede ver en la figura 5.22.

Figura 5.22 Nombre y elementos de la lista.

Finalmente, para pasar la lista a la segunda pantalla que tiene el nombre Resultados el bloque que se usa se muestra en la figura 5.23 y se obtiene de los bloques de la biblioteca de Control. Se le da el nombre de la pantalla siguiente, que es la segunda pantalla, y se le ha dado el nombre Resultados y la variable que se pasa como Valor inicial es datos.

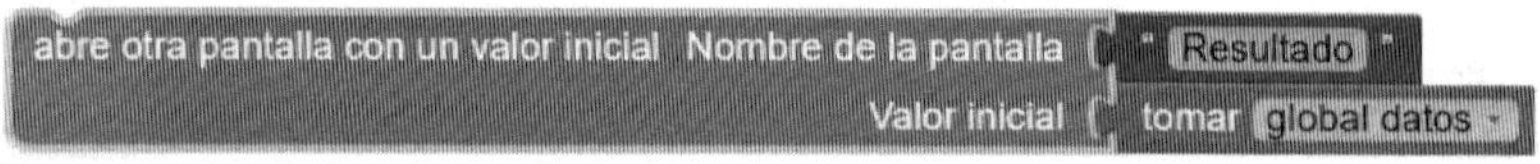

Figura 5.23 Bloque para pasar la variable datos a la siguiente pantalla llamada Resultados.

Los bloques de la primera pantalla se muestran en la figura 5.24.

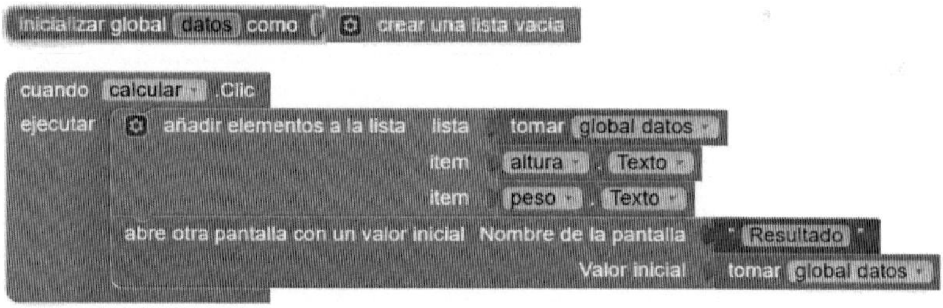

Figura 5.24 Bloques completos de la primera pantalla.

5.4.4 Sección de bloques de la segunda ventana

Para recibir la lista que se ha generado en la primera pantalla se crea e inicializa la variable datos. Esta variable es una variable independiente de la variable datos de la primera pantalla y no interfiere con la otra variable. También deben crearse e inicializarse las variables peso y altura, como se muestra en la figura 5.25.

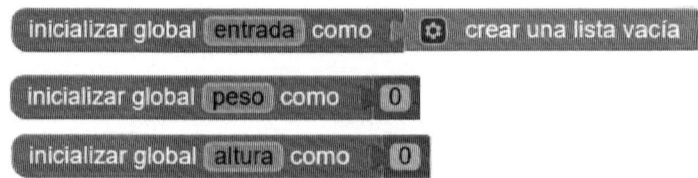

Figura 5.25 Creación e inicialización de las variables de la segunda pantalla.

Se presiona la pantalla Resultado y se selecciona el bloque para inicializar la pantalla como se muestra en la figura 5.26. En la biblioteca de Variables se selecciona el bloque poner a y se selecciona la variable global entrada como se ve en la figura 5.27. En la misma figura, de los bloques de control se selecciona el bloque tomar el valor inicial y se conecta con el bloque poner global entrada a. Esto asigna la lista de variables de la primera pantalla a la variable global entrada.

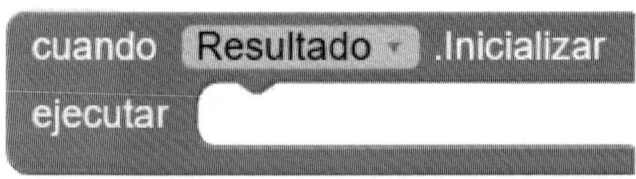

Figura 5.26 Botón para inicializar la segunda pantalla.

Figura 5.27 Variable global entrada con valor inicial.

Las variables peso y altura se encuentran como el primero y segundo elementos de la lista entrada que se recuperan como se muestra en la figura 5.28, donde se seleccionan como el elemento 1 para la altura y el elemento 2 para el peso.

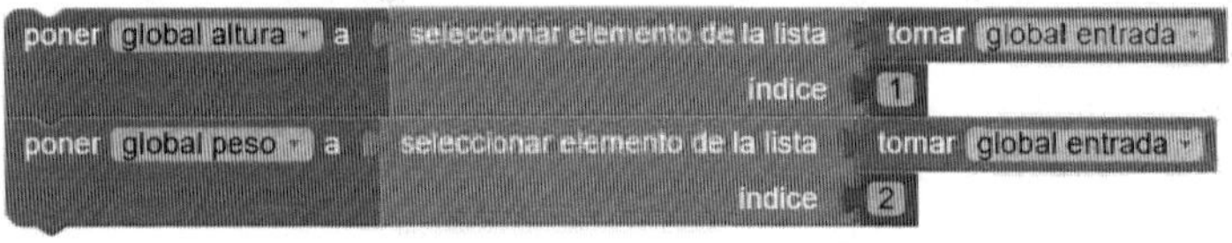

Figura 5.28 Elementos 1 y 2 de la lista `entrada`.

En la columna de Bloques se selecciona el botón `resultado` y de los bloques que se despliegan se selecciona `poner resultado.Text como` y se forma la ecuación para el IMC, usando las etiquetas correspondientes los valores de `altura` y `peso` como se ve en la figura 5.29.

Figura 5.29 Cálculo del IMC.

El bloque `cuando Resultado.Inicializar` completo se muestra en la figura 5.30.

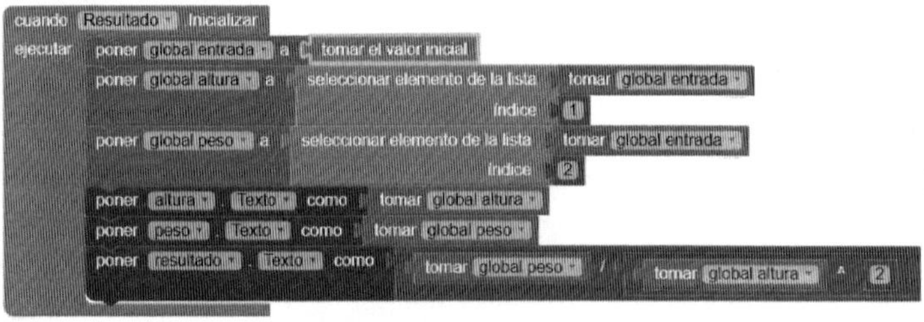

Figura 5.30 Bloque completo para la inicialización de la pantalla 2.

Finalmente, el botón `regresar` regresa la app a la pantalla 1 como se muestra en la figura 5.31. El bloque `abrir otra pantalla Nombre de la pantalla` se encuentra en la biblioteca de `Control`.

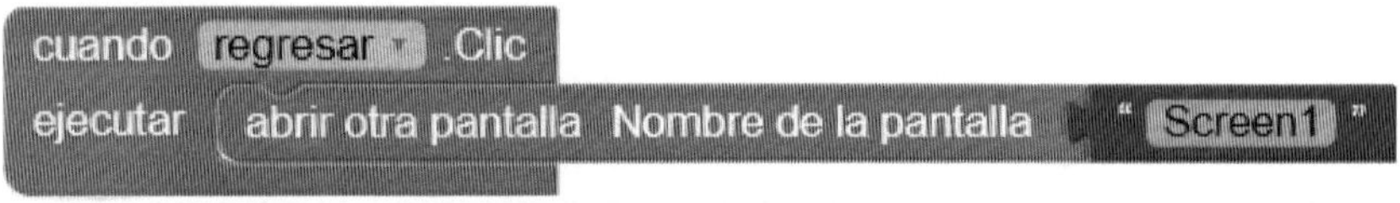

Figura 5.31 Botón para regresar a la primera pantalla.

Cuando se ejecuta la app se obtiene la pantalla de la figura 5.32, donde se muestra la segunda pantalla con los valores de `altura` y `peso` desplegados junto con el `IMC` calculados.

Figura 5.32 Ejemplo del cálculo del IMC.

5.5 Uso de la base de datos TinyDB

Una manera alterna de pasar datos entre pantallas es usar una base de datos. App Inventor incluye una base de datos interna que se almacena dentro del dispositivo móvil y se llama `TinyBD`. Se va a usar el mismo diseño que se usó en la app anterior. La base de datos `TinyBD` se encuentra en la biblioteca de `Almacenamiento` como se observa en la figura 5.33.

Figura 5.33 Biblioteca de bloques de `Almacenamiento`.

Los bloques que se van a utilizar se abren seleccionando `TinyBD` y son los que aparecen en la figura 5.34.

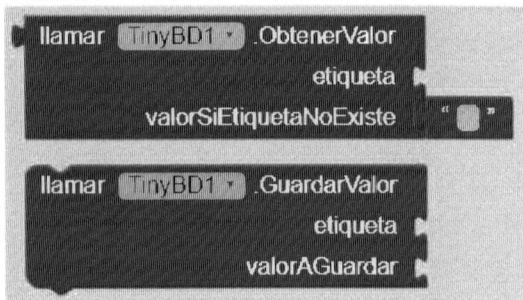

Figura 5.34 Bloques de `TinyBD`.

Para incorporar `TinyBD` en la app, en la pantalla de `Resultados` se arrastra el bloque `TinyBD` a la app. El bloque `TinyBD` es **no visible** y se despliega abajo de la pantalla como se muestra en la figura 5.35.

Figura 5.35 Base de datos `TinyBD` en la app es no visible.

En los bloques de la pantalla 1 `Screen1` se hace el cambio mostrado en la figura 5.36. El lector debe comparar con la figura 5.24. Debe observarse que se genera la lista con las dos variables de interés que son la altura y el peso y que están dentro de la lista `datos`. Después el bloque `llamar TinyBD1.GuardarValor` tiene una etiqueta con la que se van a identificar los datos en la siguiente pantalla. También se incluye la variable que tiene los datos que en este ejemplo es `datos`. Finalmente, como en la app anterior, se abre la pantalla `Resultado`.

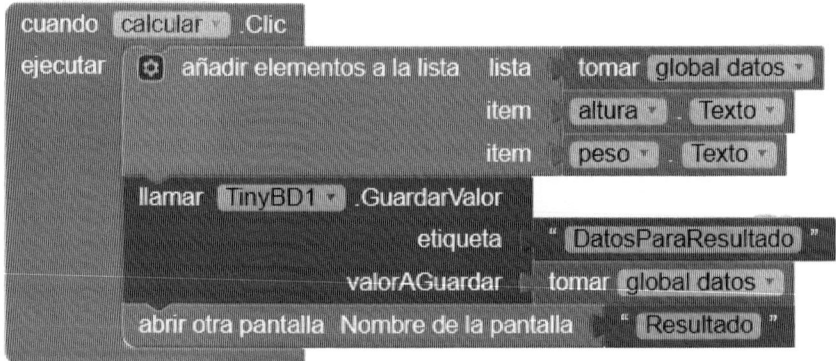

Figura 5.36 Instrucciones dentro del botón `calcular`.

En la sección de `Bloques` de la pantalla `Resultados` se hacen los cambios para almacenar en la variable **entrada** los datos que se obtienen de la base de datos con el bloque `llamar TinyBD.ObtenerValor` con la etiqueta `DatosParaResultado` y en caso de que no se use una etiqueta válida NO se dé ningún valor. El resto de los bloques es el mismo y los resultados son los mismos de la app anterior. Estos bloques se ven en la figura 5.37.

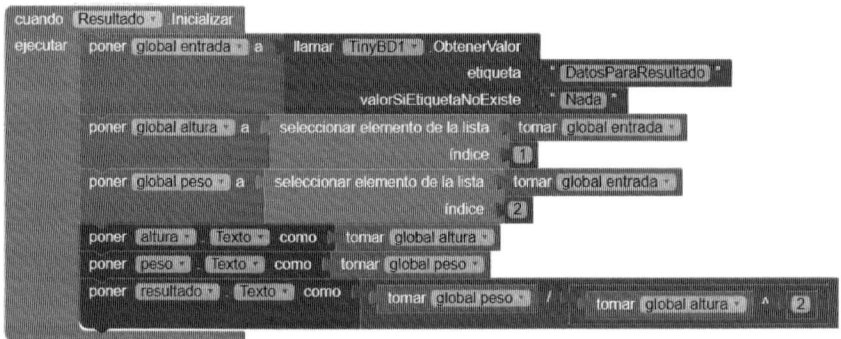

Figura 5.37 Bloques de la pantalla 2 `Resultados` mostrando el uso de la base de datos `TinyBD`.

En resumen, en la pantalla 1 `Screen1`, la lista generada con los datos de la altura y el peso se ha guardado en una base de datos `TinyBD` que es interna del dispositivo. En la pantalla 2, llamada `Resultados`, se recupera de la base de datos la lista con los datos y se usan para el cálculo del IMC.

5.6 Uso de la base de datos MiniWebDB

Existe otra base de datos incorporada dentro de App Inventor. Esta base de datos es MiniWebDB y se encuentra disponible en la biblioteca de Almacenamiento. Anteriormente, esta base de datos se conocía como TinyWebDB. Cuando se usa esta base de datos la información se almacena en la página seleccionada por el usuario. La página http://tinywebdb.appinventor.mit.edu la proporciona App Inventor para almacenar los datos de la app.

Para mostrar el uso de MiniWebDB se usará el ejemplo del IMC. En la pantalla 1 Screen1 se arrastra MiniWebDB de la biblioteca de Almacenamiento. Este elemento es no visible y se muestra en la parte inferior de la pantalla. Seleccionando en la columna de Componentes MiniWebDB podemos observar en la columna de Propiedades que hay un URL asociado a la base de datos en la dirección http://tinywebdb.appinventor.mit.edu. Este URL es proporcionado por App Inventor, pero también se puede usar un URL propio del usuario.

Pasando a la sección de Bloques se selecciona el MiniWebDB y de los bloques que se despliegan se escoge el bloque llamar MiniWebDB1.GuardarValor que requiere una etiqueta (tag) que indica bajo qué nombre se guardan los datos en la base de datos así como que datos se van a guardar. Se va a pasar la lista con los datos deseados. El nombre de la lista es datos. La figura 5.38 muestra los bloques. La etiqueta para la base de datos se nombra DatosAPasar.

Figura 5.38 Bloques para guardar datos en MiniWebBD.

Estos bloques se insertan dentro del bloque del botón y reemplazan al bloque de TinyBD. El bloque del botón calcular se muestra en la figura 5.39.

Cuando se pasa a la pantalla de Resultados, en la columna de Bloques se selecciona Resultado y el bloque cuando Resultado.Inicializar se selecciona (ver figura 5.40). Ahora se selecciona la base de datos MiniWebDB y de los bloques que se despliegan se usa el bloque llamar MiniWebDB1. ObtenerValor, al que se le añade el texto con el nombre de la etiqueta DatosAPasar, y se insertan en el botón de inicializar como se muestra en la figura 5.41.

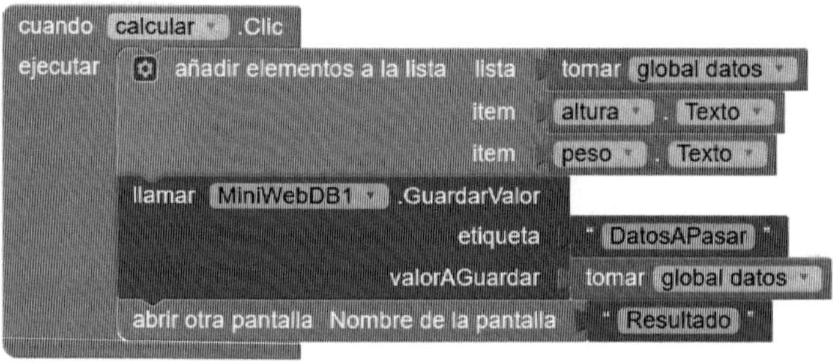

Figura 5.39   Bloque completo del botón `calcular`.

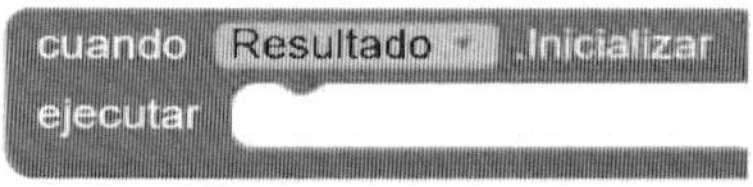

Figura 5.40   Bloque para inicializar el `Resultado`.

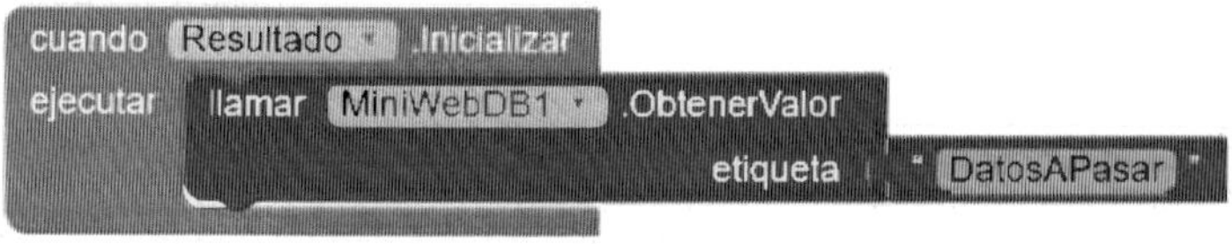

Figura 5.41   Bloque para acceder a la base de datos.

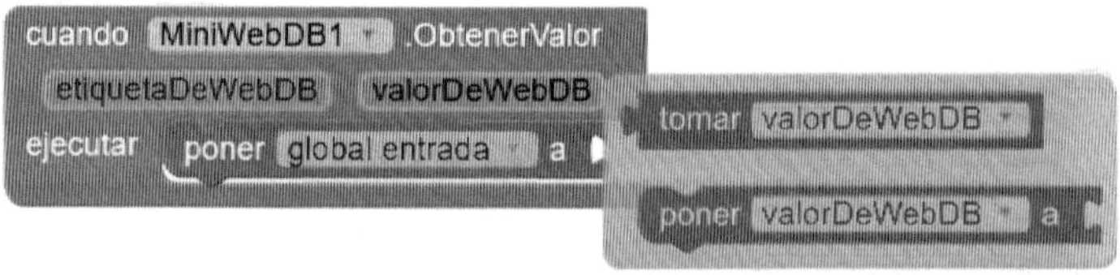

Figura 5.42   Bloque `MiniWebDB.ObtenerValor` con bloque `poner global entrada` y etiquetas.

En este punto se ha accedido a la base de datos. Para descargar los datos se selecciona la base y de los bloques que se despliegan se escoge el bloque cuando `MiniWebDB1.ObtenerValor`. De la biblioteca de `Variables` se selecciona un **bloque poner** a con la variable **global entrada** y se coloca dentro del bloque cuando MiniWebDB. ObtenerValor, que tiene dos etiquetas, de las cuales se selecciona valorDeWebDB como se ve en la figura 5.42. La figura 5.43 muestra el resultado de esta acción.

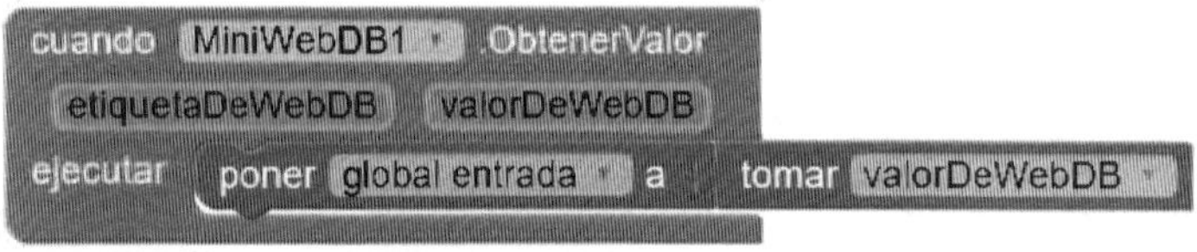

Figura 5.43 Bloque MiniWebDB.ObtenerValor con bloque de la entrada.

Se agregan los bloques correspondientes a la lista leída y al cálculo del IMC como se hizo en el caso anterior. El bloque resultante se muestra en la figura 5.44. Al ejecutar la app se obtiene el mismo resultado de la figura 5.32.

Figura 5.44 Bloque final MiniWebDB.ObtenerValor.

5.7 Conclusiones

En este capítulo se ha visto cómo pasar variables de una pantalla a otra usando instrucciones para pasar a otra pantalla y pasar variables de una a otra pantalla. En el primer ejemplo se pasa una variable a la segunda pantalla para simplemente desplegarla. En el segundo ejemplo se pasan variables que se recuperan en la segunda pantalla y se usan para calcular y desplegar el IMC. En el tercer ejemplo en la pantalla 1 los datos se almacenan en la base de datos TinyDB y en la pantalla 2 se recupera la lista de la base de datos TinyBD y se calcula el IMC y se despliegan la altura, el peso y el IMC. Finalmente, en el cuarto ejemplo se hizo uso de la base de datos MiniWebBD para realizar el paso de variables de una a otra pantalla. Estas técnicas no están limitadas a dos pantallas y se pueden emplear en apps con varias pantallas.

Capítulo 6
Autenticación y base de datos Firebase

6.1 Introducción

6.2 Autenticación con Firebase

6.3 Diseño en App Inventor

6.4 Acceso para usuarios inscritos

6.5 Configuración de la app para Firebase

6.6 Base de datos de Firebase

6.7 Realtime Database en App Inventor

6.8 Aviso de cambio en la base de datos

6.9 Recuperar datos de una base de datos

6.10 Conclusiones

Si he visto aún más lejos, es porque estoy parado en los hombros de gigantes.

Isaac Newton

Objetivos

Firebase es una base de datos que permite realizar la autenticación de usuarios y almacenar información de los usuarios. En este capítulo se realizan estas dos acciones para incluirlas en una app.

6.1 Introducción

La autenticación de usuarios se requiere para acceder a aplicaciones o páginas web. Algunos ejemplos de autenticación lo constituyen las aplicaciones de los bancos, de juegos en línea, las cuentas de correo electrónico, las redes sociales como Facebook y Twitter, entre muchos otros ejemplos.

Las maneras de autenticar más comunes son mediante el correo electrónico, cuentas de Facebook o Twitter entre muchas otras. En este capítulo se presenta la autenticación usando el correo electrónico.

Para realizar la autenticación se usa Firebase de Google, que también se usa para almacenar otra información como archivos de datos. Firebase es una plataforma para usarse con aplicaciones móviles y aplicaciones web. Fue desarrollada en 2011 y pasó a ser parte de Google en 2014 y ofrece un conjunto de herramientas que facilitan el desarrollo de las aplicaciones. Se puede usar para aplicaciones en iOS, Android, C++, Unity y aplicaciones web. Por otro lado, Firebase también se puede usar como base de datos para almacenar información. En este capítulo se presenta la manera de realizar la autenticación y el almacenamiento de datos en Firebase.

6.2 Autenticación con Firebase

La autenticación se requiere para permitir que los usuarios autorizados puedan, por ejemplo, usar una aplicación o una base de datos. Para realizar la autenticación con Firebase se requiere ir al sitio `https://firebase.google.com` y seleccionar el idioma preferido. Para este libro se usa el idioma español. En la página de bienvenida, mostrada en la figura 6.1, se presiona el botón de Comenzar.

Esto abre la ventana mostrada en la figura 6.2[1].

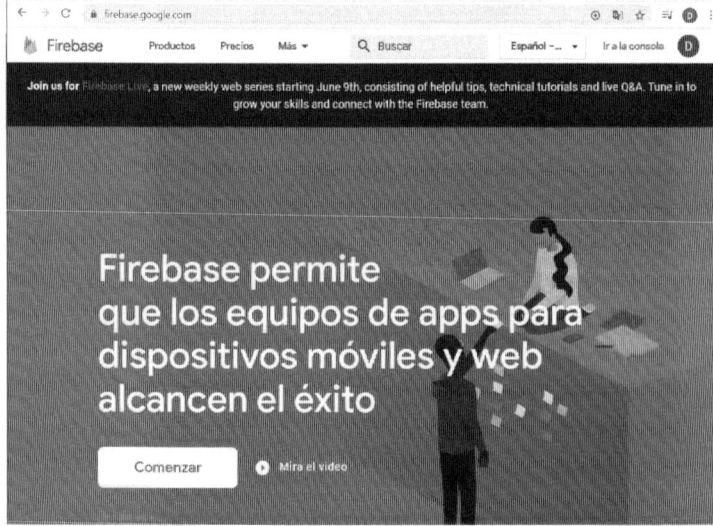

Figura 6.1   Página de bienvenida de Firebase.

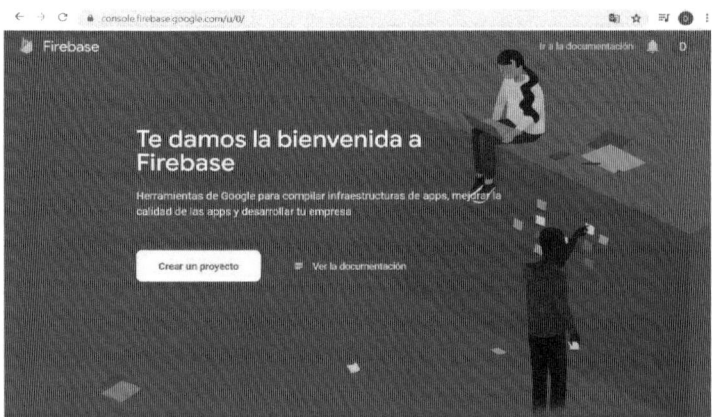

Figura 6.2   Para crear un proyecto se presiona Crear un proyecto.

---

[1]Las imágenes mostradas pueden cambiar de las mostradas aquí. Esto depende de Firebase, que las cambia periódicamente.

Se selecciona `Crear un proyecto`. Se abre la ventana de la figura 6.3, donde se da el nombre de la app a crear, que es `MiPrimeraBaseDeDatos`.

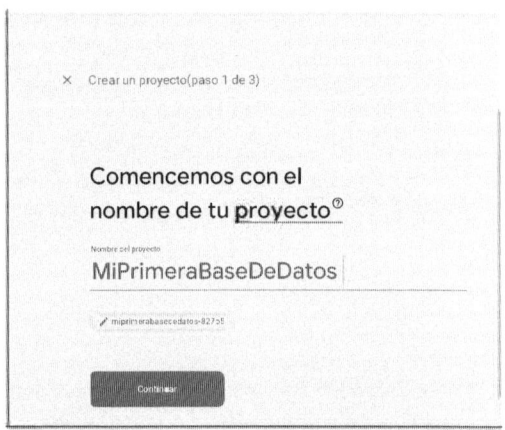

Figura 6.3 Se asigna el nombre a la app.

Se presiona el botón de `Continuar` y por el momento no se autoriza el uso de Google Analytics. Se selecciona otra vez `Continuar` y se crea el proyecto. Una vez creado el proyecto se abre la ventana mostrada en la figura 6.4. Ahí en el menú de la izquierda se selecciona `Authentication`. Esto abre la ventana de la figura 6. 5, donde se selecciona la pestaña de `Sign-in method`. En esta ventana se muestran las diferentes opciones de autenticación. Se usará solamente la opción de correo electrónico. Las otras opciones de autenticación son similares pero requieren pasos adicionales.

Figura 6.4 Proyecto creado con el nombre de `MiPrimeraBaseDeDatos`.

Figura 6.5 Opciones de autenticación.

Para, seleccionar la autenticación por medio del correo electrónico, se selecciona el renglón de `Correo electrónico`, lo que hace aparecer un lápiz, se selecciona el renglón y en la ventana emergente mostrada en la figura 6.6 se habilita la opción de `Correo electrónico/contraseña` y no se habilita la opción de `Correo electrónico (acceso sin contraseña)` como se muestra en la figura 6.6. En la lista de opciones de autenticación ya aparecerá el uso del correo electrónico como habilitado.

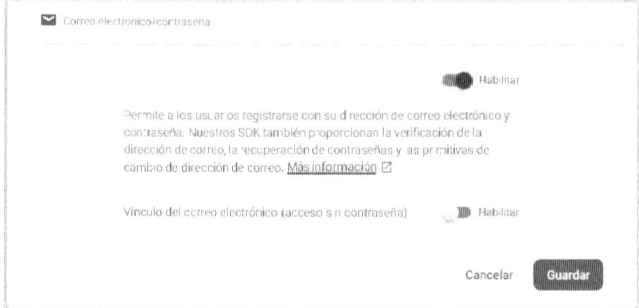

Figura 6.6 Habilitación del uso del correo electrónico para autenticación.

El siguiente paso ilustra los datos necesarios en la aplicación. Estos datos aparecen seleccionando en la descripción general del proyecto la opción `Configuración del proyecto` (Ver figura 6.7).

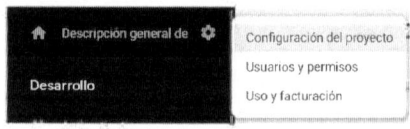

Figura 6.7 Selección de `Configuración del proyecto`.

Esto abre la ventana de la figura 6.8, donde se muestra la API del proyecto. Esta API se usa en el desarrollo del proyecto y es lo que necesita `App Inventor` para tener acceso a `Firebase`.

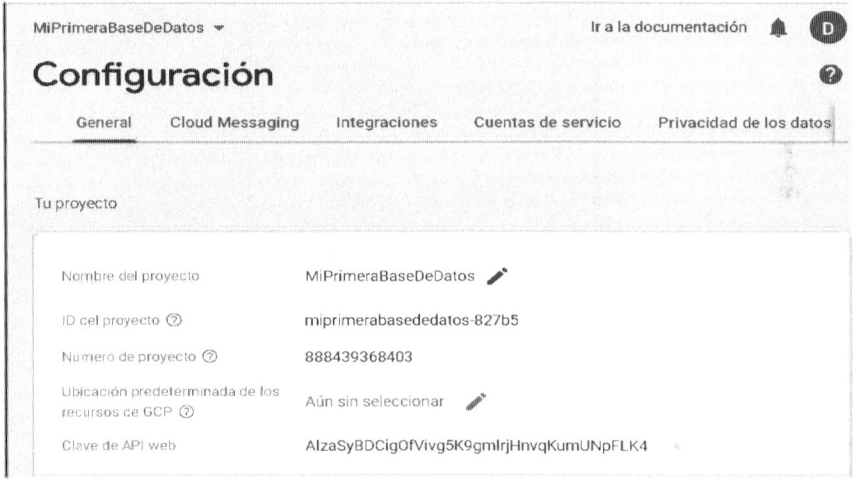

Figura 6.8 API del proyecto.

6.3 Diseño en App Inventor

Se crea una nueva app en `App Inventor` con el nombre `AppFirebase`. La app va a tener una pantalla de bienvenida que despliega el logo de EDUPROTEC A.C. durante cuatro segundos. Después de este tiempo se procede a ir a una segunda pantalla donde se realiza la autenticación. Esta primera pantalla se muestra en la figura 6.9.

Figura 6.9 Ventana de inicio.

Para realizar la primera pantalla, de la biblioteca Interfaz de usuario se agrega una Imagen y de la biblioteca de Sensores se agrega un Reloj, que es un componente No visible. En la columna de Componentes se selecciona Screen1 y en la columna de Propiedades se selecciona que el nombre sea no visible. Se añade en la imagen el logo de la EDUPROTEC A.C., que se encuentra en una imagen que se debe subir a la app desde el ordenador, en la parte inferior de la tercera columna de Componentes en la sección de Medios. Para poner el logo de EDUPROTEC en la Imagen1, se selecciona la Imagen1 y en la cuarta columna de Propiedades en Foto se selecciona la imagen EDUPROTEC.jpeg. Esto hace que la imagen aparezca en el visor.

Para el reloj el tiempo se da en milisegundos, por lo que se requiere ponerlo en 4000 ms, que es equivalente a 4 segundos. Antes de pasar a la sección de bloques se agrega una segunda ventana o pantalla. En la barra verde de la ventana de App Inventor se presiona el botón de Añadir ventana con lo que aparece la ventana de diálogo preguntando el nombre de la nueva pantalla. Se borra el nombre Screen2 y se da el nombre nuevo de Autenticacion. En el nombre de las pantallas no se admiten acentos. Se presiona Aceptar y se crea la nueva ventana que corresponde a la segunda pantalla.

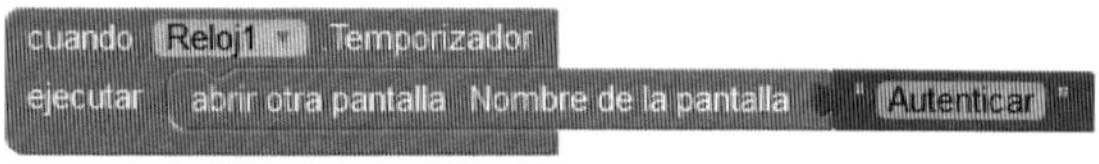

Figura 6.10 Bloques para el reloj.

Se pasa a la ventana de Bloques. Se selecciona el Reloj1 y de los bloques disponibles se selecciona el bloque cuando Reloj1.Temporizador. De la biblioteca de Control se selecciona el bloque abrir otra pantalla Nombre de la pantalla que viene con un bloque de texto para dar el nombre de la siguiente pantalla. En dicho bloque se presiona el pequeño triángulo a la derecha y se selecciona el nombre de la pantalla Autenticacion. El bloque completo se coloca dentro del bloque del Reloj1. En la figura 6.10 se indica que al cumplirse el tiempo del reloj se va a abrir la siguiente pantalla.

Se pasa ahora a la segunda ventana seleccionado en la barra verde el botón Screen1 y de las dos ventanas se selecciona la ventana Autenticacion. Lo primero que se hace es cambiar las disposición horizontal DispHorizontal a Centro. La disposición vertical DispVertical se queda Arriba. Se añade una etiqueta para dar el título de la pantalla. Se cambia el texto de la etiqueta a Autenticación, tamaño de letra 24 y en Negritas. Para la autenticación hay dos opciones, la primera es para un usuario nuevo que se necesita registrar y para esto se debe dar el correo electrónico y la contraseña. La segunda opción es para usuarios registrados que desean acceder y para hacerlo la información se debe autenticar con el correo electrónico y la contraseña. Entonces para recibir estos datos se agregan una etiqueta, un campo de texto, otra etiqueta y un campo de contraseña. Para la primera etiqueta, en la cuarta columna de Propiedades se cambia el texto a Email con tamaño de letra 18 y en negritas. Para el campo de texto, en la columna de Componentes se cambia el nombre a Email. En la cuarta columna de Propiedades se borra el texto y en Pista se añade Escribe correo electrónico. Para la otra etiqueta se cambia el texto a Contraseña con tamaño de letra 18 y en negritas. Tambien se agregan dos botones dentro de una disposición horizontal. Estos botones indican si se registra (Sign-up) o se accede (Sign-in). En el botón de la izquierda se cambia el texto a Registrar (Sign-up). También se cambia el nombre de la variable a registrar en la tercera columna de Componentes. Para el botón de la derecha se cambia el nombre a ingresar y el texto se cambia a Ingresar (Sign-in). El resultado hasta ahora se muestra en la figura 6.11.

Figura 6.11 Botones para `Registrar` (`Sign-up`) y para `Ingresar`
(`Sign-in`) y los campos de texto para el correo electrónico y la contraseña.

Puede ser que trate de introducir un usuario no autorizado, que todavía no se haya registrado o que haya escrito mal su correo, en cuyo caso `Firebase` envía un mensaje de error. Para esto se agrega una etiqueta a la que se le cambia el nombre a `mensaje` y el texto de la columna de `Propiedades` se cambia a `Mensaje`. Finalmente añadimos la extensión de `Firebase`. Las extensiones para realizar la autenticación con `Firebase` fueron desarrolladas por Gustavo Arango Angulo y se encuentran disponibles en la página:

```
https://drive.google.com/file/d/
        1mlBGJcyH4QcGmQxHYlvu8npMBUCJsGkY/view
```

En este enlace se va a encontrar el fichero:

```
com.mirxtremapps.FirebaseAuth.aix
```

Este fichero se carga en `Extension` en `App Inventor` como se muestra en la figura 6.12. Se carga el fichero y se importa. Se arrastra el icono de `FirebaseAuth` a la app, donde aparece como componente no visible, que se muestra en la figura 6.13.

Figura 6.12 Manera de cargar la extensión.

Figura 6.13 App con `FirebaseAuth`.

La app se empieza a programar yendo a la sección de Bloques. En la pantalla de Autenticación existen dos botones, el de Registrar y el de Ingresar. Para que la Firebase sepa qué se hace, si Registrar o Ingresar, se crea una variable llamada bandera que va a estar inicializada a 0 (cero). Si se trata de registrar un usuario nuevo entonces bandera = 0, pero si es introducir un usuario ya registrado entonces bandera = 1. Se selecciona la biblioteca de Variables y de los bloques que se despliegan se selecciona el bloque inicializar global nombre como., a este bloque se le agrega el 0 (cero) de la biblioteca de Matemáticas como se muestra en la figura 6.14.

Figura 6.14 Bloque inicializar global nombre como con valor 0 (cero).

Cuando se presiona el botón Registrar, lo primero que se hace es poner la variable bandera = 0. Esto se hace seleccionando de la biblioteca Variables el bloque poner a como se muestra en la figura 6.15. Colocando el puntero sobre el pequeño triángulo se selecciona la variable golbal bandera y se le añade el cero de la biblioteca de Matemáticas, y el bloque se coloca dentro del bloque del botón registrar como se muestra en la figura 6.16.

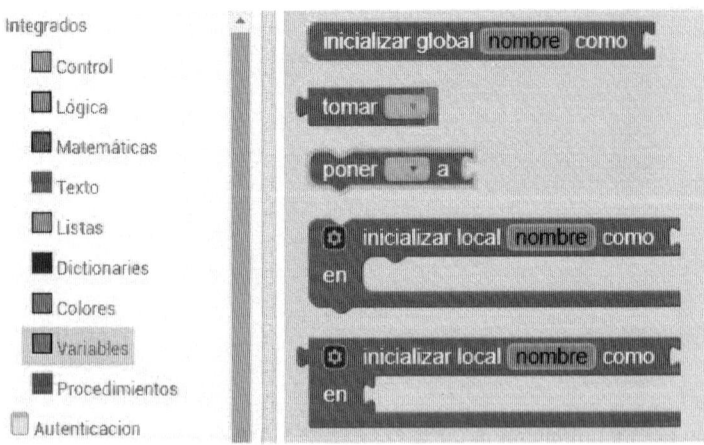

Figura 6.15 Selección del bloque poner a de la biblioteca Variables.

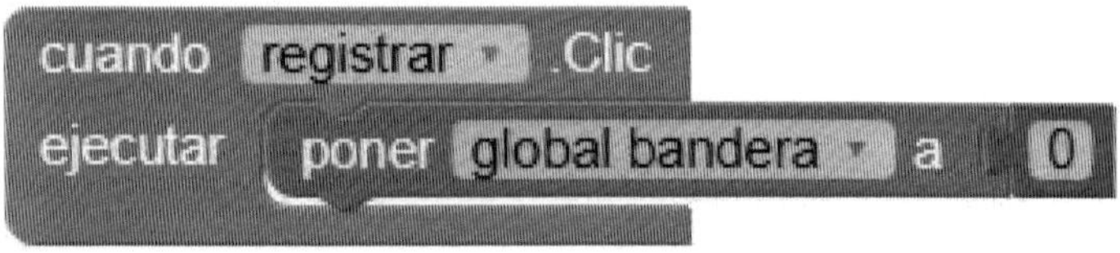

Figura 6.16 Bloque poner a de la biblioteca Variables.

También se limpia la etiqueta mensajes por si hay un mensaje desplegado y se oculta el teclado. Esto se hace seleccionando la etiqueta mensajes y se selecciona el bloque poner mensajes.Texto. Se le agrega de la biblioteca de Texto el texto en blanco. Para ocultar el teclado se selecciona el campo de texto de correoElectrónico y de los bloques que se despliegan se selecciona el bloque llamar correoElectrónico.OcultarTeclado. Estos dos bloques se colocan debajo del bloque de la bandera como se ve en la figura 6.17.

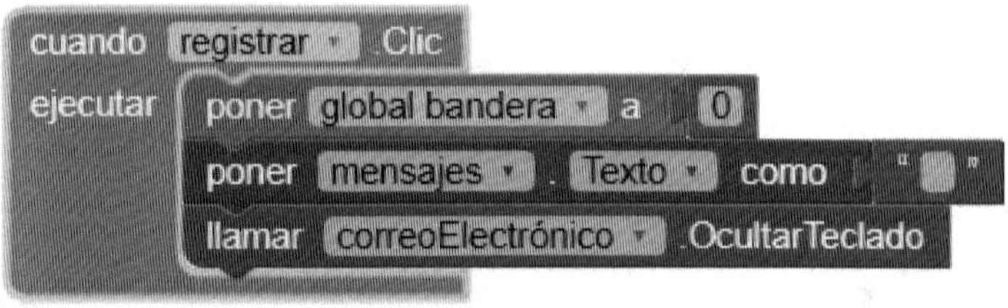

Figura 6.17 Bloque del botón registrar hasta este punto.

Ahora en la columna de Bloques se selecciona Firebase. De los bloques se selecciona el bloque llamar FirebaseAuth1.CreateUserWithEmailAndPassword al que se le añaden los bloques correoElectrónico.Text y contraseña.Text. El bloque se coloca dentro del bloque del botón registrar como se muestra en la figura 6.18.

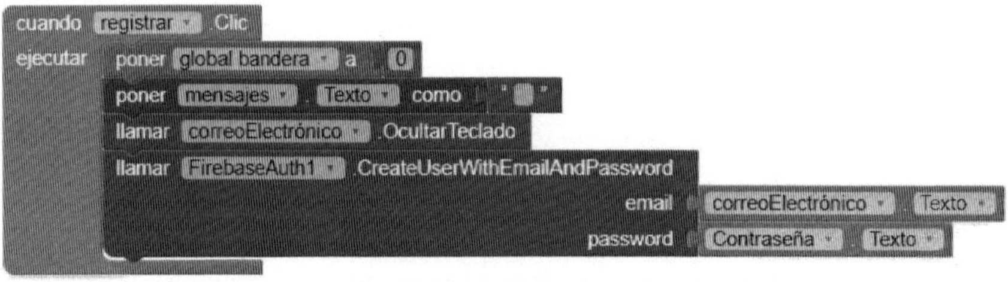

Figura 6.18 Bloque completo del botón registrar.

Cada vez que `FirbaseAuth1` se llama se puede usar el bloque para revisar si hubo algún error en el correo electrónico o la contraseña. Este bloque se muestra en la figura 6.19 y se despliega al seleccionar el componente `FirebaseAuth1`. Los errores pueden ser porque el formato del correo electrónico no es válido, o si la contraseña es menor de 6 caracteres, o si el usuario ya fue registrado.

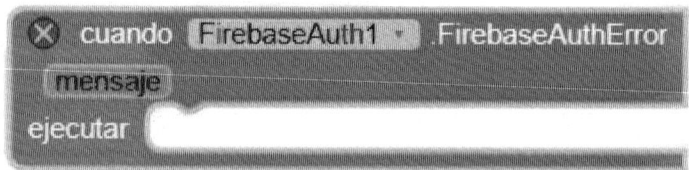

Figura 6.19 Bloque para desplegar errores de `FirebaseAuth1`.

Se selecciona la etiqueta `mensajes` y de los bloques que se despliegan se selecciona el bloque `poner mensajes.Texto como`, que se coloca dentro del bloque de `FirebaseAuth1`. Se coloca el puntero sobre la palabra `mensaje` como se muestra en la figura 6.20 y se selecciona `Tomar mensaje`, que se coloca en el bloque `poner mensajes.Texto como`, lo que se ve en la figura 6.21.

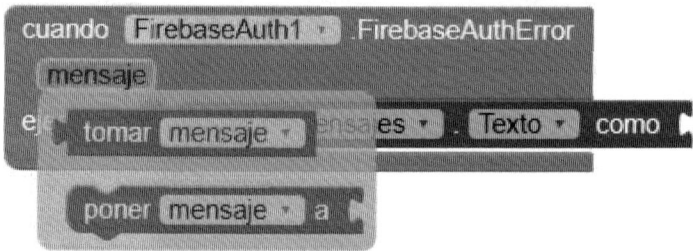

Figura 6.20 Bloque de `FirebaseAuth1` para desplegar el mensaje de error.

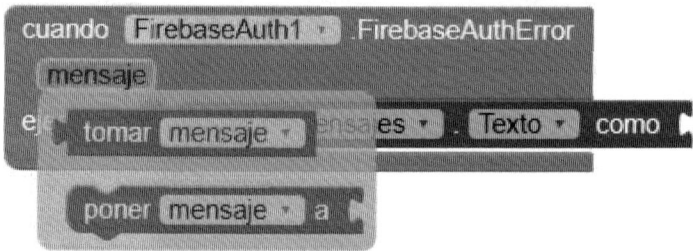

Figura 6.21 Bloque para desplegar el mensaje de error dentro del bloque de cuando `FirebaseAuth1.FirebaseAuthError`.

Adicionalmente se tiene que hacer la etiqueta mensajes visible con el bloque poner mensajes.Visible como Cierto que se muestra en la figura 6.22.

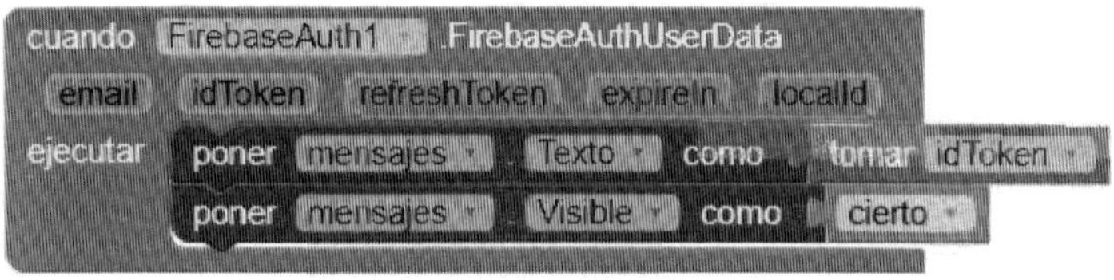

Figura 6.22 Bloque final para desplegar el mensaje de error.

Si el registro fue exitoso, la autenticación de Firebase genera un conjunto de datos para identificar al usuario. Para acceder a estos datos se selecciona en la columna de Bloques el elemento FirebaseAuth1 y de los bloques que se despliegan se selecciona el bloque cuando FirebaseAuth1.FirebaseAuthUserData que se muestra en la figura 6.23. Este bloque se usa para notificar si el registro fue exitoso.

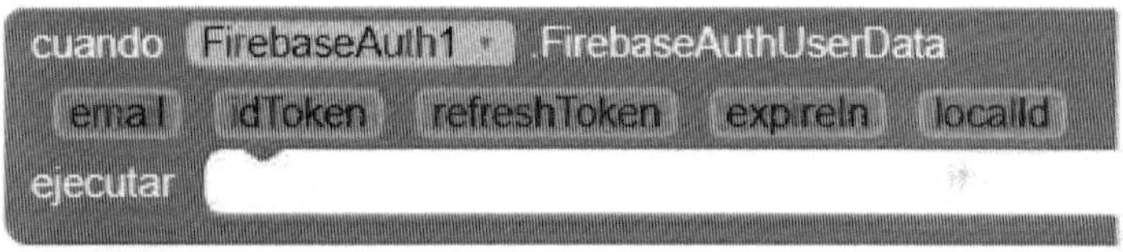

Figura 6.23 Bloque para desplegar datos del usuario.

En el bloque de la figura 6.23 se coloca una condición si-entonces-si-no de la biblioteca de Control como se aprecia en la figura 6.24.

Figura 6.24 Bloque de condición dentro del bloque de Firebase.

Dentro de la condición se revisa si **bandera** = 0, ya que estamos en el registro de un nuevo usuario. Esto se hace seleccionando de la biblioteca de Matemáticas la igualdad y se coloca dentro de la condición (ver Figura 6.25). De la biblioteca de variables se selecciona el bloque **Tomar** y se posiciona dentro del primer espacio del bloque de igualdad. Con la flecha dentro del bloque se selecciona la variable global bandera como se puede ver en la figura 6.26. En el otro espacio se coloca el 0 (cero) de la biblioteca de **Matemáticas** como se ve en la figura 6.27.

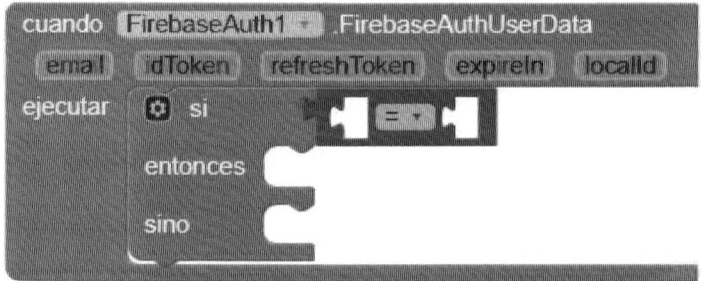

Figura 6.25 Bloque de igualdad dentro del bloque de la condición .

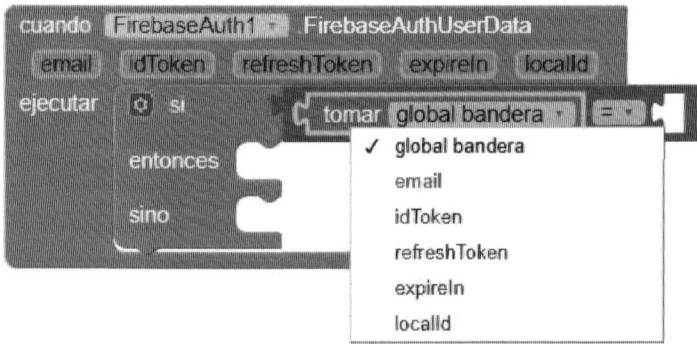

Figura 6.26 Selección de la variable global bandera.

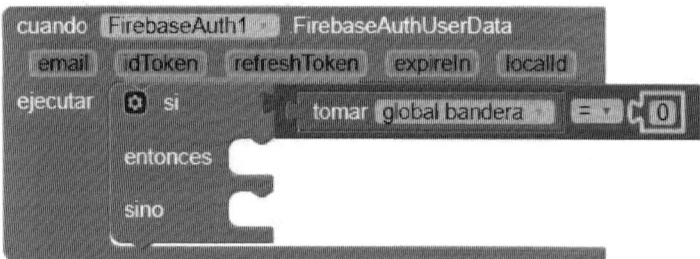

Figura 6.27 La condición de igualdad completa.

Si la condición se cumple quiere decir que se presionó el botón de Registrar y se despliega en la etiqueta mensaje Usuario nuevo registrado con éxito. Adicionalmente se tiene que hacer visible la etiqueta mensaje, lo que se ve en la figura 6.28.

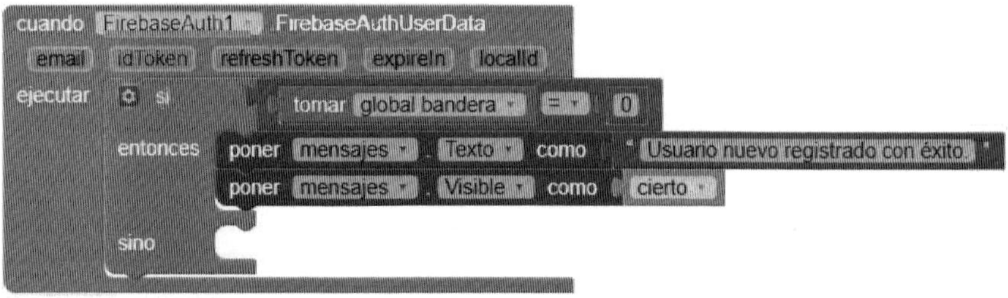

Figura 6.28 Mensaje en caso de registro exitoso.

6.4 Ingreso para usuarios inscritos

Para un usuario ya registrado previamente se presiona el botón Ingresar. En la sección de Bloques en la primera columna se selecciona el botón ingresar y de los bloques disponibles se selecciona cuando ingresar.Clic. Dentro de este bloque se cambia el valor de la bandera a 1 (uno), lo que se hace igual que se hizo para el botón registrar. Adicionalmente se pone la etiqueta mensajes en blanco y se oculta el teclado seleccionando el campo de texto de correoElectrónico y seleccionando el bloque llamar correoElectrónico.OcultarTeclado que se coloca dentro del bloque del botón como se muestra en el figura 6.29.

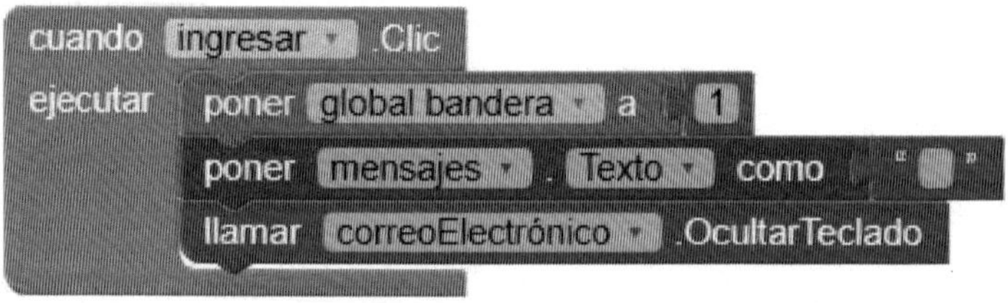

Figura 6.29 Selección de la variable global bandera.

Ahora se selecciona en la primera columna FirebaseAuth1 y de sus bloques se selecciona el bloque llamar FirebaseAuth1.SignInWithEmailAndPassword. Los bloques correoElectrónico.Texto y contraseña.Texto se agregan y el bloque se coloca dentro del bloque del botón cuando ingresar.Clic como se muestra en la figura 6.30.

Figura 6.30 Bloque completo del botón cuando ingresar.Clic.

El bloque de Firebase que despliega los errores en caso de haberlos de la figura 6.21 se queda igual, pero el bloque de acceso exitoso de la figura 6.28 se debe completar. Si se llega a este bloque es porque el acceso fue exitoso y en este bloque debe terminarse la condición si-entonces-si no. Se selecciona la etiqueta de mensajes, de los bloques que se despliegan se selecciona poner mensajes.Texto como y se agrega el texto Usuario ingresado con éxito. También se agrega el bloque poner mensajes.Visible como y de la biblioteca de Lógica se agrega el bloque Cierto. Los bloques resultantes se agregan en el espacio si no de la condición como se ve en la figura 6.31. Ya que el usuario fue introducido con éxito se debe ir a una nueva ventana llamada BaseDeDatos que se agrega en el segundo botón de la barra verde de App Inventor, lo que se muestra en la figura 6.32. En esta ventana se capturan y se recuperan los datos de la base de datos.

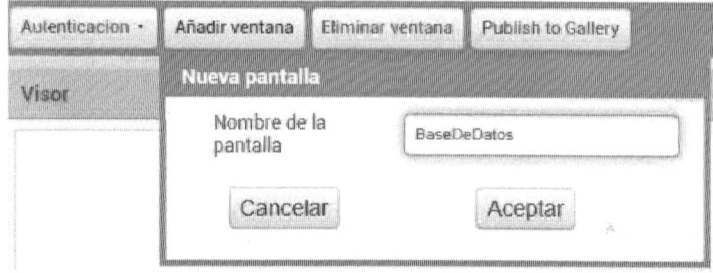

Figura 6.31 Bloque de FirebaseAuth1 con los bloques de la condición `si no`.

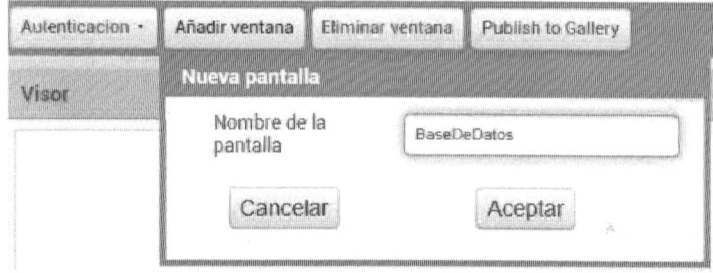

Figura 6.32 Generación de la nueva ventana o pantalla `BaseDeDatos`.

En el bloque de la figura 6.31 se puede ver que hay cinco datos que se pueden desplegar o usar cuando un usuario es registrado o introducido con éxito. De estos datos los que son de interés son el correo electrónico `email` y la identificación única UID que se encuentra en la variable `localId` que genera `Firebase`. Ya se puede terminar el bloque de la figura 6.31

Para terminar el bloque `si no` de la condición, de la biblioteca de `Control` se selecciona el bloque `abrir otra pantalla con un valor inicial.Nombre de la pantalla` que se muestra en la figura 6.33. Este bloque trae el nombre de la pantalla `Autenticacion` que se cambia a `BaseDeDatos`. Este bloque se coloca en el bloque de `FirebaseAuth1`. Ahora se coloca el ratón sobre la palabra `email`, lo que hace que se desplieguen dos bloques que se ven en la figura 6.34 y se arrastra el bloque `tomar email` enfrente de `Valor Inicial` como se muestra en la figura 6.35. De esta manera el correo electrónico introducido en la pantalla de `Autenticación` se pasa a la ventana de `Base de Datos`.

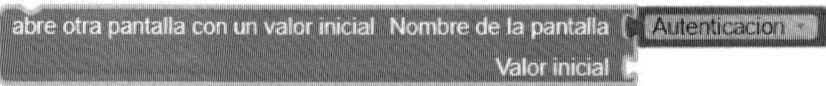

Figura 6.33 Bloque para abrir otra pantalla y pasar una variable.

Figura 6.34 Bloque para abrir otra pantalla y pasar una variable.

Figura 6.35 Bloque completo para registrar e **introducir** exitosamente a los usuarios.

Finalmente, se incluye el bloque para borrar cualquier mensaje de la etiqueta mensajes al inicializar la pantalla de Autenticacion. Esto se hace seleccionando en la primera columna Autenticacion y de los bloques que se despliegan seleccionar el bloque cuando Autenticacion.Inicializar como se ve en la figura 6.36.

Figura 6.36 Bloque para inicializar la pantalla de Autenticacion.

Se selecciona la etiqueta mensajes y se selecciona el bloque poner mensaje.Texto como al que se le agrega un texto en blanco y se coloca dentro del bloque de la figura 6.36 (ver figura 6.37). Esto termina la pantalla de Autenticacion.

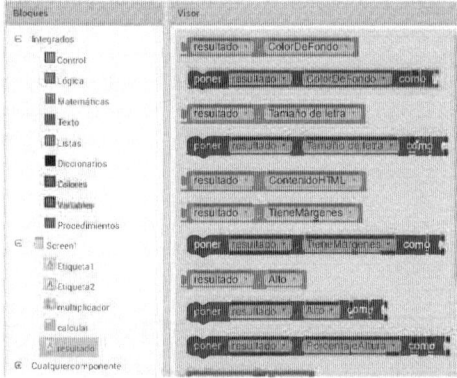

Figura 6.37 Bloque final para inicializar la pantalla de Autenticacion.

6.5 Configuración de la app para Firebase

Antes de probar la app se tiene que añadir la clave API del proyecto que aparece en la página de la figura 6.8. Para añadir esta clave API se selecciona en la primera columna FirebaseAuth1 y en la cuarta columna de Propiedades se agrega la clave API en el campo de ClaveAPI. Es importante que no haya espacios al principio y al final de la clave API. La misma recomendación se hace para el correo electrónico y la contraseña. La figura 6.38 despliega la clave API del proyecto.

Figura 6.38 Clave API del proyecto.

Se procede a probar la app de autenticación con un usuario nuevo que se tiene que registrar en la app. La figura 6.39 muestra la app con un correo electrónico y contraseña. Se presiona el botón Registrar. Se abre la pagina de Firebase que corresponde a los usuarios registrados. Se puede observar que ya tiene un usuario registrado correspondiente al usuario registrado en la app diseñada como se puede observar en la figura 6.40. También Firebase le ha asignado una clave de identificación única UID de usuario de tipo alfanumérico.

Figura 6.39 Correo electrónico y contraseña para crear un nuevo usuario.

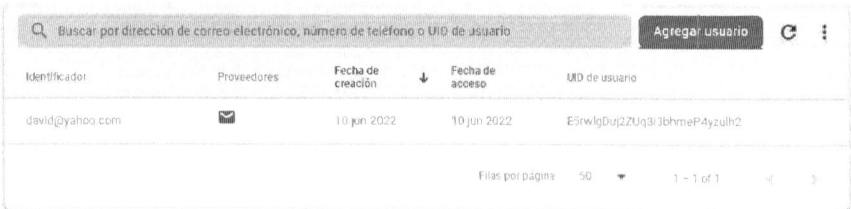

Figura 6.40 Base de datos actualizada con el correo electrónico. La contraseña no se muestra pero se muestra la identificación única UID.

6.6 Base de datos `Realtime Database` de `Firebase`

`Firebase` también proporciona una base de datos. En esta sección se describe cómo configurar la base de datos de `Firebase`. Es necesario tener una cuenta de Gmail de Google para tener acceso a la base de datos. Esta cuenta puede ser la misma que se usó en la autenticación. El procedimiento para empezar a utilizar la base de datos solo requiere la URL del proyecto. La base de datos tiene el nombre `Realtime Database`.

Figura 6.41 Página para crear la base de datos de `Firebase`.

Para empezar a trabajar con la base de datos `Realtime Database`, en la ventana principal de `Firebase` se selecciona `Realtime Database` en la barra lateral izquierda de la figura 6.4 y esta acción lleva a la figura 6.41. Aquí se presiona el botón `Crear una base de datos`. Lo primero que pregunta `Firebase` es en qué ubicación se va a guardar la información de la base de datos. Entre las opciones que se pueden escoger están Estados Unidos, Bélgica y Singapur.

Se escoge Estados Unidos y se presiona `Siguiente`. La siguiente ventana emergente pregunta cómo configurar la base de datos. Esto se ve en la figura 6.42. Se selecciona `Comenzar en modo bloqueado` y se presiona `Habilitar`.

Se procede a crear la base de datos y se despliega la ventana de la figura 6.43. En esta ventana se aprecian cuatro pestañas de las cuales la primera proporciona los datos de la base de datos. Aquí aparece la `URL` para referenciar a la base de datos. La segunda pestaña se muestra en la figura 6.44 proporciona información de las `Reglas`. Por defecto las reglas para leer (`read`) y escribir (`write`) están en falso (`false`) pero se cambian a verdadero (`true`) para que los usuarios puedan escribir y leer datos.

Los datos almacenados aparecerán debajo de `miprimerabasededatos-827b5`. Como todavía no se guarda ningún dato, aparece la palabra `null`. Se ha colocado en un recuadro la dirección URL de la base de datos que se utilizará en `App Inventor`. También se aprecia la pestaña de `Reglas`. Se selecciona esta pestaña y se abre la ventana de `Reglas` que se muestra en la figura 6.44.

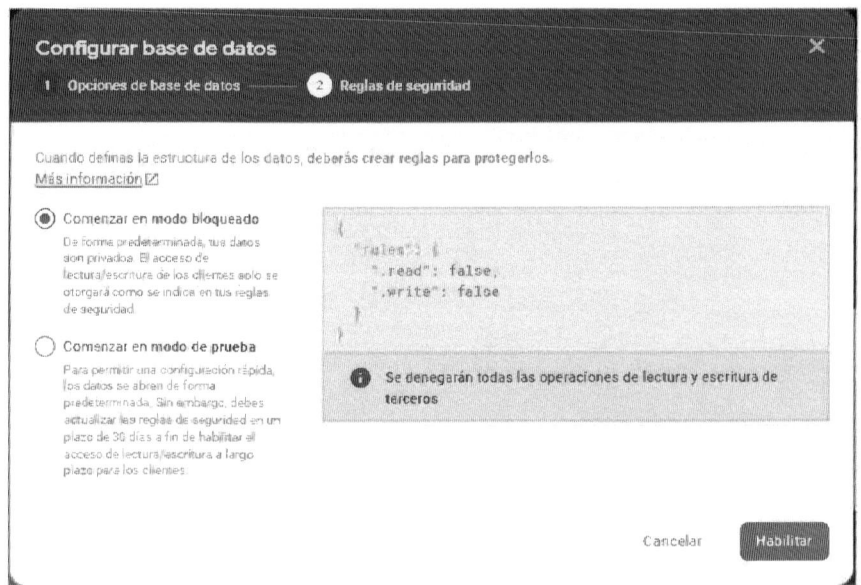

Figura 6.42 Configuración de la base de datos de `Firebase`.

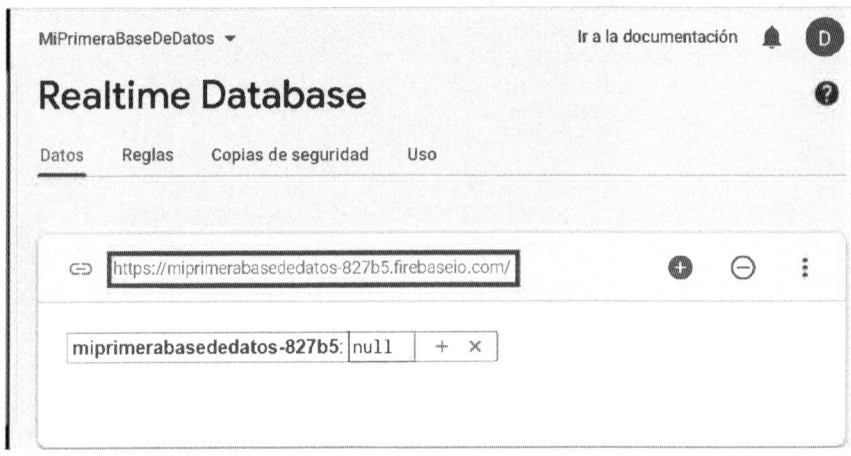

Figura 6.43 Base de datos.

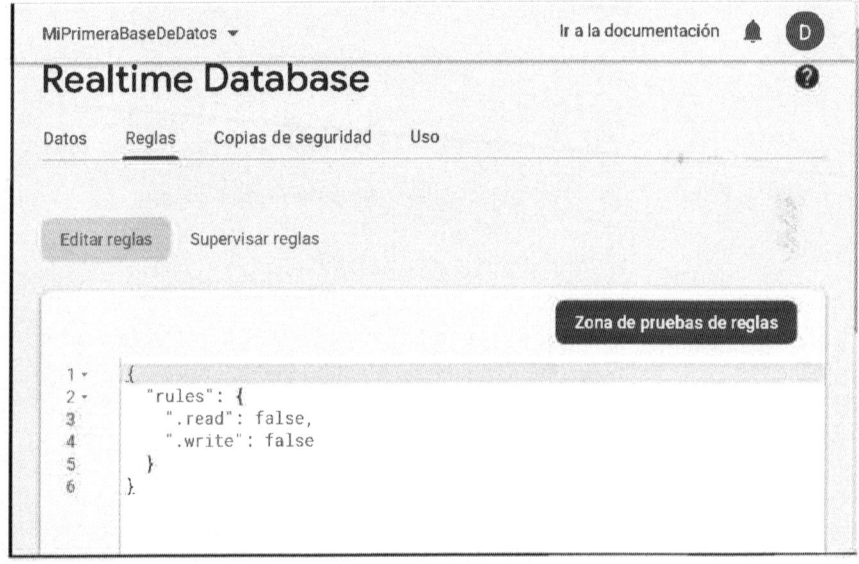

Figura 6.44 Reglas de la base de datos.

En esta ventana aparecen las reglas para leer (`read`) y escribir (`write`) en la base de datos como falsas (`false`). Esto quiere decir que no se puede leer ni escribir. Para poder hacerlo se cambian a verdaderas (`true`) como se ve en la figura 6.45. Se presiona el botón `Publicar` y la base de datos está lista.

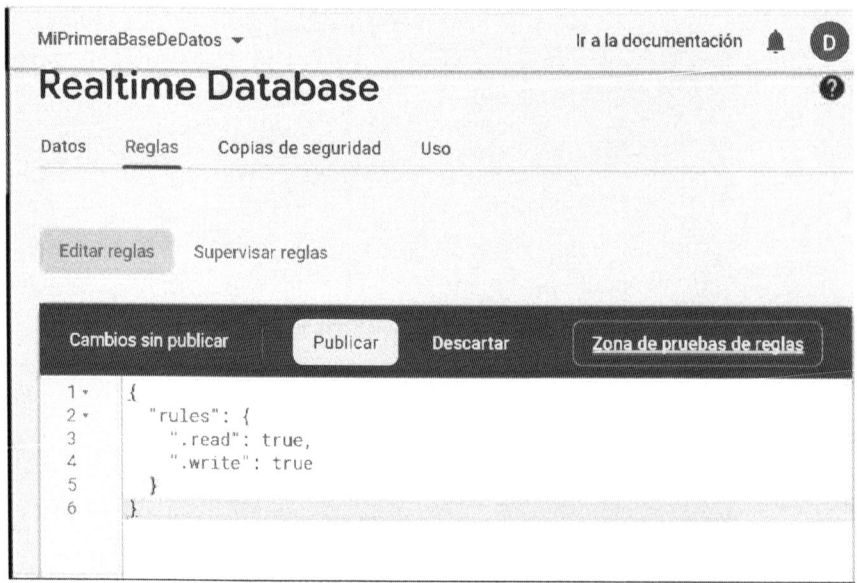

Figura 6.45   Reglas de lectura y escritura cambiadas.

Una vez publicadas aparece la ventana de la figura 6.46 con un mensaje de advertencia acerca de la privacidad de la base de datos. Pero se ignora presionando el botón `Ignorar` porque solamente tendrán acceso los usuarios autenticados. Se pasa ahora a la pestaña de `Datos`.

Se selecciona la pestaña de `Datos`. En la ventana que se abre se coloca el apuntador sobre `miprimerabasededatos-827b5` lo que hace aparecer un signo + y un signo ×. Se presiona el signo + y aparece otro renglón como se muestra en la figura 6.47. En este renglón aparecen dos campos, uno para `Clave` y otro para `Valor`. La Clave también se conoce como el tag o la etiqueta. En el campo de `Clave` se escribe `arroz` y en `Valor` se escribe su precio por kilo de `20.00`. Se presiona `Agregar`. Se repite la acción de presionar el signo + y se agrega ahora `frijol` en `Clave` y en `Valor` `32.50`. Se presiona `Agregar` y la base de datos ahora tiene los valores mostrados en la figura 6.48.

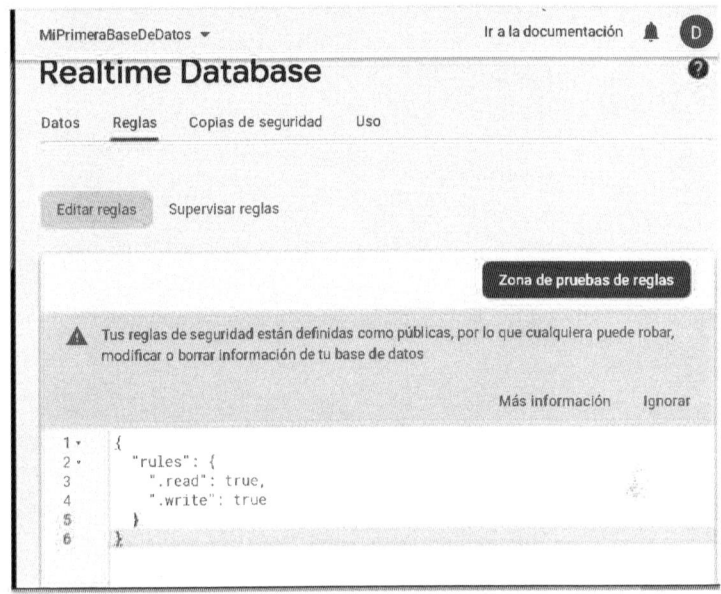

Figura 6.46   Reglas publicadas y mensaje de advertencia.

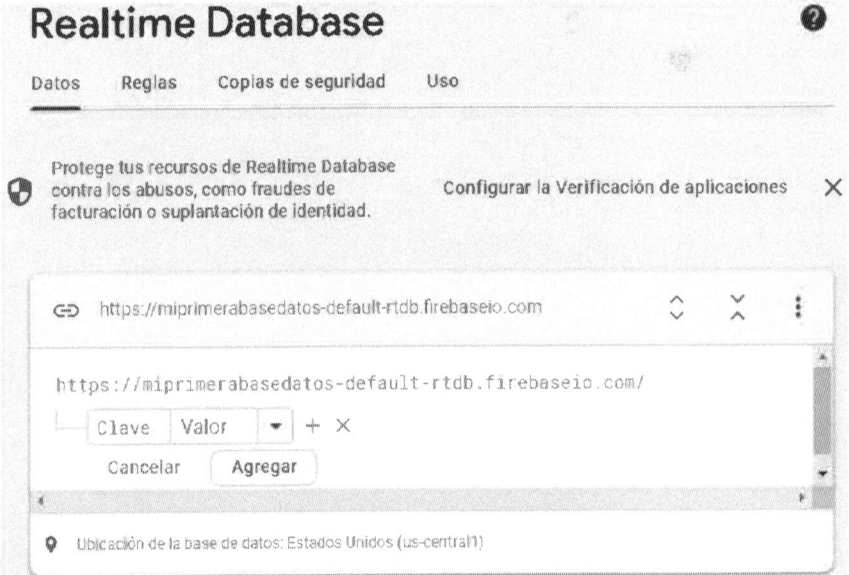

Figura 6.47   Campos para añadir datos.

Figura 6.48   Base de datos con dos datos.

La variable Clave en la figura 6.47 también recibe el nombre de etiqueta o tag. En la figura 6.48 la clave o etiqueta o tag es arroz y el valor es 20 en el primer renglón. En el segundo renglón la etiqueta es frijol y su valor es 32.50.

Ahora se pasa al uso de esta base de datos en App Inventor. Antes de dejar esta sección se borra el contenido de la base de datos presionando en la x del renglon miprimerabasededatos-827b5.

6.7 Realtime Database en App Inventor

La base de datos Realtime Database de Firebase se va a usar para almacenar datos introducidos por los usuarios autenticados. Se vuelve a abrir la app que se ha estado diseñando. Se dirige el diseño a la tercera pantalla que se ha nombrado BaseDeDatos en App Inventor, donde se van a recibir datos que se van a almacenar en la base de datos. En la tercera columna de Componentes se selecciona la pantalla BaseDeDatos y se pone la DispHorizontal al Centro. Para construir esta pantalla o ventana de la app se le agrega una etiqueta para dar el título Base de datos con tamaño de letra 24 y en negritas. Se le agrega otra etiqueta, su texto se cambia a Clave con tamaño de letra 18 y en negritas. Se agrega un campo de texto al que se le cambia el nombre a ClaveTexto y se borra su texto. Se agrega una etiqueta con su texto a Valor con tamaño 18 y en negritas. Se agrega otro campo de texto al que se le cambia el nombre a ValorTexto y su texto se borra. Se le agregan tres botones. En el primero se cambia el nombre a guardar y su texto se cambia a Guardar con tamaño 18 y en negritas. El segundo botón se cambia su nombre a recuperar, su texto a Recuperar con tamaño 18 y en negritas. Para el tercer botón se cambia de nombre a regresar y su texto por Regresar a la pantalla anterior con tamaño de letra 18 y en negritas así. La base de datos se encuentra en la biblioteca **Experimental** y tiene el nombre **FirebaseDB1**, lo que se aprecia en la figura 6.49.

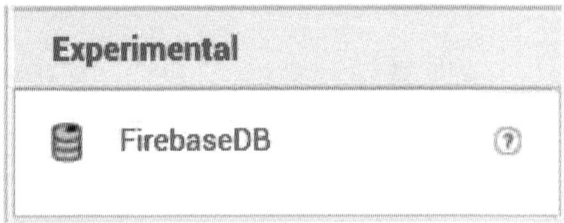

Figura 6.49 Base de datos **FirebaseDB1** en la biblioteca **Experimental**

Al arrastrar este componente a la pantalla de la app se abre un mensaje de advertencia que se muestra en la figura 6.50. Se acepta y se selecciona la base de datos **FirebaseDB1**. En la figura 6.51 se muestra la pantalla resultante. Se aprecia que **FirebaseDB1** es un componente no visible. También aparece la columna de **Propiedades**, donde se ve el campo para el token de **Firebase** que es donde se escribe el API del proyecto (que se usa en la autenticación solamente y que no es necesario para la base de datos), la URL de la base de datos que se obtiene de la figura 6.41. Para la base de datos no se usa la API pero si se usa la URL, que por defecto tiene **DEFAULT** pero que se debe cambiar al valor de la URL de la base de datos.

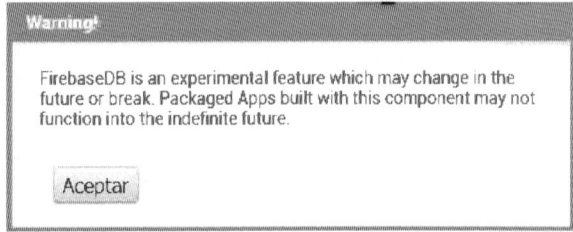

Figura 6.50 Mensaje de advertencia.

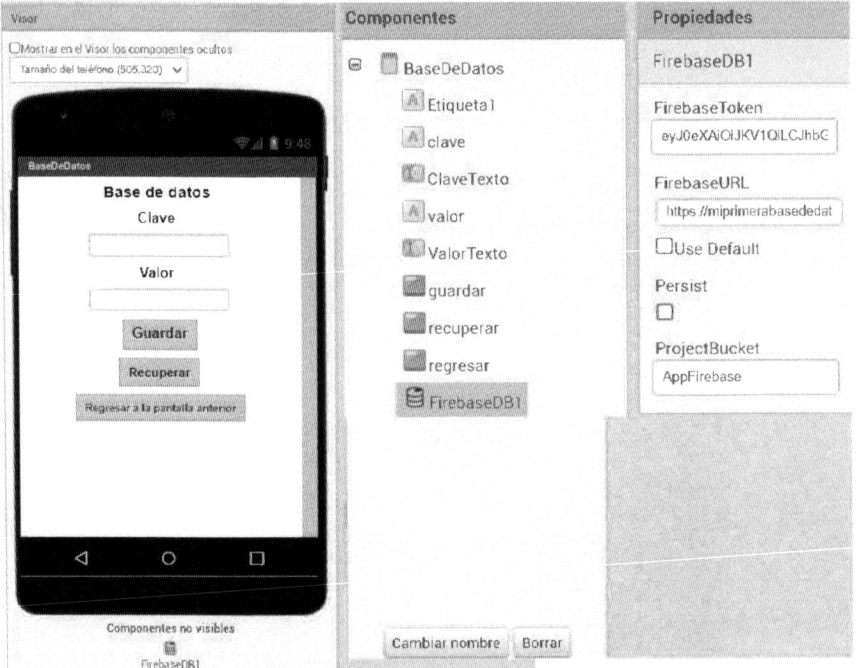

Figura 6.51   La base de datos `Firebase` incluida en el proyecto y las ventanas de `Componentes` y `Propiedades`.

Se aprecia un campo de texto para la variable llamada `ProjectBucket` o Cubeta del proyecto. Esta cubeta es la parte de la base de datos donde se almacena la información y por defecto tiene el mismo nombre del proyecto pero se puede cambiar.

6.7.1 Sección de bloques

Ahora en la sección de bloques se selecciona el botón `Guardar` y de los bloques disponibles se selecciona el bloque **cuando Guardar.Clic**. Lo primero que se hace es ocultar el teclado seleccionando el campo de texto `Valor.Texto` y se selecciona el bloque `llamar ValorTexto.OcultarTeclado`. Este bloque se coloca dentro del bloque del botón `Guardar`. A continuación se selecciona `FirebaseDB1` en la columna de la izquierda en `Bloques`. De los bloques que se despliegan se selecciona `llamar FirebaseDB1.GuardarValor` y se inserta en el bloque del botón `Guardar` como se aprecia en la figura 6.52.

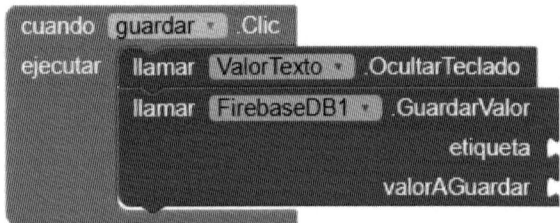

Figura 6.52 Bloque de la base de datos dentro del bloque del botón Guardar.

Se selecciona el campo de texto de ClaveTexto y de los bloques que se despliegan se selecciona ClaveTexto.Texto que se coloca enfrente de etiqueta. Se selecciona el campo de texto de ValorTexto en la columna de la izquierda y de los bloques que se despliegan se selecciona el bloque ValorTexto.Texto y se coloca enfrente de valorAGuardar como se muestra en la figura 6.53.

Figura 6.53 Bloque completo del botón Guardar para almacenar datos en la base de datos de Firebase.

Ahora la app está lista para probarse. Para ver el papel del bucket, este se cambia a FirebaseBaseDeDatos como se ve en la figura 6.54. Los datos a guardar en la base de datos son: para la etiqueta: nombre. Para el valor: David. Se presiona el botón Guardar y se observa la base de datos (ver figura 6.55).

Figura 6.54 Bucket para guardar los datos en Firebase.

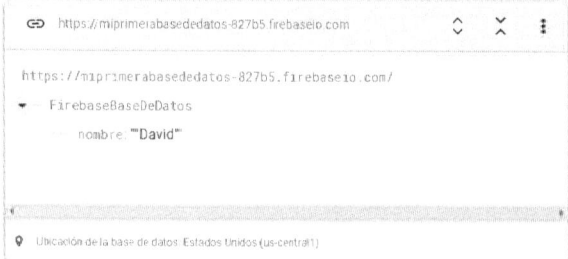

Figura 6.55 Datos guardados en la base de datos.

Ahora se repite la acción usando para la etiqueta `Apellido` y para el valor se usa Báez. Se presiona el botón `Guardar` y la base de datos modificada se muestra en la figura 6.56. Se nota que se almacenan alfabéticamente de acuerdo con la etiqueta y están en el mismo bucket.

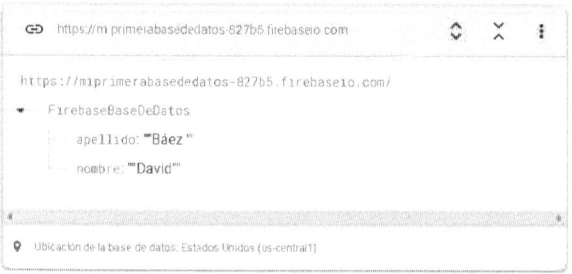

Figura 6.56 Base de datos modificada.

6.8 Aviso de cambio en la base de datos

Cuando se agrega o elimina un elemento de la base de datos se dice que la base de datos cambió. Existe un bloque de `FirebaseDB` que se activa cada vez que la base de datos ha cambiado. Este bloque se muestra en la figura 6.57. Para agregarlo en la app se selecciona `FirebaseDB1` y de los bloques que se despliegan se selecciona el bloque cuando `FirebaseDB1.DataChanged` y se coloca en el `Visor`. Para su funcionamiento se usa un `Notificador`. Para añadir un notificador se presiona el botón `Diseñador` y en la biblioteca de `Interfaz de usuario` se selecciona el componente `Diseñador` que se agrega como un componente no visible junto a `FirebaseDB1` en la parte baja del `Visor`. Se presiona el botón `Bloques` en la parte superior derecha y se vuelve a la ventana de diseño con bloques. Ahí se selecciona en la primera columna el Notificador1 y de los bloques que se despliegan se selecciona el bloque llamar Notificador1.MostrarAlerta. A este bloque se le agrega un bloque de texto vacío de la biblioteca Texto y se coloca en el Notificador1 con el mensaje La base de datos se modificó, como se puede ver en la figura 6.58.

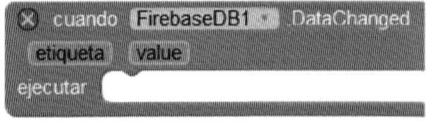

Figura 6.57 Bloque para avisar de un cambio en la base de datos.

Figura 6.58 Bloque completo para avisar de un cambio en la base de datos.

La figura 6.59 muestra el mensaje desplegado en la app cuando se cambia el nombre para incluir el apellido.

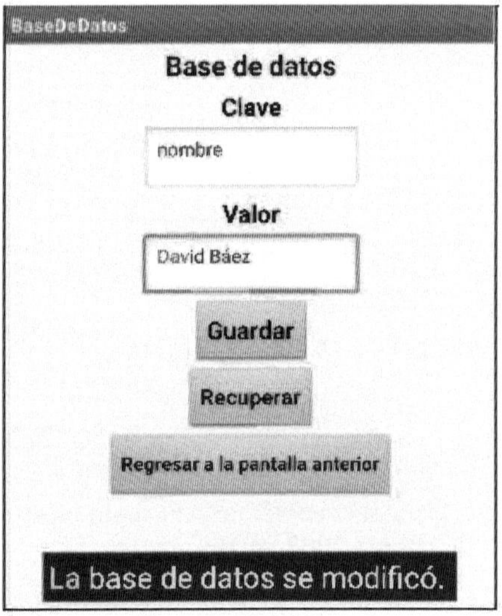

Figura 6.59 Ejemplo de notificación.

6.9 Recuperar datos de una base de datos

La base de datos de Firebase tiene otros bloques para recuperar datos de una base de datos. Para recuperar un valor de la base de datos se usan los bloques mostrados en la figura 6.60. El bloque llamar FirebaseDB1.ObtenerValor recupera un dato que tenga el nombre de la etiqueta o clave indicada. Una vez que se ha obtenido el dato, se ejecuta el bloque cuando.FirebaseDB1.ObtenerValor.

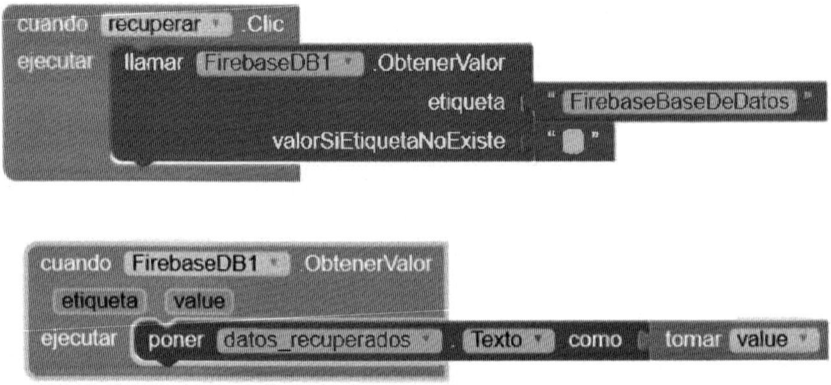

Figura 6.60 Bloques para recuperar información de la base de datos de Firebase.

Ahora se pasa a la sección de Bloques. Se selecciona el botón recuperar y se escoge el bloque cuando recuperar.Clic. La primera acción de este bloque es ocultar el teclado para lo que se selecciona el campo de texto ValorTexto y de los bloques se selecciona el bloque llamar ValorTexto.OcultarTeclado que se coloca dentro del bloque del botón recuperar. Se selecciona la base de datos FirebaseDB1 y se selecciona el bloque llamar FirebaseDB1.ObtenerValor que se coloca abajo del bloque para ocultar el teclado (ver figura 6.61).

Figura 6.61 Bloque del botón recuperar y para recuperar información de la base de datos de Firebase.

En el bloque de `FirebaseDB1` se debe añadir el campo de texto de la clave `Clave.Texto`. En caso de que esta clave no exista se despliega el mensaje que sea conveniente. Para esto se agrega un bloque de texto con el mensaje `Esta clave no existe`. El bloque final se muestra en la figura 6.62.

Figura 6.62 Bloque completo del botón `recuperar`.

Para desplegar el valor deseado se usa el segundo bloque de la figura 6.60. Para obtener dicho bloque se selecciona en la primera columna `FirebaseDB1` y de los bloques disponibles se selecciona `cuando FirebaseDB1.ObtenerValor` como se puede ver en la figura 6.63. Ahora se selecciona el campo de texto de `ValorTexto` y de sus bloques se selecciona `poner ValorTexto` como que se coloca dentro del bloque `cuando FirebaseDB1.ObtenerValor`. Este último bloque tiene disponibles las variables `etiqueta` y `value`. Se coloca el ratón sobre `value` y se selecciona el bloque `tomar value` y se coloca después de la palabra `como` para que el bloque final quede como se muestra en la figura 6.64.

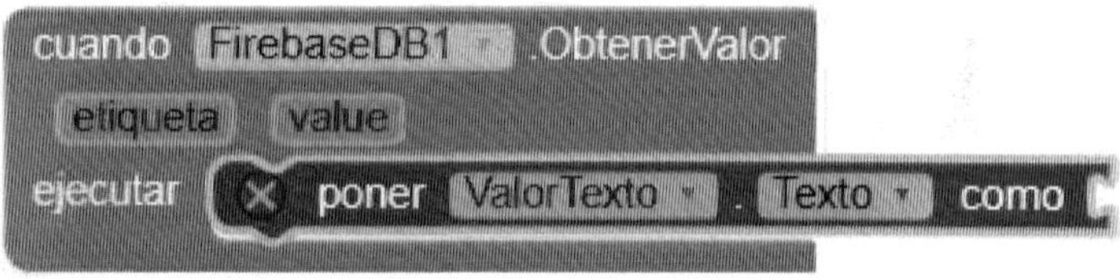

Figura 6.63 Bloque para obtener el `Valor`.

Figura 6.64 Bloque para obtener el `Valor`.

Para probar esta parte de la app se limpia el campo de texto correspondiente a valor y se escribe la clave deseada, al presionar el botón recuperar se despliega el valor correspondiente. Si la clave no existe se despliega el mensaje de que la clave no existe.

Finalmente, se le da funcionalidad al botón regresar. Se selecciona en la primera columna el botón regresar y se selecciona el bloque cuando regresar. Clic. Dentro de este botón se coloca el bloque abrir otra pantalla Nombre de la pantalla, donde se coloca un texto vacío de la biblioteca Texto, donde se escribe el nombre de la pantalla Autenticacion, como se ve en la figura 6.65.

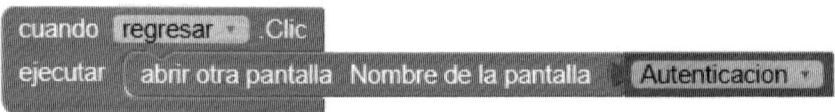

Figura 6.65 Botón para regresar a la pantalla de Autenticacion.

6.10 Conclusiones

Se ha dado una breve introducción al uso de Firebase como método de autenticación y como base de datos. Para la autenticación se ha usado el correo electrónico. También se ha usado Firebase para la introducción de un usuario a una app. Para la base de datos se ha usado la base de datos Realtime Database. Con un ejemplo se ha mostrado el uso de la autenticación, así como el uso de la base de datos.

Capítulo 7

App Inventor y **Arduino**

7.1 Introducción

7.2 Arduino

7.3 Ejemplos con Arduino

7.4 Conexión de App Inventor con Arduino

7.5 Conclusiones

Una vez que se adquiere un conocimiento básico, cualquier intento de impedir su realización sería tan inútil como la esperanza de detener la Tierra en su movimiento alrededor del Sol.

Fermi

Objetivos

Arduino es uno de los microcontroladores más exitosos. Se usa para el control a bajo coste de hornos de microondas, refrigeradores, juguetes a control remoto, controles inalámbricos, por mencionar algunos. El uso y control de sistemas basados en Arduino se realiza desde App Inventor y se muestran varios ejemplos.

7.1 Introducción

El mundo ha vivido una considerable transformación en las últimas décadas por el desarrollo de la tecnología de los ordenadores y los dispositivos móviles como los teléfonos móviles y las tabletas. Sin duda alguna, el alma de estos dispositivos es el microprocesador, que no es otra cosa que un microordenador capaz de realizar tareas complejas de cómputo matemático, manejo de información, procesador de textos, entre otras muchas y muy variadas aplicaciones. Un microprocesador está compuesto de millones de transistores para implementar la Unidad Lógica Aritmética (en inglés Arithmetic Logic Unit o ALU), un cierto número de registros que sirven para almacenar instrucciones y datos, y una unidad de control para establecer un orden en la ejecución de las instrucciones y el flujo de datos. Estas partes forman lo que se conoce como la Unidad Central de Procesamiento (en inglés Central Processor Unit o CPU), a la que se le tiene que agregar memoria externa y periféricos tales como el teclado y la pantalla y la impresora para la entrada y salida de datos.

Un microprocesador es el componente básico de todo ordenador de escritorio o laptop modernos, los teléfonos móviles y las tabletas, así como otros equipos de procesamiento más complejos como las nubes. El coste de un microprocesador puede estar arriba de $100.00 dólares. Su tamaño también es considerable ya que al estar formado por millones de transistores y realizar muchas funciones requiere una gran cantidad de pines para la interconexión.

Para funcionar adecuadamente, los ingenieros que diseñan un microprocesador lo han dotado de una gran cantidad de instrucciones que comprenden el grupo de instrucciones (instruction set).

Un microcontrolador es un microprocesador con un conjunto de instrucciones limitado. Esto quiere decir que un microcontrolador solamente se puede usar en aplicaciones muy limitadas. Sin embargo, esta limitación tiene la gran ventaja de un menor tamaño y un precio mucho menor. Los primeros microcontroladores se desarrollaron en la década de 1970, pero fue hasta 20 años después cuando se popularizó con la aparición de microcontroladores como los desarrollados por las marcas Zilog, Intel, Microchip, Freescale, entre muchas más. Para desarrollar sistemas basados en estos microcontroladores se requería un sistema de desarrollo y se debía tener un ingeniero de desarrollo experto en estos microcontroladores. Afortunadamente en el año 2005 sale a la luz una placa conteniendo un microcontrolador ATmega 168 junto con una *Ambiente Integrado de Desarrollo* (en inglés: Integrated Development Environment o IDE) que se programa en el lenguaje C++. Esta placa de microcontrolador fue diseñada por la compañía **Arduino** en Ivrea, Italia, y por tal razón a estas placas se las denomina Arduino. El más conocido es Arduino Uno y es la que se utilizará en este libro.

7.2 Arduino

Una placa de Arduino se muestra en la figura 7.1, donde las principales partes de Arduino están nombradas.

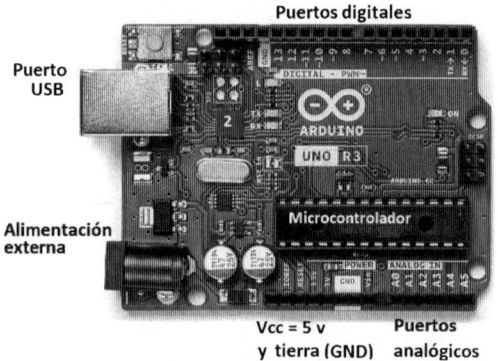

Figura 7.1 Arduino Uno con las partes y conexiones principales.

Como se aprecia, el componente de mayor tamaño es el microcontrolador ATmega 168. También incluye otro microcontrolador de comunicaciones, marcado con un 2, para las señales de entrada y salida. Estas señales correspondientes a las entradas y salidas pueden ser analógicas o digitales y para esto se tienen los pines o puertos analógicos y los pines o puertos digitales. También incluye la alimentación para los distintos sensores que se pueden interconectar con el Arduino. Finalmente se muestra el botón de Reset que sirve, entre otras cosas, para reinicializar el Arduino, y el conector de alimentación que energiza el Arduino. La alimentación de energía puede ser también a través del puerto USB.

El Arduino se programa a través de la interfase llamada IDE que se descarga de la página de Arduino `https://www.arduino.cc/reference/es/`, de ahí ir a `Software` y descargar el software apropiado a la plataforma que se esté usando, la cual puede ser Windows, Mac o Linux. Esto se muestra en la figura 7.2.

Figura 7.2 Página para descargar el IDE de Arduino.

Se selecciona una ubicación para descargarlo y se procede a ejecutarlo. Se contesta `Aceptar` en todas las ventanas y al terminar se abre la aplicación. Ésta se muestra en la figura 7.3. En esta figura se ven las dos partes principales de un programa para el Arduino. Estas son las funciones `setup()` y `loop()`. Aquí es donde se escribe el programa que ejecutará el Arduino. La función o método `setup` tiene como objetivo inicializar y preparar las variables del programa. La función o método `loop` es una función que se repite indefinidamente. La palabra `loop` se traduce al español como ciclo, lazo o bucle. La palabra clave `void` indica que estas funciones no pasan parámetros a otras funciones o métodos. El contenido de cada función se debe agrupar dentro de llaves. Esto quiere decir que lo que se implementa en la función inicia cuando se abre la llave y termina donde se cierra. Se pueden escribir comentarios para explicar qué se hace en las instrucciones de la función. Estos comentarios se inician con doble diagonal //. El comentario termina donde termina el renglón. En el primer ejemplo se muestra el uso de estas funciones.

Un programa de Arduino se denomina `sketch`.

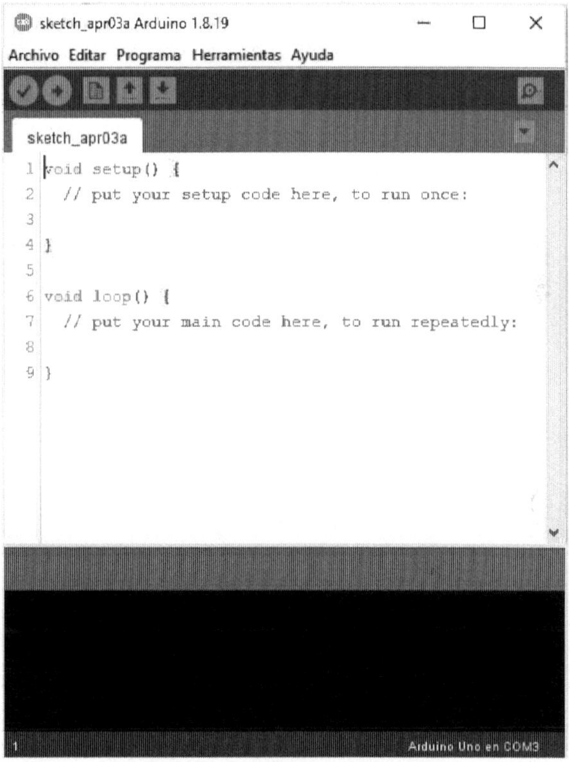

Figura 7.3 IDE para Arduino.

7.3 Ejemplos con Arduino

En esta sección se presentan ejemplos del uso de Arduino. En la siguiente sección se presentan ejemplos para controlar procesos de Arduino desde App Inventor.

Ejemplo 7.1 Encendido de un diodo emisor de luz

El primer proyecto con Arduino es el encendido de un diodo emisor de luz (Light Emitting Diode en inglés y sus iniciales son LED). Un diodo es el dispositivo electrónico más sencillo. Un diodo tiene dos elementos llamados cátodo y ánodo. La corriente solamente puede circular del ánodo al cátodo y se bloquea si la circulación de la corriente se quiere realizar del cátodo al ánodo. En un LED, la corriente que circula del ánodo al cátodo hace que se emita luz. En este ejemplo, lo que se desea es que el LED conectado internamente al pin 13 se prenda durante 3 segundos y al terminar esos tres segundos el LED se apague durante un segundo. Esta acción se repetirá indefinidamente hasta que se apague el Arduino o se programe nuevamente el Arduino. El Arduino viene acompañado de un cable para conectarlo al USB del ordenador. Después de conectarlo se enciende un LED en el Arduino indicando que está conectado. El color del LED es verde en un Arduino original y puede ser rojo en un Arduino genérico. Se abre el IDE para ahí escribir el programa que queremos realizar. En la función setup se inicializa el pin 13, al que está conectado un LED, para que sea la salida (output) del programa. Esto se hace con

```
pinMode(13, OUTPUT);
```

En el lenguaje C++ los renglones de instrucciones deben terminar en punto y coma. Entonces, el programa del método setup es:

```
// Este es el método setup completo
void setup () {
    pinMode(13, OUTPUT);
}
```

En el método loop se usa la instrucción digitalWrite para la salida del LED. Los argumentos de esta función son el pin donde se va a escribir, que en nuestro caso es el pin 13, y el estado que corresponde a encendido o HIGH y apagado o LOW. En la función loop este LED se debe prender cuando se le da la instrucción HIGH, que quiere decir que recibe un voltaje entre 3.5 y 5 volts. Esto se hace con

```
digitalWrite(13, HIGH);
```

El tiempo que el LED se queda en HIGH se controla con un retardo o delay cuyo argumento está en milisegundos. Si se desea que el LED se quede encendido (HIGH) durante 3 segundos o 3000 milisegundos, entonces la función delay es:

```
delay(3000);
```

Y se debe poner en LOW cuando se debe apagar durante un segundo que corresponde a 1000 milisegundos. La función para que se apague durante un segundo es:

```
digitalWrite(13, LOW);
delay(1000);
```

La función o método loop completo es:

```
// Este es el método loop completo

void loop() {
    digitalWrite(13, HIGH);
    delay(3000);
    digitalWrite(13, LOW);
    delay(1000);
}
```

El programa que se acaba de realizar se corre con la flecha del IDE en la parte superior izquierda. Lo que hace esta acción es compilar el archivo, crear un archivo ejecutable y subirlo al Arduino. Después de subido el archivo se empieza a ejecutar, se observa el ARDUINO y se ve que el LED conectado al pin 13 se enciende tres segundos y se apaga durante un segundo. Dado que la función es un ciclo o loop, este proceso de encendido y apagado se repite indefinidamente. Es posible que el programa no funcione y se emita el siguiente mensaje:

```
Ha ocurrido un error mientras se enviaba el sketch
avrdude: ser_open(): can't open device "\\.\COM3":
El sistema no puede encontrar el archivo especificado.
```

Esto se debe a que el puerto que comunica el ordenador con el Arduino está mal especificado. El puerto correcto se especifica seleccionando en el menú del IDE: Herramientas → Puerto → COM5 como se muestra en la figura 7.4. Es posible que otro puerto se especifique como COM3 o COM4.

Ejemplo 7.2 Encendido de un diodo LED externo

En este ejemplo se va a encender un LED externo conectado en un protoboard externo. Un protoboard es un elemento para interconectar componentes electrónicos y cables con el Arduino. La parte inferior de un LED externo tiene una parte plana que corresponde al cátodo. El pin correspondiente debe conectarse a tierra, mientras que el ánodo a un voltaje entre 3.5 y 5 volts, que corresponde al valor HIGH. La figura 7.5 muestra la vista del LED y su símbolo esquemático. Se debe conectar un resistor de 1000 ohms (1 KΩ) en serie con el LED para limitar la corriente en el LED y no quemarlo.

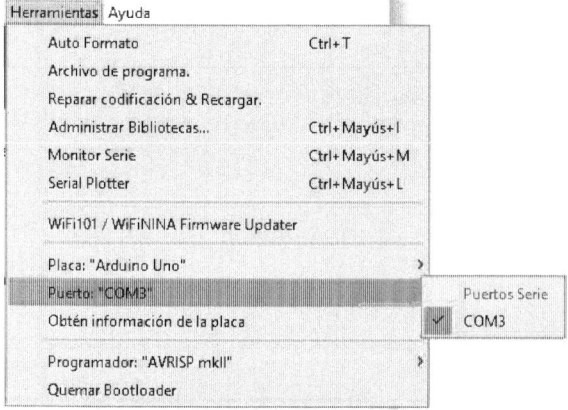

Figura 7.4 Especificación del puerto de comunicaciones.

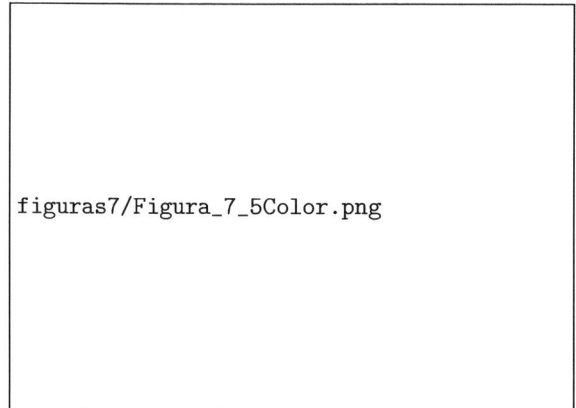

figuras7/Figura_7_5Color.png

Figura 7.5 LED y su símbolo esquemático.

En el ejemplo anterior se utilizó un LED interno. Ahora se va a usar un LED externo conectado por el ánodo en el pin 3 de la entradas y salidas digitales (Digital I/O PWM) en serie con el resistor. Este pin 3 va a usarse como salida para darle un voltaje de 5 volts al LED. El otro extremo del LED se va a conectar a tierra o 0 volts. Las mediciones de voltaje necesitan un nivel de referencia 0 y esto es el nivel de tierra o ground en inglés y que se abrevia GND y que se localiza junto al pin 13. El pin 2 se va a usar como entrada y va a recibir 5 volts. Cada vez que el pin 2 reciba 5 volts, es decir que se ponga en HIGH, el Arduino pondrá en HIGH el pin 3 para encender el LED. Este voltaje de 5 volts o HIGH se proporciona a través de un interruptor conectado entre el pin 5 V y el pin 2 que va a ser la entrada o INPUT. El pin 3 se va a poner a 5 volts o HIGH cuando el programa lo indique para que el diodo se encienda. Los diagramas esquemático y pictórico de las conexiones se muestran en las figuras 7.6 y 7.7, respectivamente.

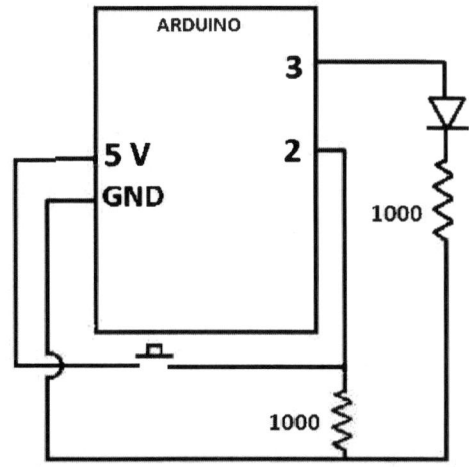

Figura 7.6 Diagrama esquemático del Arduino con el LED externo.

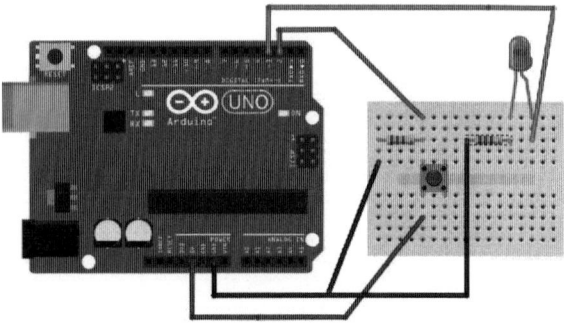

Figura 7.7 Diagrama pictórico del Arduino con el LED externo.

Ahora se va a realizar el programa o sketch para que el circuito del Arduino y el LED funcione. Se abre un sketch nuevo y en la función setup se especifican los pines de entrada y salida. El pin 2 como entrada o INPUT y el pin 3 como salida o OUTPUT. La función `setup` es entonces:

```
void setup() {
    pinMode(2, INPUT);
    pinMode(3, OUTPUT);
}
```

Para la función `loop`, se desea que cada vez que se presione el interruptor y se envíen 5 volts al pin de entrada, y se mande la orden para que el pin 2 se ponga en alto o HIGH. Para hacer esto se usa una condición. En el Capítulo 2 se vieron las condiciones de App Inventor. En el caso del Arduino se está programando en lenguaje C++ y esto se hace en el idioma inglés, en donde la palabra clave si es `if`. La condición revisa si el pin 2 que es la entrada está leyendo HIGH, en cuyo caso manda un HIGH al pin 3 de salida. Esta condición en lenguaje C++ es:

```
if (digitalRead(2) == HIGH) {
```

Y para hacer que el pin 3 se vaya a HIGH se usa

```
digitalWrite(3, HIGH);
```

pero si no se presiona el interruptor entonces se tiene que `digitalRead(2)` va a estar en LOW y en este caso se hace

```
digitalWrite(3, LOW);
```

y para no volver a revisar con `digitalRead(2)` se usa la palabra clave `else` de la siguiente manera:

```
if (digitalRead(2) == HIGH) {
    digitalWrite(3, HIGH);
}
else {
    digitalWrite(3, LOW);
}
```

El programa o sketch completo es:

```
// Este es el sketch completo del Ejemplo 7.2.

void setup() {
    pinMode(2, INPUT);
    pinMode(3, OUTPUT);
}

void loop() {
    if (digitalRead(2) == HIGH) {
        digitalWrite(3, HIGH);
    }
    else {
        digitalWrite(3, LOW);
    }
}
```

Una vez que el programa está listo, se ejecuta y tan solo con presionar el inte-rruptor se enciende el LED. En este ejemplo las terminales digitales se han usado para la entrada y salida.

Ejemplo 7.3 Medición de distancia con sensor de ultrasonido

Una manera de medir distancias es usando ultrasonido. Es conocido que el sonido viaja a una velocidad de 340 metros por segundo (m/s). De esta manera, si se envía una señal de sonido y esta rebota en un objeto, la distancia que recorre es igual a la velocidad de la señal multiplicada por el tiempo que tarda en ir y regresar. Entonces el objeto se encuentra a la mitad de la distancia calculada. Para medir la distancia se emplea un sensor de ultrasonido HC-SR04 que tiene un transmisor de ultrasonido cuya frecuencia es 40 KHz, muy por arriba de la frecuencia audible para los humanos y por lo tanto inaudible. Para recibir la señal de rebote se incluye un transductor de recepción. El sensor HC-SR04 tiene 4 pines. Uno es para la alimentación VCC que puede ser entre 3.5 y 5 volts y otro es para la tierra o GND. Otro pin recibe la señal transmitida por el Arduino y la envía al transmisor, recibe el nombre de **trigger** o disparo en inglés, y el cuarto pin envía la señal recibida o eco y designada como **EchoEcho** en inglés. Al pin 6 se conecta un LED con la resistencia en serie conectada a tierra para que se encienda cuando haya una señal recibida por el transductor de ultrasonido. El circuito esquemático y el diagrama pictórico se muestran en las figuras 7.8 y 7.9, respectivamente.

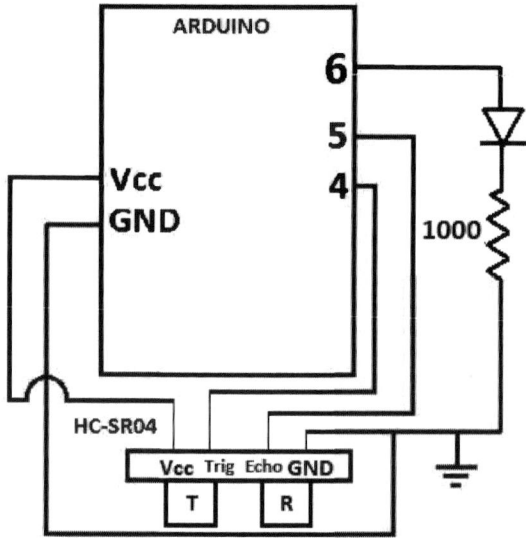

Figura 7.8 Diagrama esquemático del Arduino con el sensor de ultrasonido.

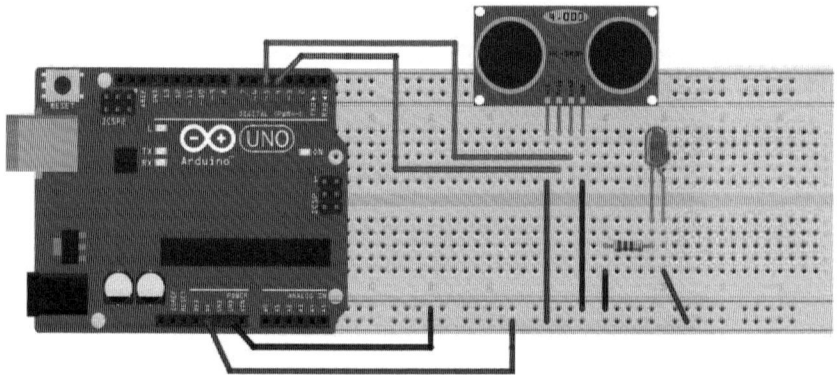

Figura 7.9 Diagrama pictórico del Arduino con el sensor de ultrasonido.

Para el programa se abre una nueva ventana del IDE de Arduino. Se van a tener dos variables que son el tiempo que tarda en ir y regresar la señal que se llama `tiempo` y otra variable que se llama `distancia`. Estas variables se deben definir al principio del programa como variables de tipo entero con:

```
int tiempo;
int distancia;
```

Para la función **setup** se selecciona el pin 6 como salida para encender el LED, el pin 4 envía la señal a la entrada **Trig** del sensor y por tanto es salida. Finalmente, el pin 5 recibe la señal reflejada o eco y por lo tanto es entrada. La función **setup** es

```
void setup() {
        pinMode(4, OUTPUT);
        pinMode(5, INPUT);
        pinMode(6, OUTPUT);
}
```

Para la función o método **loop** se genera el trigger o disparo en el pin 4 de salida con un pulso HIGH que se implementa con

```
digitalWrite(4, HIGH);
```

Este pulso se emite con una duración de 1 milisegundo con la instrucción delay(1). Después de esto se apaga el pulso de **trigger** o disparo con:

```
digitalWrite(4, LOW);
```

Finalmente la distancia se calcula con

```
distancia = tiempo/58.2;
```

donde la constante 58.2 es un parámetro especificado por el fabricante del sensor de ultrasonido. El método o función **loop** completo es

```
void loop() {
        digitalWrite(4, HIGH);
        delay(1);
        digitalWrite(4, LOW);
        tiempo = pulseIn(5, HIGH);
        distancia = tiempo/58.2;
}
```

La distancia máxima que el sensor de ultrasonido HC-SR04 puede medir es 2 metros. Las distancias mayores a 2 metros se despliegan como distancias negativas. Para desplegar las distancias se usa el `Monitor Serie` del IDE que se encuentra en la esquina superior derecha y que tiene forma de lupa. La comunicación con este monitor es en forma serial y se debe añadir la instrucción para que se realice la comunicación entre el Arduino y el ordenador. Esto se logra añadiendo en la función `setup` lo siguiente:

```
Serial.begin(9600);
```

donde 9600 es la velocidad de comunicación entre el Arduino y el ordenador. En la función `loop` se agrega:

```
Serial.println(distancia);
delay(200);
```

La función `delay(200)` es para que entre datos desplegados hayan transcurrido 200 milisegundos (0.2 segundos). Al abrir el monitor, se despliegan las distancias, como se muestra en la figura 7.10. Se puede poner un objeto y moverlo para variar la distancia.

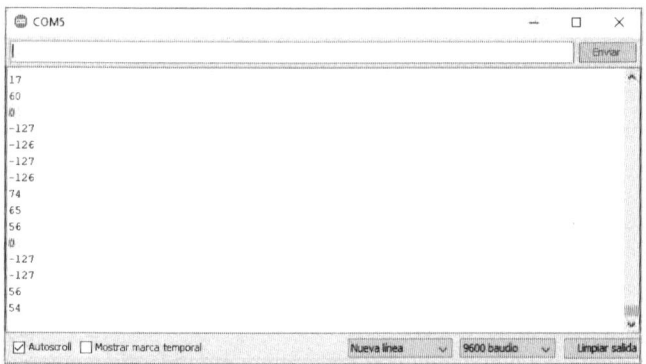

Figura 7.10 Monitor Serie para ver las distancias medidas.

Adicionalmente se puede especificar si las mediciones están en un cierto rango. Esto se logra con una condición. Las condiciones ya se usaron en el ejemplo anterior. En este caso la condición que se adiciona al método `loop` es:

```
if (distancia <= 30 && distancia >= 0){
    digitalWrite(6, HIGH);
    delay(2000);
    digitalWrite(6, LOW);
}
```

Esto quiere decir que si la distancia medida es menor a 30 cm, el LED conectado en el pin 6.0 se enciende. Para distancias mayores a 30 cm la distancia se mide pero el LED no se enciende. El programa completo es:

```
// Este es el programa completo del Ejemplo 7.3.
// Medición de distancia usando ultrasonido.

int tiempo;
int distancia;

void setup() {
    pinMode(4, OUTPUT); // 10
    pinMode(5, INPUT); // 9
    pinMode(6, OUTPUT); // 3
    Serial.begin(9600);
}

void loop() {
    digitalWrite(4, HIGH);
    delay(1);
    digitalWrite(4, LOW);
    tiempo = pulseIn(5, HIGH);
    distancia = tiempo/58.2;
    Serial.print(distancia);
    delay(200);
    if (distancia <= 30 && distancia >= 0) {
        digitalWrite(6, HIGH);
        delay(2000);
        digitalWrite(6, LOW);
    }
}
```

Ejemplo 7.4 Medición de temperatura y humedad

La medición de temperatura y humedad se puede realizar conectando un sensor que mida ambos parámetros. Existen en el mercado varios tipos de sensores que permiten interconectarse con Arduino y medir la temperatura y humedad. Uno de ellos es el sensor DHT11, donde DHT son las iniciales de Digital Humidity Temperature. Los más populares son el DHT11 y el DHT22. En este ejemplo se usa el DHT11 y tiene asociado un circuito impreso con diodos y capacitores para su funcionamiento. El rango de temperaturas de este sensor es de 0° a 50° C y su equivalente en grados Fahrenheit. La humedad relativa del aire indica desde el 0 % que corresponde a aire seco hasta 100 % que corresponde a aire completamente saturado como es el caso de la niebla, las nubes y el vapor de agua. El DHT11 puede medir humedad del aire de 20 % a 80 %. Para realizar la medición de ambos parámetros se necesita de bibliotecas o librerías que han sido desarrolladas por distintos proveedores, pero las que se usan en este ejemplo fueron desarrolladas por *Adafruit*. Para cargar librerías en el IDE de Arduino, se selecciona Herramientas y de ahí se selecciona Administrar Bibliotecas.... Se abre la ventana de las bibliotecas y se escribe en el espacio de búsqueda DHT11 y se presiona Enter como se muestra en la figura 7.11. Cuando se despliega la biblioteca de Adafruit se presiona el botón de Instalar. Al terminar la descarga ya se puede usar esta biblioteca de funciones para el sensor de humedad y temperatura.

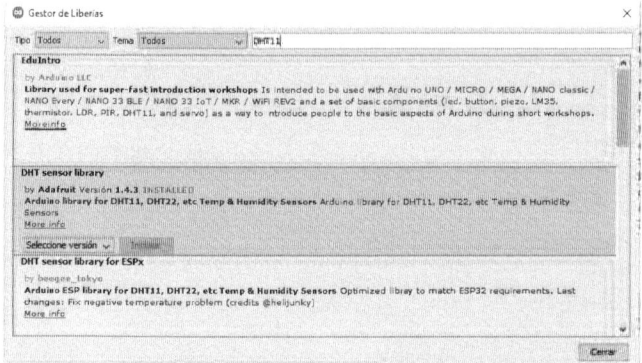

Figura 7.11 Gestor de bibliotecas o librerías mostrando la biblioteca desarrollada por Adafruit.

El sensor DHT11 viene en una tarjeta de circuito impreso con tres pines. Un pin es para la alimentación que puede ser 3.5 o 5 volts. El segundo pin y es para la tierra. Estos pines están marcados + y -. También pueden estar indicados con Vcc y GND. El tercer pin lleva la señal de la temperatura y la humedad y puede estar marcado con las letras DATA o S. El circuito de conexión esquemático y el diagrama pictórico se muestran en las figuras 7.12 y 7.13, respectivamente. Como se ve el pin de DATA del DHT11 se conecta al pin digital No. 2.

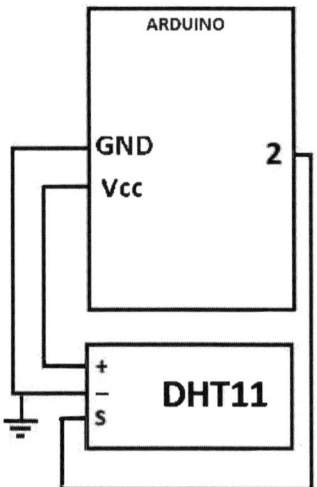

Figura 7.12 Circuito del Arduino y el sensor de temperatura y humedad DHT11.

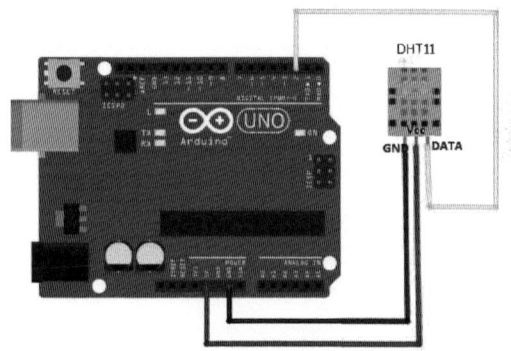

Figura 7.13 Diagrama pictórico del Arduino y el sensor de temperatura y humedad DHT11.

Ahora se procede a escribir el programa del medidor de temperatura y humedad en el IDE de Arduino. Lo primero que se debe hacer es importar la biblioteca DHT.h con:

```
#include <DHT.h>
```

Lo siguiente es crear el objeto para hacer uso de las funciones de la biblioteca.
Esto se hace con

```
DHT dht(pin de entrada, sensor);
```

Para este ejemplo se usa el pin 2 como pin de entrada y el sensor es DHT11. Por
lo tanto el objeto es:

```
DHT dht(2, DHT11);
```

La función setup va a servir para conectarse con la ventana del monitor
serie y para empezar la lectura. Esto se hace con:

```
void setup() {
      Serial.begin(9600);
      dht.begin();
}
```

En la función loop es donde se va a efectuar la medición y se van a escribir
las lecturas en el monitor serie. Las lecturas se van a realizar como números
flotantes, es decir, con punto decimal. Entonces, leer la humedad, la temperatura
en grados Celsius y la temperatura en grados Fahrenheit, se usan las siguientes
instrucciones:

```
// Leer humedad
float h = dht.readHumidity();

// Leer temperature Celsius
float t = dht.readTemperature();

// Para leer temperatura en grados Fahrenheit se escribe
// true dentro del paréntesis.

float f = dht.readTemperature(true);
```

Para que haya un retraso entre lectura y lectura se agrega un retardo de
5 segundos, aunque puede ser menor. Cinco segundos son 5000 milisegundos.

Entonces se agrega la siguiente instrucción:

```
delay(5000);
```

Para desplegar los valores medidos de humedad, temperatura Celsius y temperatura Fahrenheit se usan las siguientes instrucciones:

```
Serial.print("Humedad: ");
Serial.print(h);
Serial.print(" % Temperatura: ");
Serial.print(t);
Serial.print("°C ");
Serial.print(f);
Serial.println("°F ");
```

El último `print` es `println` para hacer un salto de renglón. Se compila el pro-grama o sketch y el resultado se muestra en la figura 7.14, donde los datos se despliegan cada 5 segundos. El sketch completo es:

```
// Este es el programa completo del Ejemplo 7.4.
// Medición de humedad y temperatura.

#include <DHT.h>
DHT dht(2, DHT11);

void setup() {

    Serial.begin(9600);
    dht.begin();
}
```

```
// Continuación del Ejemplo 7.4.
// Medición de humedad y temperatura.

void loop() {
// Leer humedad
     float h = dht.readHumidity();
// Leer temperature Celsius
     float t = dht.readTemperature();
// Leer temperatura Fahrenheit.
     float f = dht.readTemperature(true);
     delay(5000);

// Impresión de resultados:
     Serial.print("Humedad: ");
     Serial.print(h);
     Serial.print(" % Temperatura: ");
     Serial.print(t);
     Serial.print("°C ");
     Serial.print(f);
     Serial.println("°F ");
}
```

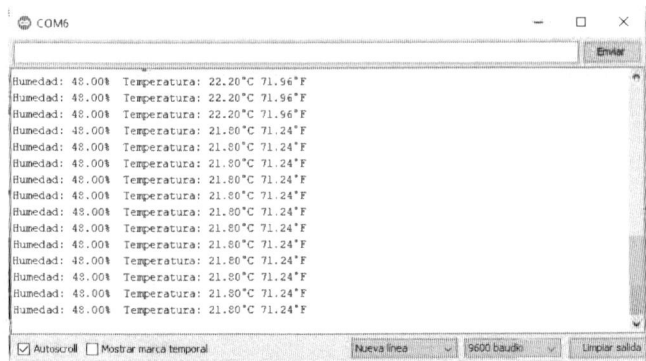

Figura 7.14 Ventana del monitor serie con las lecturas de humedad y
temperatura.

Ejemplo 7.5 Medidor de humedad y riego automático

En este ejemplo se va a diseñar un sistema que mida la humedad de la tierra
en una maceta y la mantenga en un cierto nivel de humedad. El sensor de
humedad que se usa en este ejemplo es el HW-080, que se muestra en la
figura 7.15. El sensor solamente manda datos binarios, los cuales se
convierten a una señal analógica con el módulo asociado.

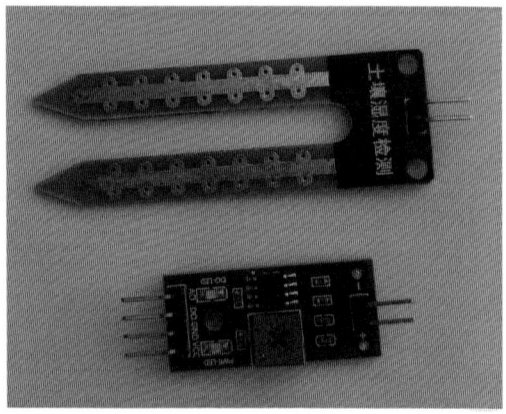

Figura 7.15 Sensor de humedad en tierra y el módulo asociado.

El módulo asociado tiene cuatro pines en un extremo y dos pines en el otro extremo. El extremo de dos pines se conecta al sensor. En el extremo de los cuatro pines se tiene un pin para conectar a 5 volts (VCC), otro pin a tierra (GND), y otro pin marcado A0 y de donde sale la señal analógica, que va a ser la entrada analógica al Arduino. El cuarto pin marcado D0 no se conecta. El pin A0 del módulo asociado se conecta a una entrada analógica. Para este ejemplo se selecciona el pin A1 del Arduino. El circuito del Arduino con el sensor conectado y el diagrama pictórico se muestran en las figuras 7.16 y 7.17, respectivamente.

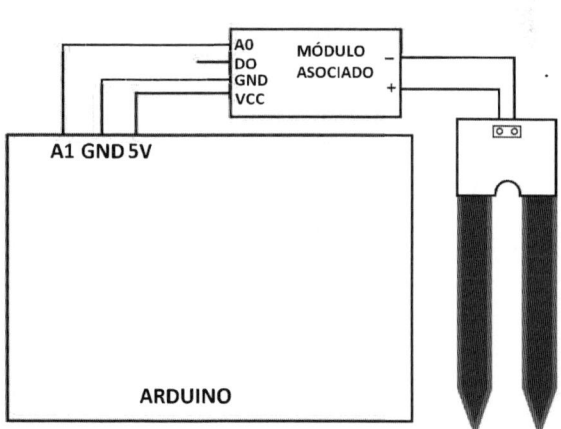

Figura 7.16 Diagrama esquemático del circuito con el sensor de humedad de suelo.

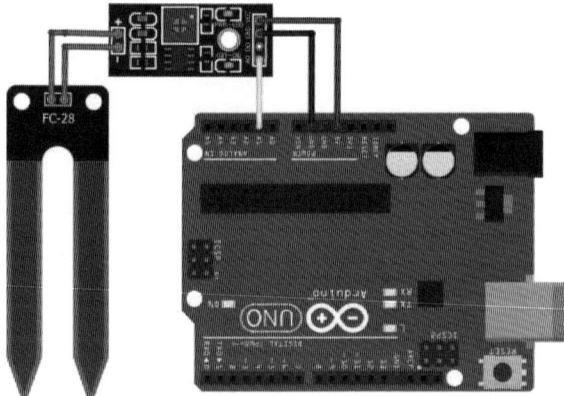

Figura 7.17 Diagrama pictórico del circuito con el sensor de humedad de suelo.

Programa en Arduino

Para empezar el diseño del sketch, se abre una ventana vacía de Arduino y lo primero es definir cuál es el pin del sensor. Esto se hace definiéndolo como un entero con:

```
int pinDelSensor = A1;
```

En el método `setup` se declara la velocidad de conexión del puerto serial para ver las mediciones en la ventana del `Monitor Serie`. Esto es todo lo que se hace en este método, que se muestra completo a continuación:

```
void setup() {
      Serial.begin(9600);
}
```

En el método `loop` se tiene que leer la humedad del suelo (soil). Para esto se define una variable entera llamada `humedad` y que se lee analógicamente del `pinDelSensor A1`. Las lecturas que el módulo de humedad produce son números entre 0 y 1023. El valor 0 corresponde a 100 % de humedad y el valor 1023 corresponde a tener un sensor completamente seco. La humedad se puede leer con la siguiente instrucción:

```
int humedad = analogRead(pinDelSensor);
```

Para desplegar este valor de humedad en el Monitor Serie se tiene la siguiente instrucción:

```
Serial.println(humedad);
```

Se usa println para que la siguiente lectura de humedad se despliegue en un nuevo renglón. Se desea que las lecturas de humedad estén espaciadas por un segundo. Para esto se usa la instrucción delay como:

```
delay(1000);
```

El método loop completo es:

```
void loop() {
      int humedad = analogRead(pinDelSensor);
      Serial.print(humedad);
      delay(1000);
}
```

En este punto el programa completo es:

```
// Este es el programa completo del Ejemplo 7.5.
// Medición de humedad del suelo.

int pinDelSensor = A1;

void setup() {
     Serial.begin(9600);
}

void loop() {
     int humedad = analogRead(pinDelSensor);
     Serial.print(humedad);
     delay(1000);
}
```

Después de compilar y subir el programa al Arduino, se tiene que abrir el Monitor Serie; para hacer esto se presiona el icono de lupa en la esquina superior derecha de la ventana de Arduino. Las lecturas de humedad se observan en la figura 7.18.

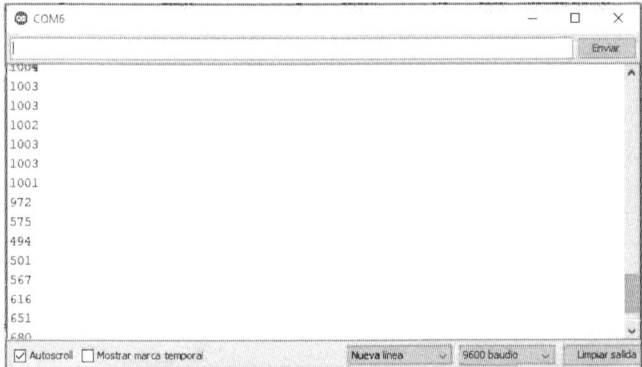

Figura 7.18 Lecturas del sensor de humedad enterrado en la tierra antes y después de regar la tierra.

En la figura 7.18 se ven lecturas altas cuando hay muy poca humedad y los valores bajan después de efectuar el riego. Un cambio que se puede hacer es convertir la lectura a valor porcentual. Esto se puede hacer usando la función map para cambiar la escala de la medición. Lo que se desea hacer es dar una lectura baja para baja humedad y una lectura alta para una tierra muy húmeda. Entonces lo que se desea realizar es que el valor 0 que corresponde a tierra muy húmeda se cambie a 100 % y que un valor de 1023 que corresponde a una tierra seca se cambie a 0 %. El formato de la función map es:

```
valor_nuevo = map(valor_anterior, valor_inicial_minimo,
        valor_inicial_máximo, valor_final_minimo, valor_final_máximo)
```

Para este ejemplo se tiene:

```
valor_anterior = analog(pinDelSensor)
valor_inicial_minimo = 1023     // Sensor completamente seco.
valor_inicial_máximo = 0
valor_final_minimo = 0          // Sensor completamente húmedo.
valor_final_ máximo = 100
```

Entonces, el renglón donde se mide la humedad se debe cambiar a:

```
int humedad = map(analogRead(pinDelSensor), 0, 1023, 100, 0)
```

Se agrega otra línea para indicar que la lectura es el porcentaje de humedad. El nuevo método loop es:

```
void loop() {
    int humedad = map(analogRead(pinDelSensor), 0, 1023, 100, 0);
    Serial.print(humedad);
    Serial.println(" %");
    delay(1000);
}
```

Al volver a regar la maceta la humedad cambia pero ahora es el porcentaje de humedad, como se ve en la figura 7.19. Para ver cambios en la lectura se entierra más profundo el sensor.

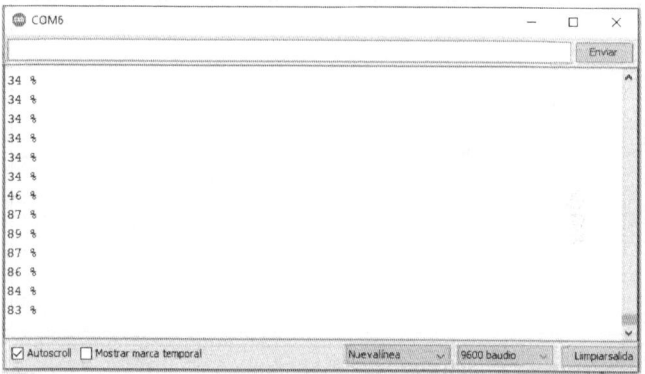

Figura 7.19 Lectura de la humedad en porcentaje.

Para terminar esta sección se le añade un LED al circuito para indicar si el valor de la humedad baja de un cierto valor. El valor se fija para este ejemplo en un 40 %, pero este valor depende del tipo de planta que se desee regar. Una cactácea requiere menos humedad y entonces el nivel de humedad puede ser menor. El LED se conecta entre tierra y el pin 7 como se muestra en las figuras 7.20 y 7.21.

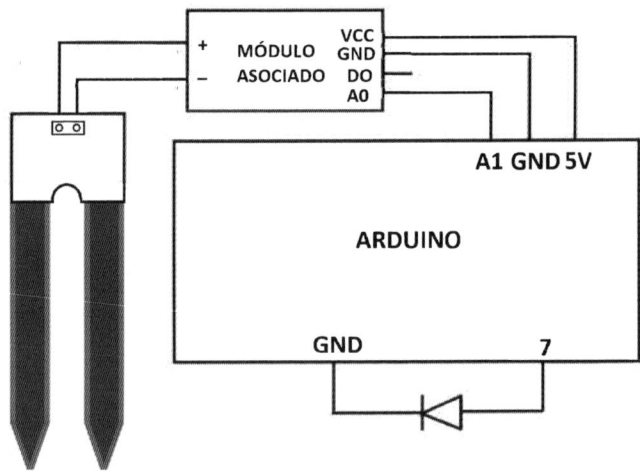

Figura 7.20 Circuito esquemático con un LED conectado al pin 7 del Arduino.

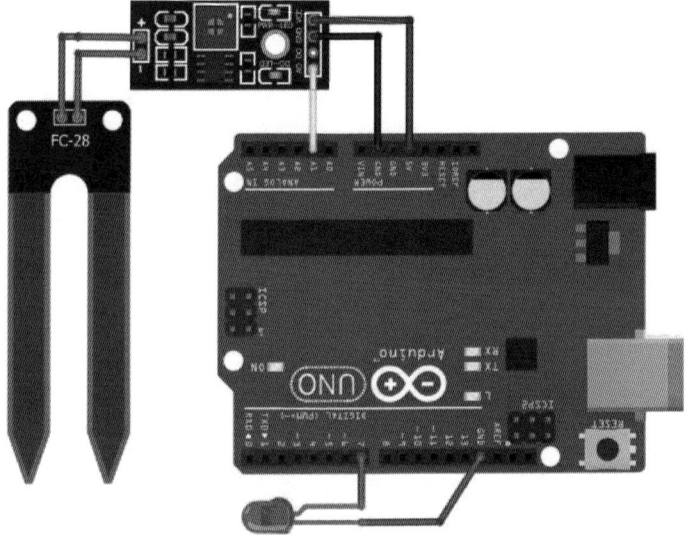

Figura 7.21 Diagrama pictórico con un LED conectado al pin 7 del Arduino.

El programa de Arduino se modifica de la siguiente manera. Primero se debe definir en el método setup el pin 7 como salida con la instrucción:

```
pinMode(7, OUTPUT);
```

Entonces el método **setup** completo es:

```
void setup() {
    Serial.begin(9600);
    pinMode(7, OUTPUT);
}
```

En el método **loop** se debe añadir una condición para que el pin 7 se vaya a HIGH (alto) y el LED se encienda cuando la humedad esté debajo de 40 y se apague cuando esté arriba de 40. Esto se hace con la instrucción **if-else** de la siguiente manera:

```
if (humedad <= 40) {
    Serial.println("mayor de 40");
    digitalWrite(7, HIGH);
}
else {
    digitalWrite(7, LOW);
}
delay(1000);
```

El programa completo es:

```
// Programa completo para medir la humedad de la tierra.

int pinDelSensor = A1;

void setup() {
    Serial.begin(9600);
    pinMode(7, OUTPUT);
}
```

```
// Continuación del programa para medir la humedad.

void loop() {
    int humedad = map(analogRead(pinDelSensor),230,1023,100,0);
    Serial.println("LED apagado");
    Serial.print(humedad);
    Serial.println(" %");
    if (humedad <= 40) {
        Serial.println("mayor de 40");
        digitalWrite(7, HIGH);
        Serial.println("LED Encendido");
    }
    else {
        digitalWrite(7, LOW);
        Serial.println("LED apagado");
    }

    delay(1000);
}
```

Riego automático

Para realizar un riego automático cuando la humedad baja de cierto valor es necesario cambiar el LED por una bomba de agua que riegue la tierra. Para esto se puede usar una bomba sumergible como la mostrada en la figura 7.22. Esta bomba se alimenta con un voltaje en el rango de 3 a 6 volts, pero demanda más corriente de la que puede suministrar el Arduino. Para poder funcionar se necesita una fuente de poder externa y un relevador. Un relevador es un circuito que se conecta a una fuente de poder externa que sí puede proporcionar la corriente necesaria para que funcione el motor de la bomba. El diagrama de un relevador se muestra en la figura 7.23. Las entradas del relevador son la fuente Vcc o 5 volts, la tierra, el negativo, o GND, y la señal de entrada que controla el interruptor de salida que puede estar marcada como IN o S. En la salida tiene un interruptor con las terminales marcadas con C para el conector común, la salida NO para indicar que el interruptor está abierto cuando la señal de entrada es 0, y NC para indicar que el interruptor está normalmente cerrado y que al recibir la señal de entrada se abre. Los relevadores más usados son el SRD-05VDC-SL-C fabricado por Ningbo Songle Relay Co. LTD, Zhejiang, China, y otros fabricantes, y el JQC3F-5VDC-C fabricado por Banggod de Guangzhou, China. Los dos relevadores se muestran en la figura 7.24, que incluye relevadores individuales y en pares. Las conexiones de los relevadores se muestran en la figura 7.25 y valen para cualquiera de los dos relevadores.

El diagrama del Arduino con el sensor de humedad, el relevador, la bomba y la fuente de poder externa, formada por dos baterias de 1.5 volts en serie para dar 3 volts, se muestra en la figura 7.26. Como se observa en el diagrama, el Arduino conecta el interruptor dentro del relevador para que la bomba de agua reciba energía y se active para bombear el agua necesaria. La figura 7.27 muestra el diagrama pictórico del circuito final.

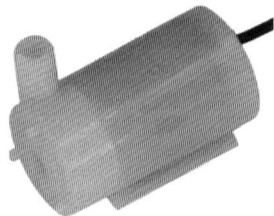

Figura 7.22 Minibomba de agua sumergible.

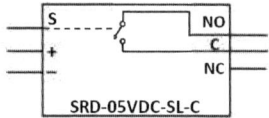

Figura 7.23 Diagrama del relevador.

Figura 7.24 Relevadores SRD-05VDC-SL-C y JQC3F-5VDC-C.

Figura 7.25 Terminales de los relevadores.

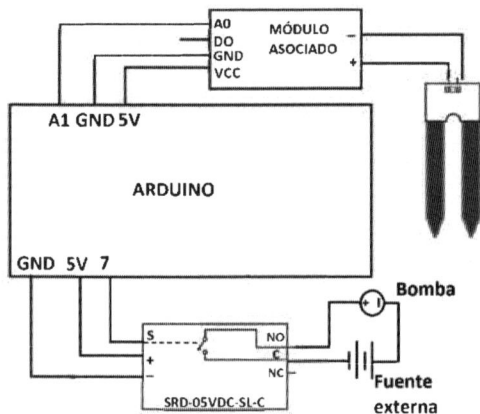

Figura 7.26 Diagrama esquemático del circuito final para la bomba automática.

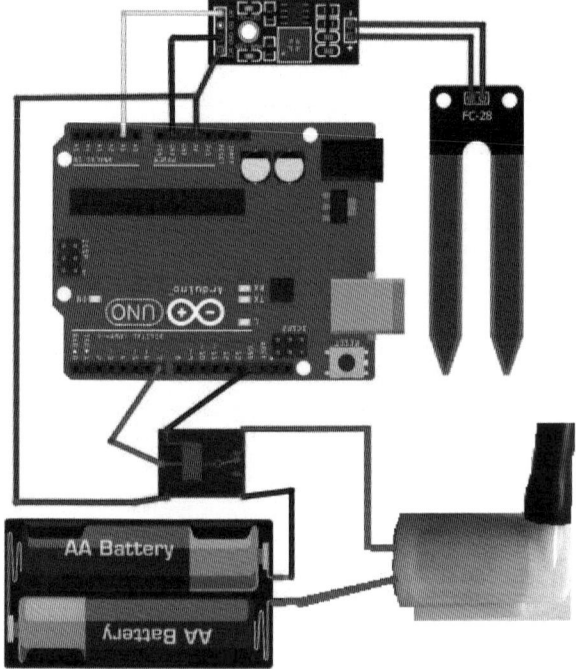

Figura 7.27 Diagrama pictórico del circuito final para la bomba automática.

En el programa de Arduino solamente se cambia la palabra LED por Bomba para indicar cuando la bomba está encendida o apagada.

7.4 Conexión de App Inventor con Arduino

Los usos de App Inventor para interaccionar con otros sistemas se ven en los ejemplos de esta sección. Se usan ejemplos de la sección anterior para poder controlar y recibir datos de un sistema de control con Arduino. En el primer ejemplo App Inventor envía datos para controlar un LED conectado al Arduino. En el segundo ejemplo, Arduino envía datos a App Inventor para ser desplegados. En el tercer ejemplo, se presenta la interacción entre App Inventor y Arduino para enviar y recibir datos.

Ejemplo 7.6 Encendido y apagado de un LED desde App Inventor

En este ejemplo se realiza el encendido y apagado de un LED pero desde App Inventor. Se usa el transmisor/receptor de Bluetooth HC-06 para conectar el circuito del Arduino con el dispositivo móvil, que en este caso es un teléfono móvil. El HC-06 es un dispositivo que integra un circuito integrado y una antena para la interconexión de dos dispositivos usando Bluetooth. Otro circuito, el HC-05, básicamente realiza la misma función y adicionalmente tiene otras funciones, pero en este ejemplo ambos módulos son intercambiables. Bluetooth consiste en un sistema de comunicaciones entre dos dispositivos usando el protocolo Bluetooth desarrollado por la compañía Ericsson en Suecia. Es una comunicación de corto alcance y se usa para enlazar de manera inalámbrica dis-positivos como computadoras, teléfonos móviles, bocinas, entre muchos otros. El HC-06 tiene 4 pines, dos son para la alimentación y tierra. Los otros dos son para la transmisión y recepción de la comunicación.

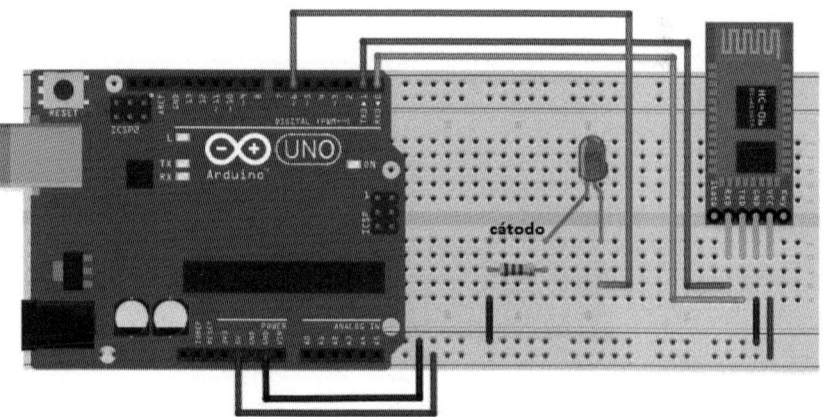

Figura 7.28 Diagrama pictórico del Arduino con el transmisor/receptor de Bluetooth HC-06

El HC-05 tiene 6 pines, 4 son los mismos del HC-06 y los otros dos tienen otras funciones que no se usan en este ejemplo. El LED se conecta a uno de los pines digitales del Arduino. El diagrama pictórico se muestra en la figura 7.28 y el circuito esquemático se ve en la figura 7.29.

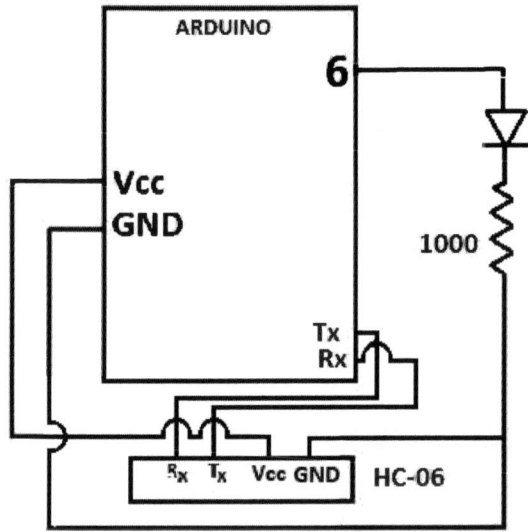

Figura 7.29 Diagrama esquemático del Arduino con el transmisor/receptor de Bluetooth HC-06

Para el programa en App Inventor, se abre un nuevo proyecto llamado BluetoothLED y se coloca Screen1 con la disposición horizontal al centro. Se agregan una Etiqueta, dos Botones, y un SelectorDeLista. Adicionalmente se agrega un Notificador y de la biblioteca Conectividad se agrega un ClienteBluetooth, que son elementos no visibles y que aparecen abajo del visor tal como se muestra en la figura 7.30.

Para la etiqueta se cambia el texto a Comunicación vía Bluetooth con el texto en negritas y el tamaño de letra en 25. Para el primer botón se cambia el texto a Encendido, se selecciona en negritas, tamaño de letra 20, color de fondo verde, ancho a 50 por ciento. Para el segundo botón se cambia el texto a Apagado, se selecciona en negritas, tamaño de letra 20, color de fondo rojo, ancho a 50 por ciento. Para el SelectorDeLista se cambia el texto a Conectar, con letras en negritas y tamaño de texto en 20 y ancho Ajustar al contenedor. En la columna de Componentes se cambian los nombres de los botones a encender y apagar, respectivamente. Para el ClienteBluetooth1 se cambia el nombre a Bluetooth y para el SelectorDeLista se cambia el nombre a Lista. El arreglo final se muestra en la figura 7.31.

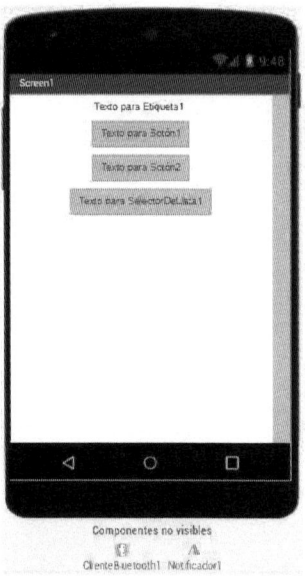

Figura 7.30 Arreglo inicial para la app.

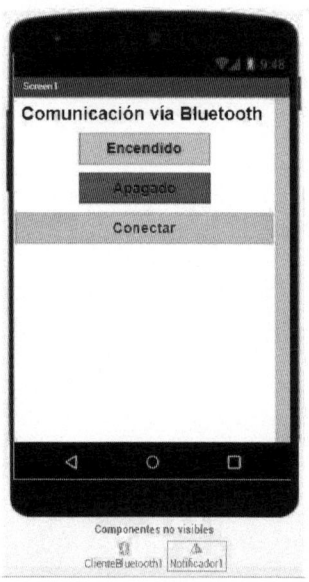

Figura 7.31 Encendido de un LED vía Bluetooth.

Se pasa ahora a la sección de Bloques. Se selecciona el bloque Lista y se despliegan los bloques mostrados en la figura 7.32, de los que se selecciona el bloque cuando Lista.AntesDeSelección. Del mismo bloque de Lista se selecciona poner Lista.Elementos como y se coloca dentro del bloque cuando Lista.AntesDeSelección. Ahora se selecciona el bloque Bluetooth y de los bloques que se despliegan se selecciona Bluetooth. DireccionesYNombres y se coloca dentro del bloque poner Lista.Elementos como, lo que se aprecia en la figura 7.33.

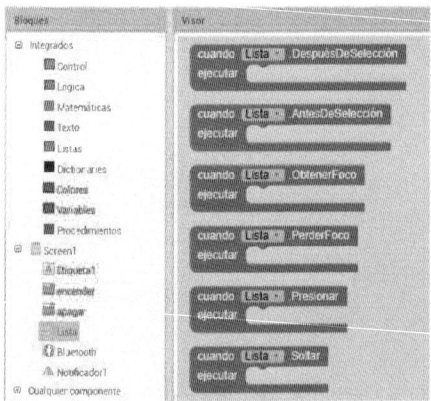

Figura 7.32 Bloques del Selector de Lista.

Figura 7.33 Bloque de la Lista antes de selección.

Se vuelve a seleccionar la Lista y de los bloques disponibles ahora se selecciona el bloque cuando Lista.DespuésDeSelección. Dentro de este bloque se coloca el bloque poner Lista.Selección como. Se selecciona el bloque de Bluetooth y de los bloques que se despliegan y que se muestran en la figura 7.34 se selecciona el bloque llamar Bluetooth.Conectar y se coloca después del bloque anterior. En este bloque la dirección se obtiene con el bloque de Lista, que es Lista.Selección como se muestra en la figura 7.35. Con estos bloques se tiene el móvil conectado a Bluetooth.

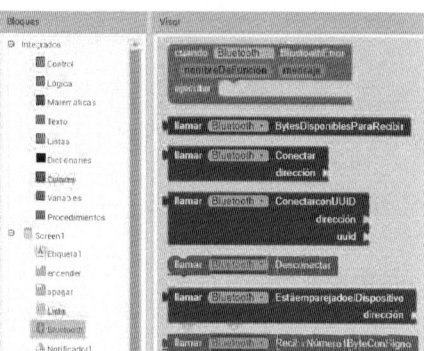

Figura 7.34 Bloques del Bluetooth.

Figura 7.35 Bloque para conectar con el módulo de Bluetooth.

Para completar este bloque se selecciona el Notificador1, de donde se selecciona el bloque llamar Notificador1.MostrarAlerta con un bloque de texto que diga Conectado a Bluetooth. El bloque final se muestra en la figura 7.36. Este bloque se integra dentro del bloque de la figura 7.35 como se muestra en la figura 7.37.

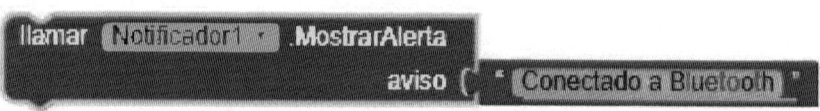

Figura 7.36 Bloque del Notificador cuando se conecta a Bluetooth.

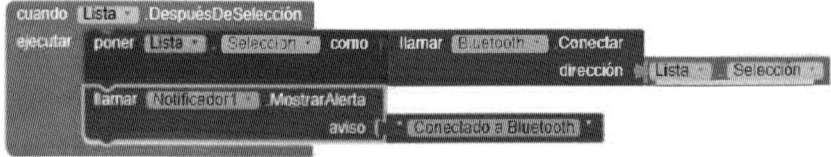

Figura 7.37   Bloque completo de la Lista ya conectada a Bluetooth.

Ahora se procede a darles funcionalidad a los botones. De los bloques disponibles para el botón encender, se selecciona el bloque Cuando encender.clic y de los bloques de Bluetooth se selecciona llamar Bluetooth.EnviarTexto y en el texto se coloca un bloque de Texto vacío, donde se coloca la letra E para el encendido. Para notificar que se tiene encendido el LED se añade un mensaje del Notificador1 con el texto LED Encendido. Esto se muestra en la figura 7.38.

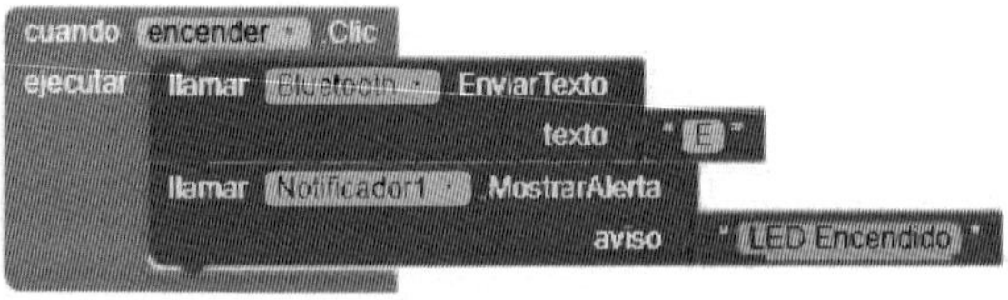

Figura 7.38   Bloque del botón encender.

Para el botón apagar se repite lo mismo pero en el bloque de texto se escribe una A para apagado, y en el bloque del Notificador1 se escribe LED Apagado como se muestra en la figura 7.39. Esto termina el diseño de la aplicación en App Inventor.

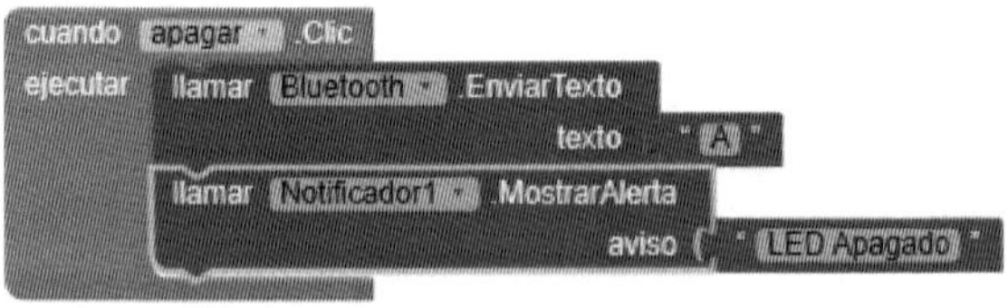

Figura 7.39   Bloque del botón apagar.

Diseño del programa en Arduino

Lo que el programa de Arduino va a hacer es recibir vía Bluetooth un cáracter (char) para encender o apagar el LED que se encuentra conectado al Arduino. A este cáracter se le da el nombre entrada y se declara al principio del programa como

```
char entrada;
```

Para la función setup se declara el pin de salida que es el pin 6. Esto se hace con

```
pinMode(6, OUTPUT);
```

Además, en esta función se especifica la conexión serial a la velocidad de 9600 bauds. Entonces se agrega la instrucción

```
Serial.begin(9600);
```

La función setup completa es

```
void setup() {
      pinMode(6, OUTPUT);
      Serial.begin(9600);
}
```

En la función loop se habilita la entrada con una condición. Ya que la comunicación es serial entonces la entrada es

```
entrada = Serial.read();
```

La condición completa es

```
if (Serial.available() > 0)
      entrada = Serial.read();
```

Ahora con dos condiciones se revisa si la entrada es E para hacer la salida HIGH para encender el LED, pero si la entrada es A, la salida se hace LOW para apagar el LED. La función loop completa es:

```
void loop() {
    if (Serial.available() > 0) {
        entrada = Serial.read();
    }
    if(entrada == 'E'){
        digitalWrite(6, HIGH);
    }
    if(entrada == 'A'){
        digitalWrite(6, LOW);
    }
}
```

El programa completo es:

```
// Este es el programa completo del Ejemplo 7.6.
// Encendido y apagado de un LED.

char entrada;

Serial.begin(9600);

void setup() {
    pinMode(6, OUTPUT);
    Serial.begin(9600);
}

void loop() {
    if (Serial.available() > 0) {
        entrada = Serial.read();
    }
    if(entrada == 'E'){
        digitalWrite(6, HIGH);
    }
    if(entrada == 'A'){
        digitalWrite(6, LOW);
    }
}
```

Enlace con el Bluetooth del teléfono móvil

Para usar el Bluetooth se debe vincular el Bluetooth del dispositivo móvil con la tarjeta HC-06 (o HC-05 si es que se usa esta otra). Para vincular el teléfono móvil con el Bluetooth se abre en Ajustes el Bluetooth, lo que se muestra en la figura 7.40. Aquí se ve que el único dispositivo Bluetooth en la cercanía del móvil es BT04-A. Se selecciona este dispositivo y al hacer esto se abre la ventana de diálogo de la figura 7.41.

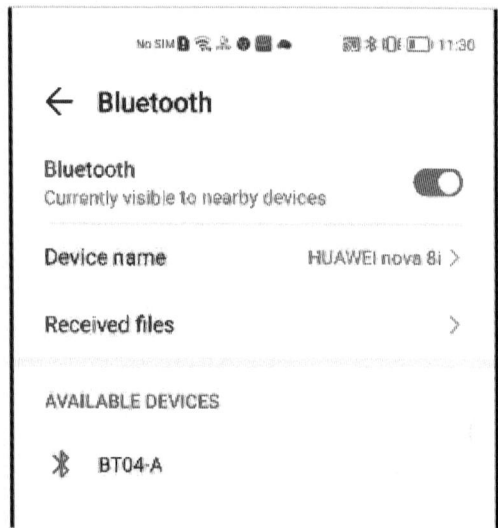

Figura 7.40 Bloque del botón apagar.

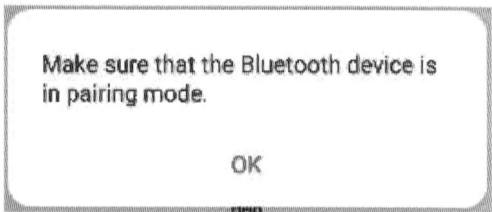

Figura 7.41 Ventana de diálogo antes de vincular o emparejar el HC-06.

Se presiona el OK y esto lleva a otra ventana de diálogo que se observa en la figura 7.42. Para el PIN se le asigna 1234 como se muestra en la figura 7.43 y se presiona OK.

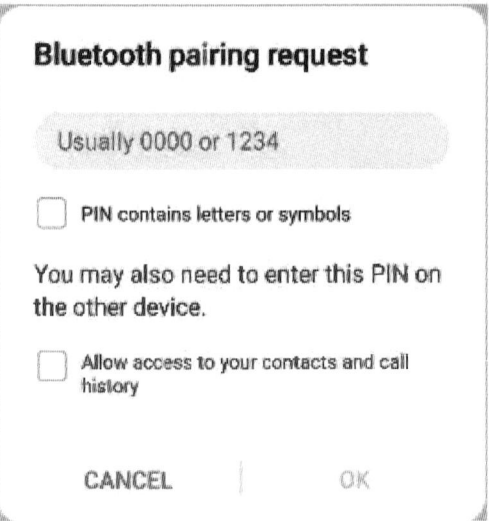

Figura 7.42 Ventana de diálogo para vincular o emparejar el dispositivo
Bluetooth con el teléfono móvil.

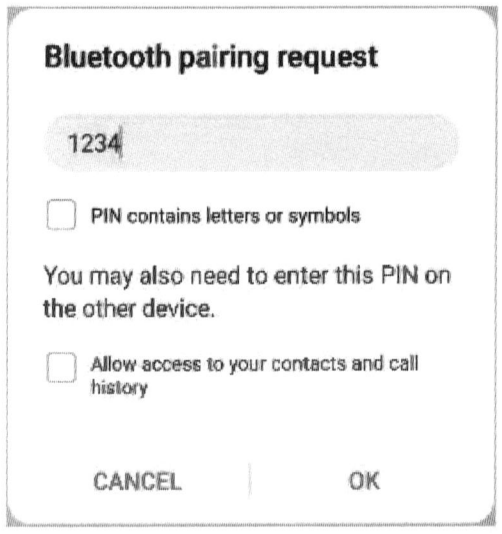

Figura 7.43 Ventana de diálogo para asignar el PIN.

Después de presionar OK, el móvil vuelve a la ventana anterior indicando que el
dispositivo Bluetooth está vinculado o emparejado, lo que se muestra en la
figura 7.44.

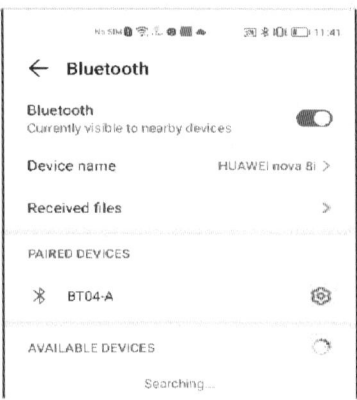

Figura 7.44 El dispositivo HC-06 ya vinculado o emparejado.

Subida del sketch al módulo de Arduino

Una vez terminado el proceso de vinculación del dispositivo HC-06, el sketch se inicia para cargarlo en el Arduino. Se debe desconectar el HC-06 antes de compilar y subir el sketch. Una vez subido el sketch se reconecta el HC-06. Una vez que se ha subido el programa al módulo de Arduino, se conecta la aplicación de App Inventor y la ventana del programa de App Inventor se muestra en la figura 7.45 después de presionar el botón Conectar.

Figura 7.45 Ventana de App Inventor

Esto lleva a la Lista de dispositivos Bluetooth funcionando cerca del teléfono móvil como se muestra en la figura 7.46.

Figura 7.46 Lista de dispositivos Bluetooth vinculados al teléfono móvil.

En esta figura se selecciona el dispositivo Bluetooth deseado, en este caso HC-06, y la ventana de App Inventor mostrará el mensaje de Conectado (ver figura 7.47).

Figura 7.47 Programa de App Inventor conectado a Bluetooth.

Entonces ya se puede presionar el botón de Encendido y se observa que el LED se enciende. Cuando se presiona el botón Apagado, el LED se apaga.

Ejemplo 7.7 Medición de temperatura desde App Inventor

El ejemplo 7.4 usó un DHT11 para medir la temperatura y la humedad y las lecturas se hicieron en la ventana del Monitor Serie. En este ejemplo las lecturas se hacen en la ventana de App Inventor. Para hacer esto se combinan los ejemplos 7.4 para medir la temperatura y el ejemplo 7.6 para conectar el Inventor por medio del Bluetooth. El circuito se muestra en la figura 7.48, donde se ven conectados al Arduino el modulo DHT11 y el módulo HC-06 para enviar los datos por Bluetooth. El módulo DHT11 se conecta a tierra y Vcc y el pin que lleva los datos se conecta al pin 2 que será una entrada (INPUT). El módulo HC-06 se conecta a tierra y Vcc. Además, los pines Tx y Rx se conectan a los pines Rx y Tx del Arduino, respectivamente.

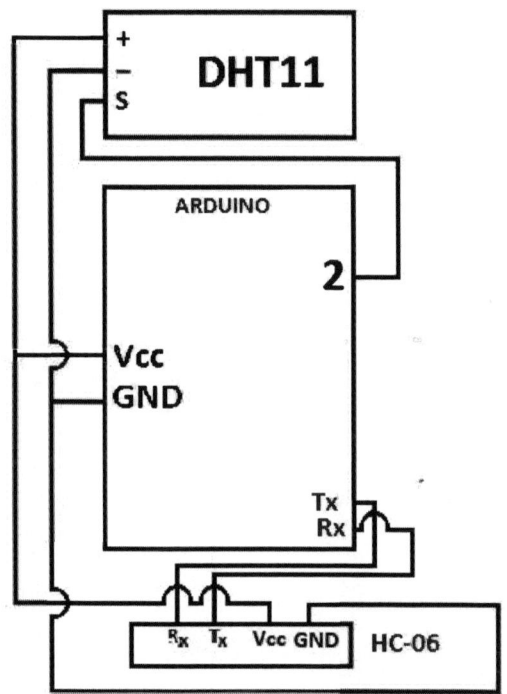

Figura 7.48 Arduino con los módulos DHT11 y HC-06.

El módulo DHT11 se conecta a tierra y Vcc y el pin que lleva los datos se conecta al pin 2 que será una entrada (INPUT). El módulo HC-06 se conecta a tierra y Vcc. Además, los pines Tx y Rx se conectan a los pines Rx y Tx del Arduino, respectivamente.

Diseño en App Inventor

La app debe contener una etiqueta (Etiqueta1) para el título, otra etiqueta (Etiqueta2) para indicar el estado de la conexión con el módulo de Bluetooth, un SelectorDeLista1 para conectar la app con el módulo Bluetooth, y finalmente una etiqueta (Etiqueta3) para desplegar la temperatura leída. Adicionalmente se debe agregar el ClienteBluetooth1, que se encuentra en la biblioteca de Conectividad, y un reloj (Reloj1), que se encuentra en la biblioteca de Sensores. Esta configuración inicial se muestra en la figura 7.49.

Figura 7.49   Bloque del botón apagar.

Ahora se empieza a diseñar la interfase. El primer paso es seleccionar en la columna de Componentes a Screen1 y en la columna de Propiedades cambiar la DispHorizontal a Centro para centrar todos los componentes de la app. Además, se cambia el título a Medición de Temperatura. La Etiqueta1 va a ser el título de la app y el texto se cambia a Medición de Temperatura, el tamaño de la letra se cambia a 24 y en negritas.

La función de la Etiqueta2 es para indicar si el módulo de Bluetooth está conectado y su texto inicial es Desconectado. Este texto se va a cambiar a Conectado cuando el módulo Bluetooth se conecte con la app. El color de fondo de esta etiqueta se inicializa a rojo y se cambia a verde cuando esté conectado. Para esta etiqueta el tamaño de letra es 18 y en negritas. En la columna de Componentes se cambia el nombre de Etiqueta1 a estado. La interfase se ve ahora en la figura 7.50.

Figura 7.50 Etiqueta2 cambiada a Desconectado con fondo rojo.

Para el SelectorDeLista se cambia el texto a Conectar, con tamaño de letra 18 en negritas y con color de fondo rojo. En la columna de Componentes se cambia el nombre a Lista. Finalmente, en la Etiqueta3 se cambia el texto a un guion con el tamaño de letra 18 y en negritas. En la columna de Componentes se cambia el nombre a gradosC.

Para el Reloj1 se cambia el IntervaloDelTemporizador a 5000, que es equivalente a 5 segundos. Esto quiere decir que la medición se va a leer cada 5 segundos. El diseño final de la interfase se muestra en la figura 7.51.

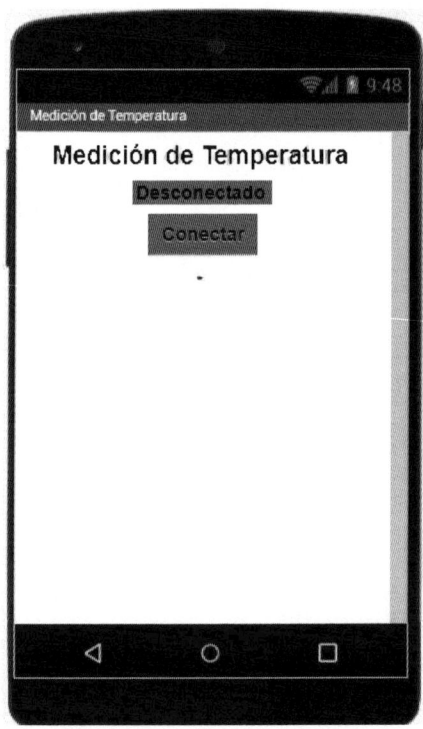

Figura 7.51 Diseño final de la app para medir la temperatura.

Diseño funcional de la app

Se presiona ahora el botón de Bloques para obtener la ventana donde se colocan los bloques para el diseño funcional. Lo primero es conectarse al módulo Bluetooth. El selector de Lista que se ha renombrado como Lista es el bloque que va a desplegar la Lista de los módulos de Bluetooth vinculados o apareados con el teléfono móvil o tablet. Para hacer esto se selecciona el elemento Lista que corresponde al selector de Lista en la columna de `Bloques` y de los bloques que se despliegan se va a seleccionar el bloque `cuando Lista.AntesDeSelección`. Se selecciona nuevamente el componente `Lista` de donde se selecciona el bloque `poner Lista.Elementos como`, que se coloca en el bloque de la Lista. El resultado se muestra en la figura 7.52.

Figura 7.52 Bloque de Lista con el bloque `poner Lista.Elementos como`.

Ahora se selecciona el componente `ClienteBluetooth1`. De los bloques que se despliegan se selecciona el bloque `ClienteBluetooth1.DireccionesYNombres`, el cual se coloca como se indica en la figura 7.53.

Figura 7.53 Bloque completo para Listar los módulos Bluetooth vinculados con el teléfono móvil.

El siguiente paso es seleccionar el módulo Bluetooth deseado. Para hacer esto se selecciona el componente `Lista` y de los bloques que se despliegan se selecciona el bloque `cuando Lista.DespuésDeSelección`. Dentro de este bloque se coloca un bloque `si-entonces (if-else)` de la biblioteca de `Control` como se muestra en la figura 7.54.

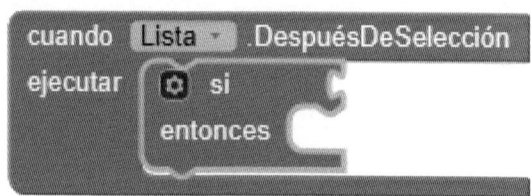

Figura 7.54 Bloque cuando `Lista.DespuésDeSelección` con el bloque `si-entonces`.

La condición del bloque si-entonces requiere que se conecte el Bluetooth. Para hacer esto se selecciona el ClienteBluetooth1 y de los bloques que se despliegan se selecciona el bloque llamar ClienteBluetooth1.Conectar y se posiciona en la condición como se muestra en la figura 7.55.

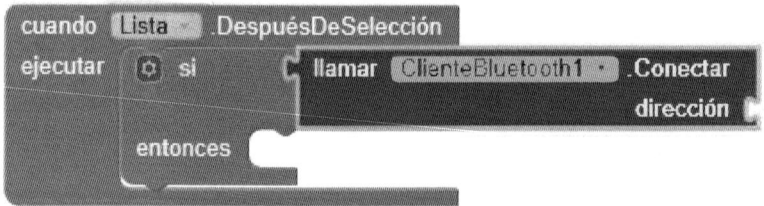

Figura 7.55 Bloque llamar ClienteBluetooth1.Conectar dentro de la condición.

La dirección a la que se refiere el bloque es la dirección del módulo Bluetooth seleccionado. Por lo tanto se selecciona el selector de Lista y de los bloques disponibles se selecciona el bloque Lista.Selección como se muestra en la figura 7.56.

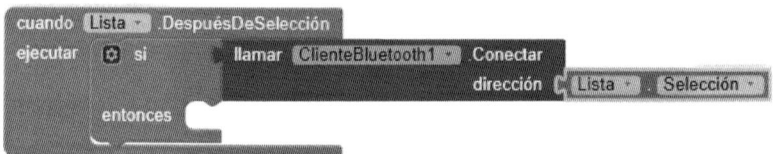

Figura 7.56 Bloque con la selección de la Lista.

En caso de que se cumpla la condición entonces se coloca en la Lista.Selección la dirección del módulo de Bluetooth. Para hacer esto se selecciona en la columna del bloque Lista que se obtiene seleccionando el selector de Lista y la Lista de direcciones de Bluetooth como se muestra en la figura 7.57.

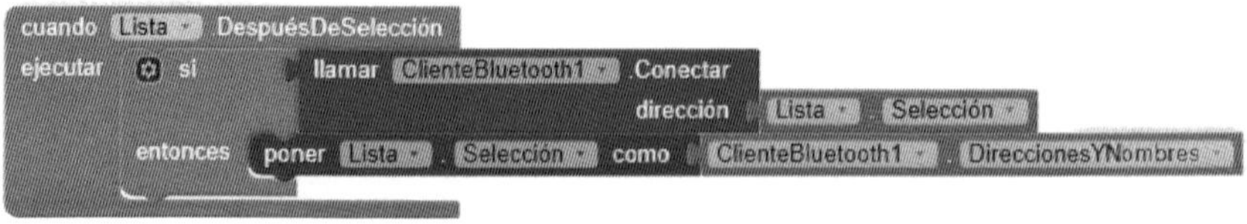

Figura 7.57 Bloques para el selector de Lista después de la selección.

Finalmente, se selecciona la etiqueta de estado y se le cambia el texto a Conectado y el color a verde, como se muestra en la figura 7.58.

Figura 7.58 Bloque después de la selección completo.

El siguiente paso es desplegar la temperatura que está leyendo el DHT11. Esto se hace dentro del bloque del reloj que se va a estar refrescando cada 5 segundos (5000 milisegundos). Entonces se selecciona el Reloj1 y de los bloques disponibles se selecciona el bloque cuando Reloj1.Temporizador. Dentro de este bloque se coloca un bloque si-entonces de la biblioteca de Control y se coloca dentro del bloque del Reloj1 como se muestra en la figura 7.59.

Figura 7.59 Bloque del Reloj1 con el bloque si-entonces.

La condición del bloque si-entonces es que el Bluetooth esté disponible. Entonces se selecciona el ClienteBluetooth1 y se selecciona el bloque ClienteBluetooth1.Disponible y se coloca como se muestra en la figura 7.60.

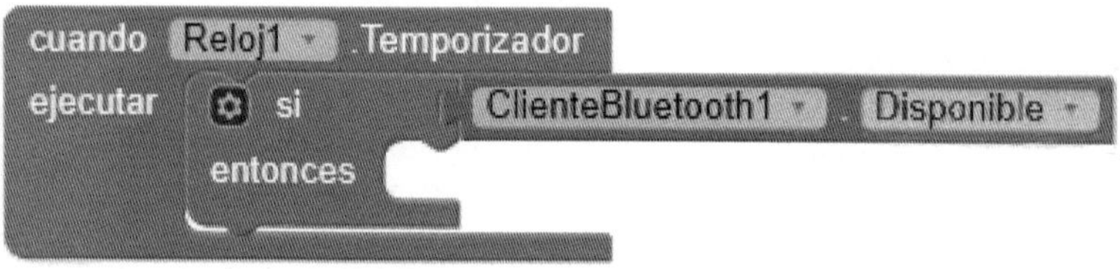

Figura 7.60 Bloque con la condición establecida.

Ahora ya solamente falta recibir los bytes que envía el Arduino de manera serial. Entonces tenemos que revisar que se estén recibiendo los bytes dentro de una condición si-entonces de la biblioteca de Control y se coloca como se aprecia en la figura 7.61.

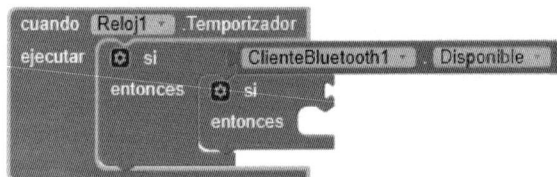

Figura 7.61 Segundo bloque si-entonces.

La condición consiste en llamar al ClienteBluetooth1 y ver si hay bytes para recibir. Entonces se selecciona el ClienteBluetooth1, de los bloques disponibles se selecciona llamar ClienteBluetooth1.BytesDisponiblesParaRecibir. Si hay bytes por recibir entonces lo que se va a recibir debe ser mayor que cero. Esto se puede hacer con una comparación de la biblioteca de Matemáticas. La condición completa se muestra en la figura 7.62.

Figura 7.62 Condición con el número de bytes mayor que 0.

Los bytes que se reciben contienen la temperatura y esta se debe desplegar en la etiqueta grados. Se selecciona la etiqueta grados y se selecciona el bloque poner grados.Texto como. Este bloque se acompleta con el texto recibido en los bytes. Este texto se obtiene seleccionando el ClienteBluetooth1 y de los bloques disponibles se selecciona el bloque llamar ClienteBluetooth1.RecibirTexto. Ambos bloques se muestran en la figura 7.63.

Figura 7.63 Preparación para recibir el texto con la temperatura.

El último bloque se obtiene seleccionando el `ClienteBluetooth1` y se selecciona el bloque `llamar ClienteBluetooth1.BytesDisponiblesParaRecibir` y se coloca como se muestra en la figura 7.64.

Figura 7.64 Bloques finales para desplegar la temperatura en la etiqueta grados.

Programa en Arduino

Para la programación en Arduino, primero se abre un sketch nuevo. El primer paso es importar la biblioteca del módulo sensor de humedad y temperatura DHT11 con la siguiente instrucción:

```
#include<DHT.h>
```

Para poder usar los métodos o funciones de la biblioteca DHT.h se crea un objeto dht que debe tener como datos el pin donde estará conectado el DHT11 y el tipo de sensor, que en este caso es el DHT11. Esto se hace con:

```
DHT dht(13, DHT11);
```

El siguiente paso es el método setup, donde se define la velocidad de la comunicación serial entre el Arduino y el DHT11. Esta velocidad se selecciona de 9600 bauds, como:

```
Serial.begin(9600);
```

Y el inicio del objeto dht con:

```
dht.begin();
```

El método setup completo es

```
void setup() {
    Serial.begin(9600);
    dht.begin();
}
```

En el método loop se describen las acciones a realizar para la lectura de la temperatura. La lectura de la temperatura requiere que el valor se almacene en una variable flotante, es decir, que tenga punto decimal. Esto se hace usando la palabra clave float (flotante) seguida del nombre de la variable que se define como tc. La lectura de la temperatura se realiza con:

```
float tc = dht.readTemperature();
```

Para ponerla en el puerto serial se usa una instrucción print como

```
Serial.print(tc);
```

Se puede añadir texto y entonces se modifica a:

```
Serial.print("Temperatura: ");
Serial.print(tc);
Serial.println(" °C");
```

La última instrucción print se cambia a println para provocar un salto de renglón y que la nueva lectura sea en otra línea. Finalmente se añade un retardo (delay) de 4 segundos (4000 milisegundos) para producir una nueva lectura. El método loop completo es:

```
void loop() {
    // Aqui se va a leer temperatura:
    float tc = dht.readTemperature();
    Serial.print("Temperatura: ");
    Serial.print(tc);
    Serial.println(" °C ");
```

```
        delay(4000);
}
```

El sketch completo es:

```
// Programa completo para medir la temperatura.

#include<DHT.h>
DHT dht(13, DHT11);

void setup() {
    Serial.begin(9600);
    dht.begin();
}

void loop() {
    // Aqui se va a leer temperatura:
    float tc = dht.readTemperature();
    Serial.print("Temperatura: ");
    Serial.print(tc);
    Serial.println(" °C ");
    delay(4000);
}
```

Compilación y subida del sketch

Una vez terminado el programa o sketch, se procede a compilarlo y subirlo al Arduino. **Antes de empezar la compilación se debe desconectar el módulo de Bluetooth HC-06. Una vez terminado este proceso y habiendo subido el programa al Arduino se reconecta el HC-06.** Se abre el Monitor Serie con la lupa en la esquina superior derecha para ver las mediciones. Un ejemplo de las mediciones se muestra en la figura 7.65. Para ver un cambio en la temperatura se coloca el sensor cerca de alguna fuente de calor como puede ser la salida de aire del ventilador de la laptop y se ve cómo aumenta la temperatura.

Ahora se abre la app. La pantalla inicial se muestra en la figura 7.66. La etiqueta Desconectado está en rojo y también se despliega el mensaje de que no está conectado a ningún dispositivo Bluetooth. Se presiona el selector de Lista que tiene el nombre Conectar y que parece un botón. Al presionarlo, el teléfono móvil se va a otra pantalla donde se muestra la Lista de dispositivos vinculados. En este ejemplo solamente está vinculado el HC-06. Esta ventana se muestra en la figura 7.67.

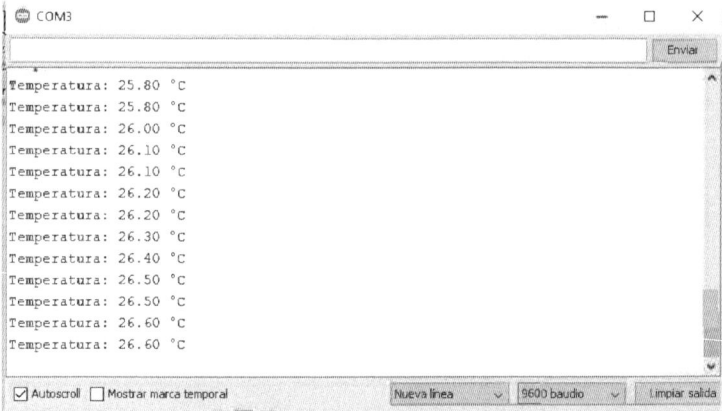

Figura 7.65 Monitor de la temperatura.

Figura 7.66 Pantalla inicial de la app.

Figura 7.67 Lista de dispositivos Bluetooth vinculados al teléfono móvil.

En esta Lista se presiona el dispositivo deseado y esto nos devuelve a la ventana anterior, pero ya el circuito de Arduino está conectado por medio del HC-06. La etiqueta se cambia a Conectado con color verde. Ahora se empiezan a desplegar las lecturas de temperatura Celsius, como se ve en la figura 7.68.

Figura 7.68 La app está conectada por Bluetooth con el Arduino y las lecturas de temperatura se despliegan en la pantalla del teléfono móvil.

Ejemplo 7.8 Control automático de riego desde App Inventor

En este ejemplo se crea la interfase en App Inventor para poder especificar el nivel de humedad de la tierra que se trabajó en el ejemplo 7.5. El circuito de la figura 7.26 se modifica añadiendo el módulo de Bluetooth HC-06 como se muestra en la figura 7.69. Este módulo es el encargado de la comunicación entre el Arduino y el App Inventor. En este ejemplo la comunicación es bidireccional, ya que el App Inventor envía el nivel de humedad requerido y el Arduino devuelve el nivel de humedad real. Cuando el nivel de humedad real es mayor o igual al especificado por App Inventor, la bomba de agua deja de funcionar, pero cuando el nivel de humedad real es menor al especificado por App Inventor entonces la bomba se enciende y se empieza a regar hasta que se haya alcanzado la humedad deseada.

Para alcanzar el objetivo deseado primero se diseña la app y después se modifica el sketch en Arduino para recibir y enviar datos.

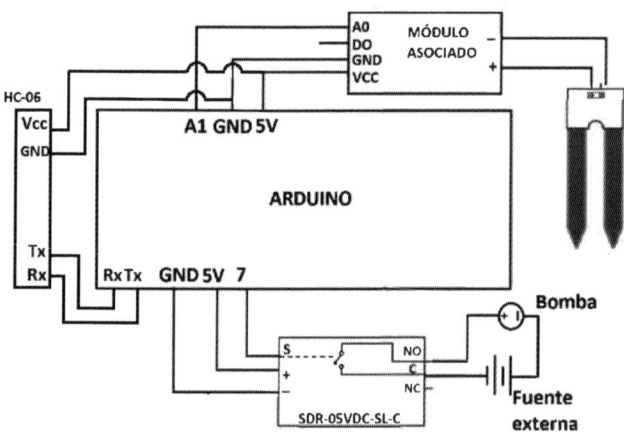

Figura 7.69 Circuito para riego automático con el módulo de Bluetooth.

Programa en App Inventor

En esta parte se realiza la app para poder controlar desde el móvil, usando App Inventor, el riego automático fijando el nivel de humedad deseado y a su vez monitoreando la humedad actual cada cierto tiempo, por ejemplo, cada 5 segundos. Para empezar se abre App Inventor y se inicia un nuevo proyecto al que se le llamará Riego_Automatico (en el nombre del proyecto no se permiten acentos). Para Screen1 la DispHorizontal se selecciona al Centro. Dentro de la ventana del Visor se coloca una etiqueta (Etiqueta1) para el título, una Disposición Vertical, un botón (Botón1), otra Disposición Vertical, un Selector de Lista, otra etiqueta (Etiqueta2). De la biblioteca de Sensores se agrega un Reloj y de la biblioteca de Conectividad se añade un ClienteBluetooth (BT). Dentro de la primera disposición vertical se coloca una etiqueta (Etiqueta3) y un CampoDeTexto. Dentro de la segunda disposición vertical se colocan dos etiquetas (Etiqueta4 y Etiqueta5). La ventana de la app se ve como se muestra en la figura 7.70.

Figura 7.70 Ventana de la app con los componentes a usar.

Lo siguiente es cambiar los textos y nombres de los componentes de la manera especificada en la tabla 7.1.

Adicionalmente, la altura de la Etiqueta5, renombrada como real, se selecciona a 25 píxeles.

En la columna de Componentes se cambia el nombre de ClienteBluetooth a BT.

El Reloj1 cambia su tiempo a 5000 milisegundos. La interface final se muestra en la figura 7.71.

Tabla 7.1 Propiedades de los elementos.

Componente	Nombre	Texto	Tamaño	Color
Etiqueta1	Etiqueta1	Riego Automático	28, negritas	
Etiqueta2	conectado	Desconectado	20, negritas	Rojo
Etiqueta3	deseada	Deseada	20, negritas	
Etiqueta4	Etiqueta4	Humedad real	20, negritas	
Etiqueta5	real	0	20, negritas	
Boton1	enviar	Enviar	14, negritas	
CampoDeTexto	enviado	69	20, negritas	
SelectorDeLista	Lista	Conectar a Bluetooth	20, negritas	Blanco
Disp.Vertical1				Naranja
Disp.Vertical2				Verde

Figura 7.71 Ventana final de la app.

Diseño funcional de la app

Los dos primeros bloques se refieren a la conexión con el módulo de Bluetooth, que son similares a los de los dos anteriores ejemplos. Estos bloques se muestran en las figuras 7.72.

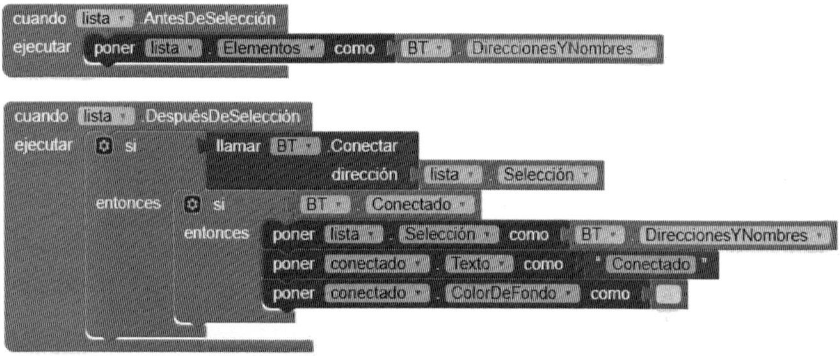

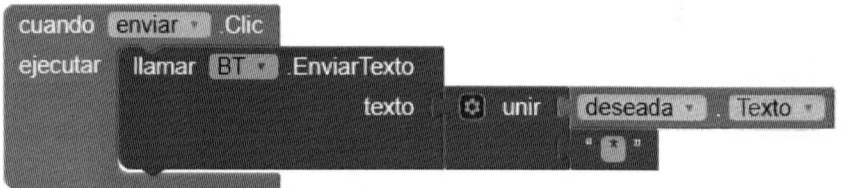

Figura 7.72   Bloques para la conexión a Bluetooth.

Cuando se presiona el botón `Enviar`, se envía al Arduino la humedad deseada que se escribe en el campo de texto. A este número se le añade un asterisco para indicarle al Arduino que ya se terminó de leer la humedad deseada. Se usa el bloque `unir` de la biblioteca de `Texto` para concatenar el texto con el asterisco (ver figura 7.73).

Figura 7.73   Bloques para el botón `enviar`.

Esta humedad se recibe por el Arduino y se compara con la humedad real para encender la bomba de agua si es necesario.

La humedad real en la tierra se lee por el Arduino y se envía al `App Inventor` para ser desplegada. Esto se hace con el `Reloj1`. Primero se coloca dentro del reloj una condición `if-else` de la biblioteca de `Control`. La condición es revisar que la conexión con el Bluetooth `BT` esté disponible. Esto se muestra en la figura 7.74.

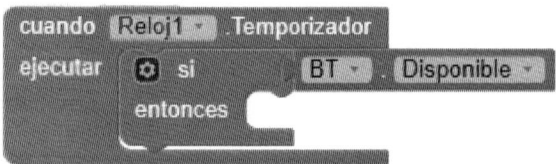

Figura 7.74 Bloque de Reloj1 con la condición para checar que BT esté conectado.

Dentro de la condición `if-else` se coloca otra condición `if-else` para revisar que haya bytes disponibles para recibir desde el Arduino. Para este se selecciona el bloque del Bluetooth BT llamar BT `.BytesDisponiblesParaRecibir`. Para asegurarse que haya bytes disponibles se revisa que sea mayor que 0 dentro de la condición. Se usa de la biblioteca de `Matemáticas` un bloque de igual y el signo de igual se cambia por el símbolo de `mayor que` (>) y se compara con 0 de la biblioteca de `Matemáticas`, como se muestra en la figura 7.75.

Figura 7.75 Bloque de Reloj1 con la condición para `revisar` que BT esté conectado y que haya texto disponible.

Finalmente, si la condición se cumple, se limpia el texto de `real` y se pone el texto recibido de BT, como se muestra en la figura 7.76.

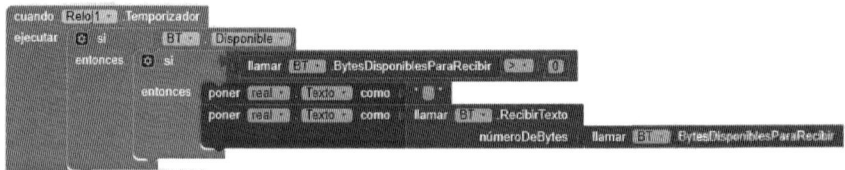

Figura 7.76 Bloque final para mostrar la humedad real en la etiqueta `real`.

El código del Arduino se debe modificar para usar la humedad deseada en la comparación. Dentro del método `loop` se usa un ciclo `while` (mientras) que va a recibir los caracteres del campo de texto `deseada`. Entonces el ciclo `while` empieza revisando si se está recibiendo información por la comunicación serial, es decir, si la variable `Serial.available` es mayor que cero:

```
while(Serial.available() > 0)
```

Ahora los caracteres que se envían se leen con la siguiente instrucción:

```
caracter = Serial.read();
```

y se agregan a la variable **palabra** que previamente se ha definido como una cadena con **String**:

```
String palabra;
palabra = palabra + caracter;
```

El cáracter que se lee termina en un asterisco y en una condición se revisa si ya se encontró. Si no es asterisco se lee el siguiente cáracter y se añade a la palabra. Si es asterisco, entonces la palabra esá formada por los caracteres menos el último con:

```
if (caracter == '*') {
    palabra = palabra.substring(0, palabra.length() - 1);
```

La **palabra** se convierte a entero en la variable **palabra2**, que se define como entero y se borra el contenido de la cadena **palabra**:

```
int palabra2; palabra2 = palabra.toInt();
palabra = " ";
```

Una vez que se encuentra el asterisco ya no se necesita seguir leyendo caracteres y el ciclo **while** se interrumpe con la instrucción **break**:

```
break;
```

El ciclo **while** completo es

```
while(Serial.available() > 0) {
    caracter = Serial.read();
    palabra = palabra + caracter;

    if (caracter == '*') {
```

```
        palabra = palabra.substring(0, palabra.length() - 1);
        palabra2 = palabra.toInt();
        palabra = " ";
        break;
    }
}// Fin del if
// Fin del ciclo while
```

La función loop completa es:

```
void loop(){
    delay(5000);
    while(Serial.available() > 0)
        caracter = Serial.read();
        palabra = palabra + caracter;

        if (caracter == '*') {
            palabra=palabra.substring(0,palabra.length()-1);
            palabra2 = palabra.toInt();
            palabra = " ";
            break;
        }// Fin if
    }// Fin while

    humedad = map(analogRead(pinDelSensor),0,1023,100,0);
    Serial.println(humedad);
        if (humedad <= palabra2) {
            digitalWrite(7, HIGH);
        }
        else {
            digitalWrite(7, LOW);
        }// Fin if
}// Fin método loop.
```

La declaración de las variables al principio del programa, así como el programa completo, se muestran a continuación:

```
// Sketch completo para riego automático.

int pinDelSensor = A1;
char caracter;
String palabra;
int palabra2;
int humedad;

void setup() {
   Serial.begin(9600);
   pinMode(7, OUTPUT);
}

void loop(){
   delay(5000);
   while(Serial.available() > 0)
     caracter = Serial.read();
     palabra = palabra + caracter;

     if (caracter == '*') {
        palabra=palabra.substring(0,palabra.length()-1);
        palabra2 = palabra.toInt();
        palabra = " ";
        break;
     }// Fin if
   }// Fin while
   humedad = map(analogRead(pinDelSensor),0,1023,100,0);
   Serial.println(humedad);
     if (humedad <= palabra2) {
        digitalWrite(7, HIGH);
     }
     else {
        digitalWrite(7, LOW);
     }// Fin if
   }// Fin método loop.
// Fin del sketch
```

Previamente a compilar y subir el código al Arduino se debe desconectar el módulo de Bluetooth HC-06 y una vez subido el código al Arduino se debe reconectar. El módulo de Bluetooth se debe vincular con el teléfono móvil previo al uso de la app. Un ejemplo de inicio se muestra en la figura 7.77. En esta figura se aprecia la pantalla de la app, la humedad deseada y la humedad real.

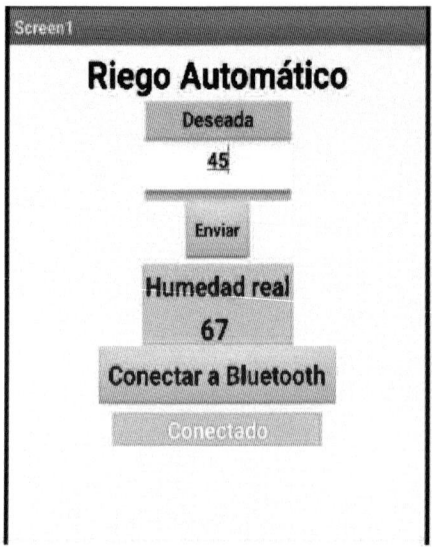

Figura 7.77 Pantalla de la app mostrando la humedad deseada y la
humedad real.

7.5 Conclusiones

En este capítulo se dio una breve introducción al uso del microcontrolador
Arduino, así como su uso en varias aplicaciones. Los sensores externos
permitieron realizar varias aplicaciones. Muchas otras aplicaciones se pueden
realizar con el Arduino. Adicionalmente, tres de esas aplicaciones de Arduino
se relacionaron con apps desarrolladas en App Inventor para poder
controlar el Arduino desde aplicaciones de App Inventor.

Apéndice A1 Código de colores para resistores

Tabla A1.1 Código de colores para resistores.

Color	Banda 1	Banda 2	Banda 3	Tolerancia
Negro	0	0	X1	
Café	1	1	X10	
Rojo	2	2	X100	2 %
Naranja	3	3	X1000	
Amarillo	4	4	X10000	
Verde	5	5	X100000	
Azul	6	6	X1000000	
Morado	7	7	X10000000	
Gris	8	8	X100000000	
Blanco	9	9	X1000000000	
Dorado	-	-		5 %
Plateado	-	-		10 %

Un resistor típico está formado por un compuesto a base de carbón y su propiedad es la resistencia. La unidad de medición es el ohm y su símbolo es la letra griega mayúscula Ω. Los valores de resistencia en un resistor están en el rango de 1 ohm a millones de ohms. Para identificar el valor de una resistencia se usa el código de colores de la tabla 7.1. Un resistor típico tiene cuatro bandas de colores, tres de ellas muy cercanas entre sí y una cuarta más alejada. A las dos primeras bandas se les asigna un valor numérico de acuerdo a la tabla 7.1 y la tercera banda es el multiplicador que añade el número de ceros a la cantidad formada por las dos primeras bandas. De esta manera un resistor con los colores rojo-rojo-naranja tendrá una resistencia de 22,000 ohms o 22 Kohms. Un resistor con colores café-negro-rojo es una resistencia de 1000 ohms o de 1 Kohm.

La cuarta banda indica la tolerancia que puede tener el valor indicado por las tres primeras bandas. Si la resistencia es de 1000 ohms y la cuarta banda es dorada, entonces indica una tolerancia del 5 % o 50 ohms, que es el 5 % de 1000, por lo que el valor real de la resistencia está entre 950 y 1050 ohms. Pero si la cuarta banda es plateada indica una tolerancia del 10 %, que equivale a 100 para la resistencia de 1000 ohms. Por esta razón, el valor real de la resistencia está entre 900 y 1100 ohms. Si no hay cuarta banda la tolerancia es del 20 %.

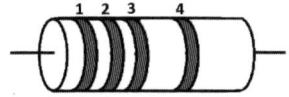

Figura A1.1 Bandas de colores en un resistor.

Índice analítico